Organisationssoziologie

Campus Studium

Sozialwissenschaftliche Studienbibliothek Bd. 1,
Herausgegeben von Johannes Berger

Walther Müller-Jentsch ist Prof. em. für Organisation und Mitbestimmung an
der Ruhr-Universität Bochum.

Walther Müller-Jentsch

Organisationssoziologie

Eine Einführung

Campus Verlag
Frankfurt/New York

Bibliografische Informationen der Deutschen Bibliothek

Die Deutsche Bibliothek verzeichnet diese Publikation in der Deutschen
Nationalbibliographie. Detaillierte bibliografische Daten sind im Internet über
http://dnb.ddb.de abrufbar.

ISBN 3-593-36792-0

Copyright © 2003 Campus Verlag GmbH, Frankfurt am Main
Umschlaggestaltung: Guido Klitsch, Köln
Satz: Marion Jordan, Frankfurt
Druck und Bindung: Druckhaus Beltz, Hemsbach
Gedruckt auf säurefreiem und chlorfrei gebleichtem Papier.
Printed in Germany

Besuchen Sie uns im Internet: www.campus.de

Inhalt

Vorbemerkung

Diese Einführung in die Organisationssoziologie reflektiert die Tatsache, dass die in den Lehrbüchern zur Organisationstheorie behandelten Themen und Probleme keineswegs auf alle Organisationsformen adäquat zugeschnitten sind. Ein Unternehmen ist schließlich kein Tarifverband und eine Arbeitsorganisation kein Freizeitverein. Die Auseinandersetzung mit der stillschweigenden Annahme der tonangebenden Organisationsliteratur, das Wirtschaftsunternehmen sei der Prototyp der Organisation und die an ihm gewonnenen Einsichten wiederum für alle Organisationen generell gültig, legt im Gegenteil nahe, dass die Differenzen zwischen den Organisationen für ihr Verständnis möglicherweise relevanter sind als ihre Gemeinsamkeiten. Daraus erklärt sich die inhaltliche Gliederung des Buches.

Eine Einführung kann kein Kompendium aller relevanten Organisationen umfassen, sondern muss eine Auswahl treffen. Diese erfolgte nach dem Kriterium, die wichtigsten Grundtypen der Organisation in angemessener Ausführlichkeit zu beschreiben und anhand der vorliegenden Theorieansätze zu analysieren. Als solche Grundtypen betrachten wir die Arbeitsorganisation, die Verwaltung und die Unternehmensorganisation, das Unternehmensnetzwerk und die Interessenorganisation. Diese Grundtypen werden in Kapitel 2 bis 5 behandelt, während in Kapitel 1 die zweifellos vorhandenen Gemeinsamkeiten von Organisationen im Mittelpunkt stehen. Im abschließenden Kapitel 6 kommen wir auf die im einleitenden Kapitel vorgestellte These von der *Organisationsgesellschaft* zurück und diskutieren sie unter dem Gesichtspunkt des Verhältnisses von Individuum und Organisation aus unterschiedlichen gesellschaftstheoretischen Perspektiven.

Bei der Beschaffung und Aufbereitung des Materials, seiner Strukturierung und Darstellung haben mir viele Kollegen geholfen; sie haben einzelne Kapitel gelesen und diese sachverständig kommentiert. Wenn dennoch Fehler in der Darstellung und Bewertung zu finden sind, ist dies allein von mir zu verantworten. Namentlich danken möchte ich Jörg Abel, Johannes Berger, Joachim Bergmann, Ingo Rascher, Jörg Sydow, Hansjörg Weitbrecht und Uwe Wilkesmann.

Walther Müller-Jentsch

Überblick und Theorien-Kompass

Kapitel 1 bereitet die systematischen Grundlagen für das Verständnis der Rolle von Organisationen in der modernen Gesellschaft als Akteur und Sozialsystem. Erörtert werden zunächst die allen Organisationen gemeinsamen formalen Merkmale (Sozialstruktur, Beteiligte, Ziele, Technologie und Umwelt) und im Besonderen das Verhältnis von Organisation und Mitgliedern. Dem folgt eine Auffächerung der Varianz von Organisationsformen, aufgezeigt an einfachen Typologien und an ihrer Zugehörigkeit zu gesellschaftlichen Funktionssystemen, überleitend zu den in dieser Einführung analysierten Grundtypen von Organisationen.

Kapitel 2 eröffnet die Darstellung der Grundtypen von Organisationen mit der *Arbeitsorganisation*, die historisch wie systematisch als Elementarform und Prototyp von Organisationen begriffen wird. Analysiert werden ihre Strukturmerkmale (Arbeitsteilung und Kooperation, Mechanisierung und Technik, Leitung und Hierarchie), ferner ihre basalen Prozesse (Rationalisierung, Mikropolitik, Humanisierung). Das Kapitel schließt mit der Skizzierung neuerer Ansätze zur Restrukturierung von Arbeitsorganisationen.

Kapitel 3 widmet sich der *Unternehmensorganisation* inklusive der Verwaltung als dem neben der Arbeitsorganisation zweiten Prototyp der Organisation. Die Unternehmung wird als ein Ensemble von Arbeitsorganisationen mit Verwaltung und strategischer Spitze konzipiert. Neben diesen Komponenten werden das Zielsystem, die strukturellen und rechtlichen Formen der Unternehmensorganisation und der Unternehmensverfassung dargestellt sowie neuere Tendenzen der Gestaltung und Entwicklung innovativer Unternehmensformen analysiert.

Kapitel 4 enthält die Beschreibung und Analyse des *Unternehmensnetzwerks,* seiner Ziele und Genese. Als eine neue, komplexere Form der Organisierung wirtschaftlicher Aktivitäten wird es in unterschiedlichen Theorieansätzen reflektiert und in seinen verschiedenartigen Formen dargestellt. Erörtert werden schließlich die Probleme der Netzwerkregulation und Netzwerksteuerung.

Kapitel 5 erschließt das Phänomen der *Interessenorganisation* und ihrer Funktionen für die Mitglieder wie für die Teilsysteme, vornehmlich von Politik und Wirtschaft. Beide Funktionskreise stehen auch, wie gezeigt wird, im Zentrum der verbandstheoretischen Debatte. Das Kapitel umfasst des Weiteren eine Typologie der Verbände und eine ausführliche Beschreibung ihrer Rolle als Akteure im wirtschaftlichen und politischen System, konkret ausgeführt am Beispiel der Gewerkschaften, Arbeitgeberverbände und Nichtregierungsorganisationen (NGOs).

Kapitel 6 schließt mit einem Ausblick auf eine kontroverse soziologische Debatte über die Organisation als rationaler Zweckverband in ihrem Verhältnis zu Individuum und Lebenswelt unter Rekurs auf Max Weber, die Kritische Theorie und neuere Ansätze.

Theorien-Kompass

Bei der Analyse der Grundtypen von Organisationen (Kapitel 2 bis 5) werden Theorien ad hoc herangezogen, wenn sie dazu beitragen, konkrete Phänomene (z.B. Organisationsstrukturen, -formen und -prozesse) im theoretischen Zusammenhang intensiver und differenzierter zu begreifen. Der nachstehende Theorien-Kompass dient der Orientierung im Dickicht der Theorien. Mit seiner Hilfe kann der Leser die Theorien systematischer suchen.

Theorien-Kompass

	Arbeits-organi-sation	Unterneh-mensorgani-sation	Unterneh-mensnetz-werk	Interessen-organi-sation
Exit-Voice-Ansatz			137f.	153f.
Mikropolitik/ Negotiation of Order	57-59			
Neo-Institutionalismus, ökonomischer	47	74f., 77	117f.	
Neo-Institutionalismus, soziologischer		80f.	118f.	
pluralistische Gruppentheorie				148f.
Rational-Choice-Ansatz				149ff.
soziologische Klassiker (Weber / Marx)	40, 46f.	74f., 83f.		141
Strukturationstheorie			121f:	
Systemtheorie		78f.	119ff.; 134f.	
Transaktionskostenansatz		75	117f.	
verhaltenswissenschaftliche Entscheidungstheorie		76, 79		

Kapitel 1

Eine Gesellschaft der Organisationen

1.1 Organisation in der alten und modernen Welt

Wie alle historischen Gebilde, die sich im Laufe der Zeit verändern, entzieht sich auch das der Organisation einer bündigen und allgemeingültigen Definition. Wir beginnen daher mit einer vorläufigen Begriffsbestimmung: *Unter Organisation verstehen wir das planmäßig koordinierte und zielorientierte Zusammenwirken von Menschen zur Erstellung eines gemeinsamen materiellen oder immateriellen Produkts* (dieses kann ein Artefakt, eine Dienstleistung, eine kommunizierbare Idee, Darbietung, Proklamation oder dergleichen sein).

Unter den mannigfachen Definitionen, welche die Fachliteratur zum Prozess des Organisierens anbietet, hat die von Karl Weick den Charme lakonischer Kürze und einleuchtender Simplizität: *»Organisieren heißt,* *fortlaufende unabhängige Handlungen zu vernünftigen Folgen zusammenzufügen, so dass vernünftige Ergebnisse erzielt werden.«* (1985: 11) So verstanden, gab es die Phänomene *Organisieren* (als Tätigkeit) und *Organisation* (als geronnene und reproduzierbare Form dieser Tätigkeit) bereits im Altertum (z.b. beim Pyramidenbau) und im Mittelalter (beim Bau der Kathedralen). Aber selbst in den verschiedenen »bürokratischen Großreichen« (wie in Ägypten und Mesopotamien, im Römischen Reich oder der katholischen Kirche des Mittelalters) »blieb die gesellschaftliche Durchorganisierung auf einzelne Teilbereiche, insbesondere der Verwaltung und der Kirche, beschränkt« (Schimank 1996: 275). Allein in den modernen Gesellschaften setzen sich Organisationen flächendeckend durch und werden zu ihren unverzichtbaren Komponenten. Aus noch näher zu erläuternden Gründen wollen wir die Organisation als ein *modernes* Gebilde begreifen. Erst im Verlauf des von Max Weber so facettenreich beschriebenen okzidentalen Rationalisierungsprozesses[1], der in den Industriellen Revolutionen des späten 18. und frühen 19. Jahrhunderts[2] seinen markantesten Ausdruck fand, wird die Organisation zur dominanten Vergesellschaftungsform der entstehenden kapitalistischen Industriegesellschaft. Bis dahin herrschten traditionale, das heißt feudale, zünftige und religiöse Gesellungsformen vor: beispielsweise der bäuerlich-autarke Familienverband, die mittelalterliche Klostergemeinschaft, die Handwerkerzunft mit ihren den Zunftregeln unterworfenen Handwerksstätten, die dörfliche Gemeinde oder der Heeresverband. Sie alle waren umfassende, die Arbeits- und Lebenssphäre übergreifende Gemeinschaften, deren Mitglieder ihnen kraft Geburt, Stand oder anderer nicht individuell beeinflussbarer Merkmale angehörten, und zwar mit ihrer ganzen Person. Der Fachterminus dafür heißt *Totalinklusion*. In diesem Sinne bezeichnen Soziologen auch heute noch das Gefängnis, die psychiatrische Klinik und das Kloster als *totale*

---

1 Unter Rationalisierung bzw. Rationalismus versteht Weber 1. die »Entzauberung der Welt« von magischen und religiösen Weltbildern, 2. die Berechenbarkeit und damit Beherrschbarkeit von natürlichen und sozialen Vorgängen (einschlägig dazu Schluchter 1980: 9ff.).

2 Die Industrielle Revolution wird in England auf den Zeitraum 1780–1830 festgelegt; in anderen europäischen Ländern erfolgte sie erst nach der Wende zum 19. Jahrhundert.

Organisationen (Goffman 1972), weil sie alle Lebensbereiche der Insassen – gleichgültig ob erzwungen oder freiwillig – ohne Schranken umfassen.

Verglichen damit sind moderne Organisationen – in der Formulierung von Klaus Türk – gesellschaftsevolutionäre Erfindungen, die sich durch drei emergente Merkmale auszeichnen: (1) die prinzipiell freie Ein- und Austrittsmöglichkeit der Mitglieder beziehungsweise des Personals; (2) die prinzipiell freie Gestaltbarkeit von Strukturen und Prozessen innerhalb der Organisation; (3) die prinzipiell freien Zweck- und Zielsetzungen (Türk 1989b: 474). Adorno spricht davon, »dass Organisation ein bewusst geschaffener und gesteuerter Zweckverband ist« (1990: 441). Wir müssen hier schon einschränkend anmerken, dass diese rationale Sicht auf Organisationen nicht von allen Organisationstheoretikern geteilt wird; Luhmann beispielsweise stellt sie radikal infrage, wenn er Organisationen als »offenbar (…) nichtkalkulierbare, unberechenbare, historische Systeme« (2000: 9) klassifiziert. Damit bezweifelt er zwar nicht, dass sie bewusst geschaffen wurden, stellt aber gleichzeitig fest, dass deren Eigendynamik die Intentionen der Steuernden immer wieder durchkreuzt.

Von traditionalen Vergesellschaftungsformen unterscheidet sich die moderne Organisation vor allem dadurch, dass die Individuen ihnen weder »von der Wiege bis zur Bahre« noch »mit Haut und Haaren« angehören. Sie treten ihnen in der Regel freiwillig bei und sind nur mit einem Teil ihrer Person an deren Aktivitäten beteiligt. Der Fachterminus für den Sachverhalt, dass Individuen der Organisation nur mit einem Ausschnitt ihrer Person, also nur partiell, angehören, lautet: *Partialinklusion.* Typisch für moderne Gesellschaften ist, dass die Menschen in vielen Rollen agieren (z.B. als Ehepartner, Arbeitnehmer, Wähler, Katholik, Gewerkschaftsmitglied, Verkehrsteilnehmer, Freizeitsportler, Tourist) und Mitglied vieler Organisationen sind, also einer Organisation immer nur »ausschnitthaft«, das heißt jeweils nur in einer der vielen Rollen angehören können (z.B. als Arbeitnehmer in einem Unternehmen, als Verkehrsteilnehmer im ADAC, als Tennisspieler in einem Sportclub). Diese Partialinklusion verlangt ihnen ein sachliches, zweckrationales Verhalten in einem begrenzten Aktivitätsbereich ab; dieses ist selbst wiederum Entwicklungsprodukt jenes umfassenden okzidentalen

Rationalisierungsprozesses, welches Weber mit »methodisch-rationaler Lebensführung« gekennzeichnet hat. Auf der anderen Seite offeriert die Partialinklusion auch eine psychische Entlastung, denn persönliches und emotionales Engagement für die Ziele der Organisation wird nur noch bedingt eingefordert. Organisationen sind keine sachlich fassbaren Gegenstände wie Autos und Konzerthallen. Auch wenn sie ihre lokalisierbaren Zentren und Büros, ihre Mitgliederlisten und Archive haben, existieren sie doch im Wesentlichen in den Köpfen der Menschen; sie bestehen aus einem *unsichtbaren Netz aufeinander bezogener Handlungen.* Mit dem Verweis auf den objektiven Kontext von Organisationen und auf Handlungen als ihrem Letztelement stimme ich nicht mit der systemtheoretischen Sicht Luhmanns überein, der Organisationen radikal auf »Kommunikation von Entscheidungen (…) in einem rekursiven Netz anderer Entscheidungen« (Luhmann 2002: 159) reduziert.

1.2 Die moderne Gesellschaft ist eine Organisationsgesellschaft

Es ist eine in den Sozialwissenschaften weithin akzeptierte, von Niklas Luhmann präzisierte Vorstellung, dass moderne Gesellschaften einerseits aus funktional ausdifferenzierten Teilsystemen (z.B. Wirtschaft, Politik, Recht, Wissenschaft, Religion, Kunst) mit eigenen Leitdifferenzen, Programmen, Steuerungsmedien und Dynamiken bestehen, und dass sie andererseits, wie Adorno in einem frühen Vortrag von 1953 hervorhob, von Organisationen »durch und durch strukturierte« Gesellschaften seien (1990: 443). Im Gegensatz zu Adorno, der darin ein bedrohliches Merkmal der »verwalteten Welt« erkannte, klassifizierte zehn Jahre später Renate Mayntz Organisationen zu einem »notwendigen Ordnungsmittel« in der »organisierten Gesellschaft« (1963: 7). Von Coleman (1979) wiederum stammt der Gedanke, dass Gesellschaften in den Organisationen (und nicht in den Individuen) ihre wichtigsten Akteure haben. Genauer gesagt, haben wir es in diesem Fall mit korporativen oder kollektiven Akteuren zu tun.

Die Entstehung eines selbstregulierten kapitalistischen Marktsystems – von Polanyi (1978) am Beispiel der englischen Sozialgeschichte eindrücklich beschrieben – verdankte ihre stärksten Stimuli der Industriellen Revolution. Sie setzte eine Dynamik frei, die zu einem sprunghaften Wachstum von *Wirtschaftsorganisationen* (Fabriken, Unternehmungen) führte und eine ständig wachsende Zahl von Menschen, letztlich die Mehrheit der Bevölkerung, in die Lohnabhängigkeit zwang. Ihre Konsequenzen waren Machtlosigkeit, Selbstentfremdung und gravierende soziale Lebensrisiken für die Massen neuartigen »Lohnsklaven« (Marx). Die Kehrseite dieser enormen Leistungssteigerung des ausdifferenzierten Wirtschaftssystems war, dass seine Organisationen Unsicherheiten erzeugten, diese aber externalisierten: Die Nicht-Eigentümer wurden mit sozialen und Arbeitsmarktrisiken (arbeitsbedingte Unfälle, Krankheiten, Invalidität, Arbeitslosigkeit) konfrontiert. Neben den internen Verhaltenszumutungen der Fabrikarbeit waren es diese externalisierten Lebensrisiken des Lohnarbeiterverhältnisses, die die betroffenen Sozialgruppen (Proletariat) zur Gründung neuer Organisationen drängten. Die zur Abwehr sozialer Folgeprobleme gegründeten Organisationen waren zunächst vornehmlich solche der Arbeiterbewegung (Gewerkschaften). Sie begründeten einerseits eigene Hilfskassen und Genossenschaften zur solidarischen Unterstützung und entfalteten andererseits eine organisierte Gegenmacht, um die Wirtschaftsunternehmen zu zwingen, den Fabrikabsolutismus zu dämpfen und die Externalisierung sozialer Risiken zu begrenzen. Schließlich veranlassten ihre Existenz und ihr Drohpotenzial die Institutionen und Organisationen des politischen Teilsystems (Parteien und Parlament), mit gesonderten, das heißt sozialstaatlichen Einrichtungen (z.B. Sozialversicherungen, Berufsgenossenschaften, Arbeitsgerichte) die externen sozialen Effekte zu kompensieren. Somit trugen die – als Reaktion auf freie Arbeitsmärkte und Fabriksystem entstandenen – Arbeiterorganisationen wiederum zur Bildung neuer Organisationen aufseiten des Staates, aber auch aufseiten der Unternehmer (Arbeitgeberverbände) bei. Verallgemeinert: Die zu Organisationen gebündelten Interessen stimulieren andere Gruppen, die sich durch diese in ihren Interessen beeinträchtigt sehen, ihrerseits zur Gründung von (Gegen-)Organisationen. Schimank spricht in diesem Zusammenhang von einer »Dynamik reaktiver Korporatisierung« (2001a: 294).

Anders als die funktionsspezifisch operierenden Teilsysteme (wie Wirtschaft, Politik, Recht etc.) verfügen Organisationen nicht nur über eine strategische Handlungsfähigkeit, sie sind auch gesellschaftliche Integrationsinstrumente. Talcott Parsons erkannte in der Organisationsbildung den »wichtigsten Mechanismus für eine hochdifferenzierte Gesellschaft, um das System ›in Gang zu halten‹ und Ziele zu verwirklichen, die die Möglichkeiten des Einzelnen übersteigen« (1960: 41). Als »Systeme kooperativer Beziehungen« (Parsons 1951/1964: 39) erbringen Organisationen unabdingbare Koordinationsleistungen für die Synthese und Reproduktion hochgradig interdependenter Gesellschaften.

Was bedeutete diese Entwicklung für die »Gesellschaft der Individuen« (um eine Formulierung von Norbert Elias aufzunehmen)? Sie erfuhren die Zurückdrängung und Ersetzung symbolisch strukturierter Lebenswelten durch sachlich-unpersönliche Sozialbeziehungen in Systemen[3]. Traditionelle Gemeinschaften (wie Mehrgenerationenfamilien, Nachbarschaften, Gemeinden und Religionsgemeinschaften) lösten sich auf und wurden durch Organisationen ersetzt. Als notwendige Ordnungsmittel einer komplexen Gesellschaft, die das beständige Zusammenwirken von Menschen bei der kontinuierlichen Durchführung von Aufgaben durch institutionalisierte Handlungsprogramme sicherstellen, sind Organisationen prinzipiell losgelöst von Tradition und Persönlichkeitsfaktoren, mit vielfältig gestaltbaren Binnenstrukturen und -prozessen und mit grundsätzlich freien Ein- und Austrittsmöglichkeiten. Moderne erwerbstätige Menschen bedürfen ihrer, um den vielfältigen Individualisierungsschüben und Mobilitätszwängen überhaupt standzuhalten. Mit Beck (1986) können wir in diesem Zusammenhang von institutions- beziehungsweise organisationsabhängigen Individuallagen sprechen: »Die freigesetzten Menschen werden arbeitsmarktabhängig und damit bildungsabhängig, konsumabhängig, abhängig von sozialrechtlichen Regelungen und Versorgungen, von Verkehrsplanungen, Konsumangeboten, Möglichkeiten und Moden in der medizinischen, psychologi

---

3 Diesen Ausdifferenzierungsprozess zwischen Lebenswelt und System hat Habermas in seiner »Theorie des kommunikativen Handelns« (1981) insbesondere im 2. Band analysiert. Mit Lebenswelt meint Habermas in erster Linie die Privatsphäre der Bürger, aber auch die (politische, d.h. diskutierende) Öffentlichkeit.

schen und pädagogischen Beratung und Betreuung.« (1986: 119) Jene Dienstleistungen, die die »freigesetzten« Individuen zur Bewältigung ihres flexiblen und mobilen Lebenswandels benötigen, werden ihnen zumeist von Organisationen aus der Bildungs-, Berufs-, Konsum- und Kultursphäre geliefert.

Die mittlerweile »hochgradige Organisationsförmigkeit der allermeisten Lebensbereiche« (Schimank 2001a: 280) hat die Organisation zur strukturprägenden Vergesellschaftungsform gemacht, sodass es auch gerechtfertigt ist, moderne Gesellschaften als *Organisationsgesellschaften* zu bezeichnen (vgl. Perrow 1989; Schimank 2001a). Dies bedeutet freilich nicht, dass sie nur aus Organisationen bestehen, sondern dass Organisation als eine (nicht *die*) Zentralkategorie für die Gesellschaftsanalyse zu gelten hat. Schon bei Max Weber finden wir eine enge Verquickung von Organisations- und Gesellschaftsanalyse.

1.3   Organisation als Akteur und als System

Organisationen können aus zwei verschiedenartigen Perspektiven betrachtet werden: als (korporativer oder kollektiver) Akteur und als soziales System. Die Akteurseigenschaft von Organisationen ist, wie Coleman (1979; 1992) gezeigt hat, ein Ergebnis von Modernisierungsprozessen und manifestiert sich in der Rechtskonstruktion der »juristischen Person«. Ihre Wirkungs- und Handlungsfähigkeit beruht auf der »Zusammenlegung von Ressourcen« individueller Akteure. Ressourcen sind nach Coleman übertragbare Mittel oder Fertigkeiten, die zur Beeinflussung der Umwelt eingesetzt werden können. Sie können aus Geld (z.B. Mitgliedsbeitrag) bestehen oder aus dem Recht, im Namen anderer zu handeln, oder aus der Zeit und Mühe, die individuelle Akteure für die Organisationsziele aufbringen (Vanberg 1979: 100). Unter dem Akteursaspekt wird die Organisation gleichsam von außen als eine überindividuelle handlungsfähige Einheit gesehen. Als einem Akteur sui generis sind ihr – wie Individuen – Handlungen und Entscheidungen, aber auch Erwartungen und Ziele zuzurechnen. Die folgenden Beispiele verdeutlichen dies: Das Unternehmen A hat mit dem Unternehmen B einen Vertrag abgeschlossen; die Universität X will einen wissenschaftlichen Kongress veranstalten; die Klinik Y hat ein neues Operationszentrum erstellt; die Gewerkschaft Z erwartet einen Tarifabschluss, der ihre Mitglieder zufrieden stellt.

Organisationen haben hinlänglich scharfe Grenzen gegenüber »ihrem sozietalen Umfeld und gegenüber dem Persönlichkeitssystem ihrer individuellen Mitglieder« (Geser 1990: 403), sodass sie zu autonomen Handlungen fähig sind. Mit der Rechtsfigur der »juristischen Person« hat der Gesetzgeber überdies dazu beigetragen, dass sich Organisationen als verantwortliches Handlungssubjekt mit eigener Akteursidentität (*corporate identity*) begreifen können.

Eine feine Unterscheidung zwischen korporativen und kollektiven Akteuren können wir auf folgende Weise treffen: Je stärker Organisationen als Akteure eigene Identitäten ausbilden und eigene Ziele verfolgen können, unabhängig von den Interessen und Präferenzen ihrer Mitglieder und Gruppen (wie z.B. Wirtschaftsorganisationen), desto eher können wir von *korporativen* Akteuren sprechen, während solche Akteure, die bei ihren Entscheidungen und Zielen den Interessen und Präferenzen der Mitglieder eng verpflichtet bleiben (wie z.B. Interessenverbände), eher als *kollektive* Akteure anzusehen sind.

Unter Binnenaspekten betrachtet, erscheint uns die Organisation hingegen als ein Gebilde interdependenter Handlungen, genauer, als ein System von funktionalen und skalaren Ordnungen, von Abteilungen, Positionen und Rollen, die in arbeitsteiliger Kooperation und hierarchischer Koordination in enger oder loser Koppelung zielgerichtet miteinander verknüpft sind. Die *funktionale* Ordnung beruht auf Arbeitsteilung und Kooperation, die *skalare* auf Über- und Unterordnung (Hierarchie). Die Kooperation der arbeitsteilig prozessierenden Organisationsmitglieder bedarf der integrierenden Koordination des Organisationsmanagements, das dabei eine rigide Verkettung der Tätigkeiten (z.B. durch Fließband) oder ihre lose Koppelung (z.B. Inselfertigung mit Puffern) verfolgen kann. An spezifischen Koordinationsmechanismen nennt Mintzberg (1991: 112f.) die folgenden sechs:

- Gegenseitige Abstimmung,
- direkte Kontrolle,

- Standardisierung der Arbeitsabläufe,
- Standardisierung des Outputs,
- Standardisierung der Fertigkeiten,
- Standardisierung der Normen.

Wir werden in den folgenden Kapiteln Akteurs- und Systemperspektive von Organisationen nicht aus dem Auge verlieren, aber je nach Organisationsform ihre Darstellung einmal stärker aus der einen, ein andermal stärker aus der anderen Analyseperspektive vornehmen. Während es bei Arbeits- und Unternehmensorganisationen mehr die Systemperspektive ist, wird es bei Interessenverbänden stärker die Akteursperspektive sein, die unsere Darstellung leitet.

1.4   Elemente und Komponenten von Organisationen

Unter formalen Gesichtspunkten betrachtet, besteht eine Organisation nach Richard Scott (1986: 35ff.) aus folgenden fünf Elementen: *Sozialstruktur, Beteiligte und Mitglieder, Ziele, Technologie* und *Umwelt* (vgl. Abbildung 1).

Abbildung 1: Fünf Grundelemente einer Organisation
(nach Scott 1986: 36)

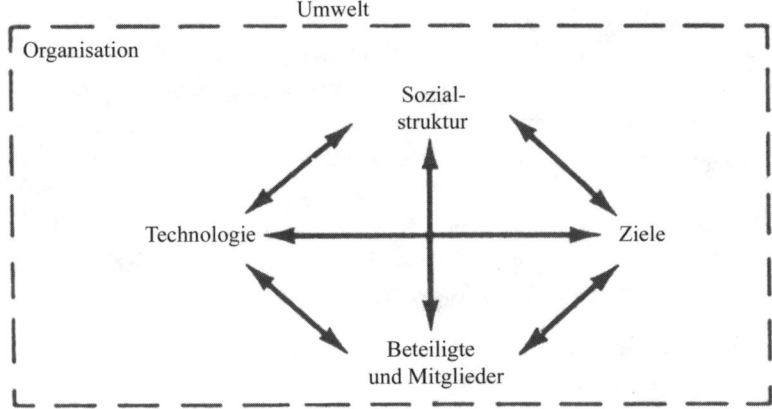

(a) Die *Sozialstruktur* einer Organisation kann unterschieden werden in eine normative oder formelle und in eine faktische oder informelle Sozialstruktur. Die Normen und Regeln, die sowohl die Stellen und deren Aufgaben und Kompetenzen als auch die typischen Prozessabläufe und Entscheidungsprozeduren festlegen, entsprechen der formellen Organisation. Das tatsächliche Verhalten der Rollenträger und ihre Interaktionen können dagegen als Verhaltensstruktur bezeichnet werden. In ihr vermischen sich formelle (geplante) und informelle (spontane, ungeplante) Momente der Sozialstruktur.

(b) *Beteiligte und Mitglieder*: Beteiligte sind im weitesten Sinne alle, die einen Beitrag zum Fortbestand der Organisation leisten. Mitglieder sind jene Teilgruppe der Beteiligten, die permanent zur Aufrechterhaltung beitragen. Die Mitglieder einer Wirtschaftsorganisation sind Arbeitnehmer und Manager, zu den Beteiligten gehören auch Kunden, Zulieferer, Aktionäre etc. Mitglieder können wiederum unterschieden werden in *Personal, eingeschriebene* und *»Input«-Mitglieder* (zu diesem Begriff siehe Abschnitt 1.6.3). Die Vollzugsbeamten eines Gefängnisses beispielsweise stellen das Personal, die Häftlinge sind »Input«-Mitglieder. Analog gilt dies für Lehrpersonal und Schüler einer Schule. Universitäten differenzieren zwischen Mitgliedern und Angehörigen. So spezifiziert beispielsweise die Satzung der Ruhr-Universität Bochum:

»Mitglieder der Ruhr-Universität sind
1. der Rektor,
2. der Kanzler,
3. die Professoren,
4. die Hochschuldozenten,
5. alle weiteren an der Ruhr-Universität hauptberuflich wissenschaftlich tätigen Beamten und Angestellten, wissenschaftliche Assistenten, Oberassistenten, Oberingenieure, wissenschaftliche Mitarbeiter, Lehrkräfte für besondere Aufgaben,
6. die eingeschriebenen Studenten,
7. die hauptberuflichen sonstigen Mitarbeiter (nichtwissenschaftliche Mitarbeiter).« (§ 7)

»Angehörige der Ruhr-Universität sind, sofern sie nicht Mitglieder nach Art. 7 (...) sind,
1. die Ehrenbürger und Ehrensenatoren,
2. die Honorarprofessoren,

3. die entpflichteten oder in den Ruhestand versetzten Professoren,
4. die außerplanmäßigen Professoren,
5. die nebenberuflich oder gastweise an der Ruhr-Universität Tätigen,
6. die Privatdozenten,
7. die Lehrbeauftragten,
8. die Doktoranden,
9. die wissenschaftlichen Hilfskräfte,
10. die Zweithörer und Gasthörer,
11. die hauptberuflich an den Einrichtungen an der Ruhr-Universität Beschäftigten.«
(§ 8).

(c) *Ziele:* Die Zielbestimmung einer Organisation gehört zu den diffizilsten Aufgaben der Organisationsanalyse. Zur Klärung dieser Frage ist zunächst einmal zwischen Funktion und Ziel einer Organisation zu unterscheiden. Mit *Funktion* ist die Aufgabe der Organisation gemeint, die sich aus ihrem gesellschaftlichen Zusammenhang ergibt, mit *Ziel* die selbstgestellte Aufgabe im Hinblick auf das angestrebte Produkt oder Ergebnis. In einigen Fällen sind Funktion und (Primär-)Ziel identisch, in anderen wiederum nicht. Zum Beispiel haben Wirtschaftsorganisationen die Funktion, die Mitglieder der Gesellschaft mit Gütern und Dienstleistungen zu versorgen; ihr Ziel ist die Gewinnerzielung und Kapitalbildung. Universitäten haben die Funktion, wissenschaftliche Forschung zu betreiben und überdies den wissenschaftlichen Nachwuchs auszubilden; dies kann zugleich als ihr Primärziel angesehen werden.

Vielzweck-Organisationen verfolgen mehrere Primärziele gleichzeitig, z.B. Krankenhäuser (Therapie und Ausbildung), Universitäten (Forschung und Lehre), Parteien (politische Willensbildung und Regierungsverantwortung). Neben ihrem Primärziel (man könnte auch sagen: ihrem Produkt- oder Output-Ziel) haben Organisationen zahlreiche Sekundärziele, die nicht unbedingt als Mittel zur Erreichung übergeordneter Ziele zu verstehen sind. So ist eines der stärksten Sekundärziele die Sicherung des Fortbestands der Organisation, das Interesse der Organisation an sich selbst. Dem Systemerhaltungsziel kann unter Umständen das Primärziel untergeordnet werden, sodass mehr Ressourcen für den Fortbestand als für das Produktziel der Organisation verwendet werden. In einer mittlerweile klassischen soziologischen Untersuchung über die sozialdemokratische Partei hat Robert Michels (zuerst 1911) dargelegt, dass die Partei dem Erhalt und Ausbau ihrer Organisation weitaus mehr

Aufmerksamkeit widmete als ihren politischen Zielen. Insbesondere in großen bürokratischen Organisationen (z.B. Behörden, Arbeitsämter, Gewerkschaften) entstehen häufig starke Tendenzen zur Verselbstständigung sekundärer Ziele (Fortbestand und Wachstum der Organisation) und Eigeninteressen des Führungspersonals (Einkommen, Karriere) gegenüber dem Primärziel.

Die Zielbestimmung von Organisationen wird auch dadurch erschwert, dass es vielfach eine Disjunktion zwischen individuellen (Mitglieder-)Motiven und organisationalen Zielen gibt, wie wir sie insbesondere in Wirtschaftsorganisationen (Einkommen und Karriere versus Gewinnmaximierung) beobachten können. Auf die Frage, wer die Organisationsziele bestimmt, gibt es verschiedene Antworten: die Mitglieder, die Organisationsspitze, die führenden Gruppen. Die überzeugendste Antwort haben Cyert und March (1963) gegeben: die *dominante Koalition.* Jede Gruppe, deren Interessen berücksichtigt werden müssen, gehört ihr an und wird an der »Aushandlung« der Organisationsziele beteiligt.

(d) *Technologie:* Entgegen dem herkömmlichem Verständnis von Technologie (Maschinen und technische Verfahren) wird der Begriff für die Organisationsanalyse weiter gefasst. Unter der Prämisse, dass in jeder Organisation Arbeit geleistet wird, bezeichnet Technologie den Mechanismus, mit dem die Arbeit ausgeführt wird. Anders gesagt: Organisationen bearbeiten einen »Input« (materielle, symbolische oder geistige Produkte, aber auch Menschen, z.B. Lernende, Kranke, Kriminelle) zu einem neuen Produkt (»Output«). Die zu diesem Transformationsprozess erforderlichen Kenntnisse, Fähigkeiten, Werkzeuge, Apparaturen etc. stellen die Technologie der Organisation dar.

(e) *Umwelt:* In vielfältiger Weise ist jede Organisation von einer spezifischen Umwelt abhängig, keine Organisation ist autark. Ihren Input bezieht sie aus der Umwelt und ihren Output entlässt sie in die Umwelt. Darüber hinaus übt die institutionelle Umwelt vielfältigen Einfluss auf die »Kultur« von Organisationen aus, z.B. durch vorherrschende soziale Werte, Normen und Rollen, aber auch durch soziale Modelle von Organisationen. Im westlichen Kulturraum werden andere Organisationsformen präferiert als beispielsweise im ostasiatischen. So wird in Japan der

»Clan« mit seinen großfamilienähnlichen Gruppenbeziehungen und seinem kollektiven Identifikationsangebot als Vorbild für die erfolgreiche Unternehmensorganisation angesehen.

Die *Kontingenztheorie* (auch: situativer Ansatz), eine Theorierichtung, die lange Zeit die Organisationsanalyse bestimmt hat, vertritt als allgemeine Hypothese, dass die Umwelt (z.b. Markt, Produktionstechnik) den wichtigsten Einfluss auf Struktur und Gestalt der Organisation nehme (vgl. Kieser 1993: Kap. 6; Scott 1986: 163ff.). Auch wenn ein solcher Kausalnexus heute bestritten wird, bleibt die Umwelt ein wichtiger Einflussfaktor für die Strukturmerkmale von Organisationen.

Die je spezifische Umwelt einer Organisation besteht häufig wiederum aus einer Vielzahl anderer Organisationen; man spricht in diesem Fall auch vom »organisationalen Feld«. Dieses umfasst beispielsweise bei einer Wirtschaftsorganisation Zulieferer und Abnehmer, Konkurrenzorganisationen und staatliche Institutionen ebenso wie Berufsgenossenschaften, Arbeitsämter, Gewerkschaften, professionelle Vereinigungen etc. Für die Organisation ist die Umwelt zugleich Quelle der Unsicherheit und der Abhängigkeit, die sie durch spezifische Strategien zu bewältigen sucht:

- *Pufferstrategien* (z.B. Kodierung, Lagerhaltung, Vorausplanung) dienen dazu, den technischen/operativen Kern gegen Störungen aus der Umwelt abzusichern (Scott 1986: 260ff.);

- *Verknüpfungsstrategien* (z.B. Verhandlung, Vertrag, Kooptation, Fusion, Assoziierung) sollen Unsicherheit und Abhängigkeit reduzieren (ebd.: 263ff.).

Im Unterschied zu den fünf Elementen einer Organisation nach Scott, macht der Managementtheoretiker Henry Mintzberg (1991) sechs Grundbestandteile beziehungsweise Subsysteme jeder Organisation aus: *Operativer Kern, Strategische Spitze, Mittleres Linienmanagement, Technostruktur, Unterstützende Einheiten und Ideologie*:

(a) *Operativer Kern*: Darunter versteht Mintzberg jenes organisationale Subsystem, das die Basisarbeit der Organisation, die Transformation von Input in Output durchführt (in Wirtschaftsorganisationen könnte man vom technischen Betrieb, der Produktionsabteilung, dem »Shopfloor« sprechen).

(b) Strategische Spitze: Als Organisationsmanagement befasst sie sich mit den grundlegenden Organisationsentscheidungen über Ziele, Produktionsprogramm, langfristige Investitionen, Außenbeziehungen etc.

(c) Mittleres Linienmanagement: Seine Aufgaben sind die Abstimmung zwischen Topmanagement und operativem Kern beziehungsweise die Durchsetzung von Entscheidungen, die an der Spitze getroffen wurden.

(d) Technostruktur: Sie umfasst jene Bereiche oder Stäbe, die dazu dienen, die Tätigkeiten in den einzelnen Subsystemen effektiver zu gestalten, z.b. durch Standardisierung und Programmierung, Arbeitsvorbereitung, Qualitätskontrolle und Weiterbildung. Sie ist folglich nicht identisch mit der Technologie (siehe oben).

(e) Unterstützende Einheiten: Sie sind mit dem Transformationsprozess nur indirekt befasst; ihre Aufgaben sind Dienstleistungen wie Kantinenbetrieb, Rechtsberatung, Öffentlichkeitsarbeit, Grundlagenforschung etc..

(f) Ideologie: Sie umfasst die Traditionen und Überzeugungen in einer Organisation; man könnte auch von (Organisations-)Kultur sprechen.

Abbildung 2: Sechs Grundbestandteile einer Organisation (nach Mintzberg) (nach Mintzberg 1991: 110)

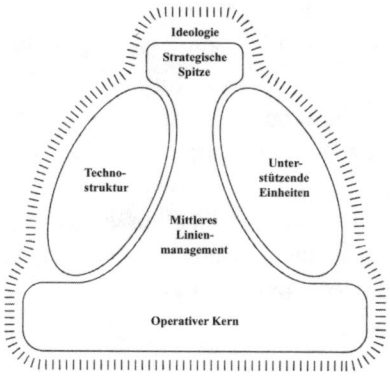

»Wie die Abbildung (...) zeigt, haben wir eine kleine strategische Spitze, eine ausgeprägte mittlere Linie und einen breiten, flachen operativen Kern an der Basis. Diese
drei Teile sind jeweils mit einer durchgezogenen Linie gezeichnet, um anzuzeigen,
dass sie normalerweise durch eine einzelne Autoritätskette verbunden sind. Die
Technostruktur und die unterstützenden Einheiten sind auf beiden Seiten ausgelagert,
um anzudeuten, dass sie von der Hauptautoritätslinie getrennt sind und den operativen Kern nur indirekt beeinflussen. Die Ideologie wird als eine Art Hof dargestellt,
der das gesamte System umgibt.« (Mintzberg 1991: 110)

1.5   Verhältnis zwischen Organisation und Mitglied

Organisationen formalisieren Verhaltenserwartungen, die das Mitglied
durch seinen freiwilligen Beitritt grundsätzlich anerkennt; die Mitglieds-
rolle impliziert die Übernahme weiterer Rollen des Organisationssys-
tems (Luhmann 1994: 39ff.). Das Mitglied, das freiwillig einer Organisation angehört, leistet in der Regel einen individuellen Beitrag zum
Fortbestand der Organisation und erwartet von dieser dafür eine spezifische Gegenleistung. Auch wenn man die von frühen amerikanischen
Organisationstheoretikern, Chester Barnard (1938) und Herbert Simon
(1949), formulierte Theorie des »organisationellen Gleichgewichts«
zwischen Beitrag und Anreiz, das den Fortbestand der Organisation
ermögliche, nicht akzeptiert, ist ihr Grundgedanke doch einleuchtend,
wie die folgenden Beispiele zeigen: Der Arbeitnehmer erhält für seine
Arbeitsleistung ein Entgelt; das Vereinsmitglied kommt für seinen Mo-
nats- oder Jahresbeitrag in den Genuss besonderer Dienstleistungen des
Vereins; das Parteimitglied trägt zur Finanzierung der Partei bei, weil es
an der Durchsetzung bestimmter Parteiziele interessiert ist; der Religi-
onsangehörige zahlt seine Kirchensteuer in der Erwartung seines See-
lenheils.

Um das Beitrags-Leistungs-Verhältnis zwischen Mitglied und Organisation zu klären, wollen wir zunächst den weiten Kreis der Beteiligten auf die Mitglieder verengen. Auszugehen ist von drei Klassen von
Mitgliedern:

(1) *Personal*: Dabei handelt es sich um jene Mitgliedergruppen, die den Verwaltungsaufwand zu bewältigen haben und der Realisierung des Organisationszwecks dienen. Neben dem hauptamtlichen Personal stützen sich einige Organisationsformen (z.b. Verein, Partei, NGO) zur Bewältigung ihrer Aufgaben auch auf die ehrenamtliche Tätigkeit ihrer Mitglieder.

(2) *Input-Mitglieder*: Hierbei haben wir es mit solchen Mitgliedern zu tun, die wir als »zu bearbeitenden Input« betrachten. Von bloßen Kunden unterscheiden sie sich darin, dass sie eine längere Verweildauer in der Organisation haben. Mitglieder als »Input« sind z.b. Schüler in Schulen, Kranke in Krankenhäusern, Insassen in Gefängnissen, Studierende in Universitäten. »Input-Mitglieder« leisten in der Regel keinen direkten Beitrag zum »Unterhalt« der Organisation (die in Deutschland in der Regel durch Steuern und Sozialversicherungsbeiträge finanziert wird).

(3) *Eingeschriebene Mitglieder*: Diese finden wir insbesondere in Interessenverbänden (z.b. ADAC, Mieterverein, Gewerkschaft), Vereinen und Parteien. Ihr Beitrag ist essenziell für den »Unterhalt« der Organisation, da von ihm üblicherweise der gesamte Verwaltungsapparat finanziert wird. Die spezifische Leistung der Organisation steht in keinem direkten Zusammenhang zum Mitgliedsbeitrag, der nach dem Solidarprinzip erhoben wird.

Alle Organisationen verfügen über eine Mindestausstattung von Personal, einen »Verwaltungsstab« (Max Weber), der gegen Entgelt und andere Gratifikationen die erforderlichen Verwaltungsaufgaben erledigt. Das impliziert, dass jede Organisation in ihrem *Kernbereich* auch Arbeitsorganisation ist. Wirtschaftsorganisationen (Produktions- und Dienstleistungsunternehmen) haben in der Regel nur Personal; Schulen, Gefängnisse und Krankenhäuser haben sowohl Personal wie Input-Mitglieder; Interessenorganisationen und Vereine haben Personal und eingeschriebene Mitglieder.

Um die Differenz zwischen *Beteiligten* und *Mitgliedern* zu verdeutlichen, vergleichen wir die (betriebliche) Arbeitsorganisation mit der Unternehmensorganisation. Die Arbeitsorganisation hat nur Mitglieder –

ausführende und disponierende Arbeitskräfte[4] – , während einer Unternehmensorganisation neben den Mitgliedern ihrer Arbeitsorganisation(en) noch als Beteiligte die Kapitalgeber (Aktionäre), Zulieferer, Distributeure und Kunden angehören. Bei anderen Organisationen, wie Massenmedien und Kunstorganisationen, sind die Kunden das Publikum.

1.6   Varianz der Organisationsformen

Die Welt der Organisationen ist vielfältig, obwohl in der Organisationssoziologie die Tendenz vorherrscht, Differenzen zugunsten der Gemeinsamkeiten zu vernachlässigen beziehungsweise eine dominante Organisationsform, vor allem die der Wirtschaftsorganisation, zum Modellfall aller Organisationen zu machen. Als empirische Paradigmen für die Organisationsanalyse dienen in der Regel die Unternehmung oder die (staatliche) Verwaltung (Ausnahmen mit einem breiteren Spektrum wie Mayntz 1963 und Büschges/Abraham 1997 bestätigen die Regel). Auf dieser unausgewogenen empirischen Grundlage beruht die Mehrzahl der analytischen Erkenntnisse, die den Korpus der Organisationstheorie ausmachen. Derart gewonnene Einsichten können entweder nur begrenzt *für diese* Organisationstypen gelten oder lediglich in hochabstrakter Verallgemeinerung und oft nur noch als triviale Erkenntnisse auf alle anderen übertragen werden. Die Darstellung in diesem Buch basiert auf der Annahme, dass die Gemeinsamkeiten von Organisationen zwar für ihr elementares Verständnis wichtig sind, dass aber erst die Einsicht in ihre Differenzen zum adäquaten Verständnis beitragen kann.

---

4 Nach der klassischen betriebswirtschaftlichen Definition von Gutenberg (1951) ist der Betrieb (= Arbeitsorganisation) der Ort, wo die drei Elementarfaktoren Arbeitsleistungen, Betriebsmittel und Werkstoffe durch dispositive Arbeit kombiniert werden.

1.6.1 Analytische Perspektiven und einfache Typologien

Selbst die »allgemeine« Organisationstheorie kommt nicht umhin, Organisationen aus verschiedenen theoretischen Perspektiven zu betrachten, um ihre Existenz und Praxis zu erklären.

Von »Metaphern der Organisation« spricht Gareth Morgan (1986) und macht damit deutlich, dass Organisationen unter wechselnden Aspekten betrachtet werden können. Er beschreibt Organisationen als Maschinen, Organismen, Gehirne, Kulturen, politische Systeme, psychische Gefängnisse und Herrschaftsinstrumente. Hinter diesen Metaphern verbergen sich meist verschiedenartige Organisationstypen.

Im wissenschaftshistorischen Rückblick hat Richard Scott (1986) drei distinkte, historisch aufeinander folgende Perspektiven auf die Organisation ausfindig gemacht: das rationale System (Weber, Taylor), das natürliche System (Human Relations School) und das offene System (Kontingenztheorie). Man könne diese Entwicklung heute auf die beiden Perspektiven beziehungsweise Organisationstypen der *rational offenen* und der *natürlich offenen* Systeme reduzieren.

Auch bei Amitai Etzioni (1971) finden sich erste Anhaltspunkte zur Distinktion. Etzioni unterscheidet zwischen drei grundlegenden Organisationstypen:

- Zwangsorganisationen (*coercive power*), z.b. geschlossene Anstalten wie Gefängnisse und Nervenkliniken;
- utilitaristische Organisationen (*renumerative power*), z.b. Unternehmen;
- normative Organisationen (*normative power*), z.b. Kirchen, ideologische oder politische Vereinigungen.

Die begriffliche Achse von Etzionis Typologie ist der Kontrollmodus (in Klammern als »power« bezeichnet), mit dem die Organisation Macht und Kontrolle über das Verhalten ihrer Mitglieder ausübt: *physischer Zwang, materielle Entschädigung, normative Integration.* Wie bei den meisten Typologien gibt es auch hier Mischungen zwischen den drei Gattungen, so lässt sich beispielsweise die Gewerkschaft als eine utilitaristisch-normative Organisation identifizieren.

Eine einfache Dichotomie von Organisationsformen schlägt Schimank (2001a) vor:

• Organisation »von unten«: Sie entsteht dadurch, dass Individuen ihre Ressourcen (»soziale Einflusspotenziale der individuellen Akteure, insbesondere deren Macht und Geld« (ebd.: 283)) zusammenlegen.

• Organisation »von oben«: Sie wird auf Initiative eines Einzelnen oder einer Gruppe gegründet und sucht sich Individuen, »die auch ohne Übereinstimmung mit den Zielsetzungen der Organisation deren Mitglied werden« (ebd.: 285).

Die erste Kategorie schließt an Colemans Konstruktion des durch Ressourcenzusammenlegung gebildeten »korporativen Akteurs« an. Sie verkörpert sich insbesondere in Interessenorganisationen und Parteien mit »eingeschriebenen Mitgliedern«. Die zweite Kategorie umfasst alle Arten von Arbeitsorganisationen, die Mitglieder mittels Arbeitsvertrag als »Personal« der Organisation rekrutieren. Statt Interessenzusammenschlüsse, wie im ersten Fall, stellen sie Tauschbeziehungen dar (ebd.). Daneben lässt Schimank noch Etzionis Typus der Zwangsorganisation gelten.

Die Organisationstypologie, die Mintzberg (1991) anbietet, hat zum Konstruktionsprinzip die Konfiguration, wie die Subsysteme der Organisation zueinander stehen und welche Subsysteme jeweils den wichtigsten Organisationsbereich bilden. Organisationale Effizienz ergibt sich aus einer »passenden« Konfiguration. Die Konfigurationen sind wiederum abhängig von den Zielen und der spezifischen Umwelt der Organisation. Mintzberg (ebd.: 120) unterscheidet folgende sieben Strukturtypen (mit ihrem jeweils wichtigsten Subsystem in Klammern):

• Unternehmerische Organisation (strategische Spitze),
• Maschinenorganisation (Technostruktur),
• Professionelle Organisation (operativer Kern),
• Diversifizierte Organisation (mittleres Linienmanagement),
• Innovative Organisation (unterstützende Einheiten),
• Missionarische Organisation (Ideologie),
• Politische Organisation (keines).

1.6.2 Teilsystemspezifische Organisationen

Ein wichtiges Kriterium zur Differenzierung zwischen Organisationen besteht darin, dass viele (nicht alle) offenbar problemlos verschiedenen gesellschaftlichen Teil- oder Funktionssystemen zugeordnet werden können, zum Beispiel:

- Unternehmen der Wirtschaft,
- Gerichte und Anwaltskanzleien dem Rechtssystem,
- Krankenhäuser dem Gesundheitswesen,
- Forschungsinstitute und Akademien der Wissenschaft,
- Schulen dem Erziehungssystem,
- Museen und Theater dem Kunstsystem,
- Kirchengemeinden dem System der Religion,
- Sportvereine dem Sportsystem,
- Fernsehsender den Massenmedien,
- Parteien dem System der Politik.

Obwohl die soziologische Systemtheorie zur funktionalen Ausdifferenzierung von Teilsystemen wie auch zur Organisation entscheidende Beiträge geliefert hat und Luhmann die »hohe Organisationsabhängigkeit der Funktionssysteme« (1987: 36) hervorhob, bewerten selbst ihre gegenwärtigen Statthalter das Verhältnis der beiden Systembildungen zueinander für theoretisch unausgearbeitet (Tacke 2001: 11). Dem unorthodoxen Systemtheoretiker Schimank (2001b) zufolge ist zwar generell von der »Durchorganisierung« der ausdifferenzierten Funktionssysteme auszugehen, aber mit variierender Intensität. Das heißt, es gibt Funktionssysteme, die dicht und solche, die nur sporadisch von Organisationen durchsetzt sind. Als stark durchorganisiert gelten die Systeme der Wirtschaft und Politik, als schwach die des Gesundheitswesens und des Rechts. In den beiden letzteren leistet anstelle der Organisation vielfach die *Profession* (Arzt- und Rechtsanwaltspraxen) die erforderlichen Beiträge für das Funktionssystem. Eine ähnliche professionelle Verankerung finden wir auch »im schöpferisch-produzierenden Bereich des Kunstsystems«, während der »distributive, sozialisierende und evaluierende Sektor des Kunstsystems« (Schimank 2001b: 29) wiederum durch formale Organisationen (Akademien, Galerien, Museen, Opernhäuser, Orchester) bestimmt wird. Generell gilt:»Mit Ausnahme des Systems der Intimbeziehungen sind alle Teilsysteme der modernen Gesellschaft auf formale Organisationen angewiesen.« (ebd.: 31)

Die Orientierung an den Funktionen der gesellschaftlichen Teilsysteme, für die Organisationen Beiträge leisten und die umgekehrt die Aufgaben und Ziele von Organisationen (mit-)bestimmen, begründet wichtige Unterschiede zwischen Organisationen; denn begreift man die Teilsysteme als institutionelle Umwelten, dann haben sie auch einen konditionierenden Einfluss auf die Ziele und Handlungen von Organisationen und deren Mitglieder. Gesellschaftliche Teilsysteme haben unterschiedliche Funktionen, Leitdifferenzen (*Codes*), Programme und Kommunikationsmedien, die etwa Wirtschaftsorganisationen von politischen Organisationen unterscheidbar machen. Operieren erstere mit dem Kommunikationsmedium Geld in den Gefilden von Zahlungsfähigkeit und Eigentumsrechten (bzw. deren Abwesenheit), so operieren letztere mit dem Kommunikationsmedium Macht, das die Annahme bindender Entscheidungen im Handlungsspektrum von Regierung (bzw. Ämter, Verwaltung) und Opposition (bzw. Publikum) herbeiführt. Gesellschaftliche Teilsysteme haben überdies differierende Korrekturmechanismen, mit denen die Performance ihrer Organisationen überprüft wird. So hat das Teilsystem der Wirtschaft quantifizierbare Effizienzkriterien für seine Organisationen entwickelt, die über den Markt exekutiert werden. Das Erziehungssystem kennt die staatliche Aufsicht für Schulen, Parteien messen ihren Erfolg an politischen Wahlen, Massenmedien an Abonnentenzahlen und Einschaltquoten. Im Kunstsystem sind es primär die Kunstwerke selbst, die sich der Expertenkritik stellen müssen, aber auch die Kunstorganisationen (Theater, Orchester, Museum etc.) werden nach ihrem künstlerischen Profil (Spielplan, Ensembleleistung, Ausstellungsprogramm etc.) beurteilt.

Organisationen stehen in einem Verhältnis »loser Koppelung« zu ihrem Funktionssystem (Lieckweg/Wehrsig 2001: 40); in ihnen sind mehrere Entscheidungsprogramme vorhanden, sodass sich »der Funktionsbezug nicht ausschließlich auf ein Funktionssystem richtet« (ebd.: 55). Organisationen können mit je spezifischen Leistungen für verschiedene Teilsysteme zwischen diesen und ihren Funktionen vermitteln, zumal viele Organisationen zugleich zwei oder mehreren Teilsystemen angehören können (z.B. ein belletristischer Verlag oder eine Galerie den Teilsystemen der Wirtschaft und der Kunst; die Tarifverbände den Teilsystemen der Wirtschaft und der Politik; die Universität den Teilsystemen der Erziehung und der Wissenschaft; die Klosterschule den Teilsystemen der Religion und der Erziehung).

Nach Schimank ist »die Organisationsgesellschaft eine Bedingung der Möglichkeit funktionaler Differenzierung« (2001b: 19), weil die Integration der Person in die funktional differenzierte Gesellschaft über Organisationen verläuft. Mittels teilsystemspezifischer Mitgliedsrollen (Leistungs- wie Publikumsrollen) erzeugen formale Organisationen Konformitätsbereitschaft und Verhaltenssicherheit im jeweiligen Teilsystem. Dadurch eignen sich Organisationen »als institutioneller Unterbau der teilsystemspezifischen Deutungsstrukturen« (ebd.: 24) und tragen entscheidend zur dauerhaften Sozialintegration der Gesellschaftsmitglieder bei.

Was die Organisationsgesellschaft für die Sozialintegration leistet, scheint sie für die Systemintegration[5] aufs Spiel zu setzen. Die »codegeprägte Monomanie« (ebd.: 32) führt zu einem Auseinanderdriften teilsystemspezifischer Handlungslogiken. Die Lösung für die Bändigung des »intersystemischen Desintegrationspotenzials« (ebd.: 33) sieht Schimank in »teilsystemübergreifenden interorganisatorischen Netzwerken« (ebd.) beziehungsweise »intersystemischen Verhandlungsnetzwerken« (ebd.: 34), wie wir sie beispielsweise in der Gesundheits-, Forschungs-, Bildungs- und Wirtschaftspolitik finden (vgl. Kap. 4).

1.6.3 Grundtypen von Organisationen

Diesem Einführungsband liegt als Gliederungsprinzip die Differenzierung nach Grundtypen von Organisationen zugrunde, die in signifikanter Wechselbeziehung zu »ihrem« gesellschaftlichen Teilsystem stehen, das heißt dieses prägen und von ihm geprägt werden. Wir werden in den

---

5 Schimank rekurriert hier auf das von Lockwood (1969) eingeführte Begriffspaar *Sozial- und Systemintegration*, mit dem die sozialkulturelle Integration der Person und die funktionale Integration der Strukturelemente in die Gesellschaft bezeichnet wird.

nachfolgenden Kapiteln 2 bis 5 vier Grundtypen vorstellen, die vornehmlich den Funktionssystemen der Wirtschaft und der Politik zuzurechnen sind beziehungsweise an ihnen Anteil haben. Es sind dies Organisationen, die den formalen Organisationsanalysen häufig als Prototypen dienen: *Arbeitsorganisation, Unternehmensorganisation, Unternehmensnetzwerk, Interessenorganisation.* Diese Organisationstypen sind ein gewichtiger Teil unserer Gesellschaft. Unter ihnen finden sich die Hauptakteure des wirtschaftlichen und – mit Einschränkungen – auch des politischen Lebens. Die Einschränkungen im Hinblick auf das politische System ergeben sich dadurch, dass die Parteien und Regierungsorganisationen ausgeklammert werden, wie übrigens in den meisten Lehrtexten zur Organisationssoziologie. Denn eigens mit diesen Organisationen befasst sich eine ausdifferenzierte Parteien- und politische Soziologie.

Es fehlen auch andere wichtige Organisationen, etwa die Bildungs- und Humandienstleistungsorganisatione (Schulen, Krankenhäuser, Altenheime, Asyle, Gefängnisse) sowie wissenschaftliche, künstlerische, religiöse und militärische Organisationen und schließlich die in die Hunderttausende gehenden (Freizeit-)Vereine. Wer will, kann auch noch die Internationalen Organisationen (wie UNO, WTO, EU, NAFTA) als fehlend reklamieren, obwohl sie weniger als Organisationen denn als zwischenstaatliche Gebilde sui generis anzusehen wären.

Historisch wie systematisch können *Arbeitsorganisation* und *Verwaltung* als Elementarformen und Prototypen der Organisation angesehen werden. Als erster Theoretiker der Arbeitsorganisation gilt der amerikanische Ingenieur Frederick W. Taylor (vgl. Kap. 2), während die Verwaltung in Max Weber ihren ersten Theoretiker fand (vgl. Kap. 3). In der Industrie- und Betriebssoziologie (deren organisationssoziologisches Defizit heute zu Recht beklagt wird) hat es einige wichtige, aber weitgehend vergessene Ansätze zur Analyse der Betriebsorganisation gegeben. So haben Briefs (1931) und Jost (1932) auf je verschiedene Weise den Betrieb als soziales System sui generis konzipiert, ohne indes zwischen Betrieb und Unternehmen zu differenzieren. Auch erhoben sie nicht den Anspruch, die Ergebnisse und Erkenntnisse ihrer Analysen auf Organisationen anderer Art zu übertragen.

Während Dahrendorf (1962) in seinem Lehrbuch zur Industrie- und Betriebssoziologie die betriebliche Sozialstruktur wieder aufgenommen hat, taucht sie in späteren Lehrbüchern dieser »Bindestrich-Soziologie« (Herkommer/Bierbaum 1979; Littek u.a. 1982; Beckenbach 1991) nicht mehr auf oder findet dort nur noch partielle Berücksichtigung. Auch darin dokumentiert sich die organisationstheoretische Lücke der Industrie- und Betriebssoziologie.[6] Erst im letzten Jahrzehnt haben sich einige wenige Industriesoziologen aufgemacht, diese Lücke teilweise zu überbrücken: Ludger Pries durch die Wiederbelebung des Betriebsbegriffs aus der Gründungszeit der Betriebssoziologie in seinem Buch zum »Betrieblichen Wandel in der Risikogesellschaft« (1998), Hans Joachim Braczyk (1997) mit dem Konzept der organisationalen Ordnungen (*Governance*) und Christoph Deutschmann mit der Aufnahme organisationssoziologischer Einsichten zu den Komplexen Macht, Kontrolle, Herrschaft und institutionelle Systeme des Arbeitsmarktes in seiner »Postindustriellen Industriesoziologie« (2002).

Der ältere Betriebsbegriff ist umfassender als der hier bevorzugte Begriff der *Arbeitsorganisation*. Zwar sind oder haben alle Organisationen auch Arbeitsorganisationen, ohne dass sie dadurch schon hinreichend bestimmt wären. So ist die Verwaltung eine Arbeitsorganisation besonderer Art. Die Prinzipien der Arbeitsteilung, Spezialisierung und Koordination prägen auch ihre Strukturen, aber als disponierende und überwachende Büroarbeit ist sie eng mit dem Begriff der Bürokratie verbunden, die Max Weber als die technisch effizienteste aller bekannten Verwaltungsstäbe im staatlichen wie im privatwirtschaftlichen Sektor ansah. Da Unternehmen nach unserem Verständnis ein Ensemble von Arbeitsorganisationen mit Verwaltung und strategischer Spitze darstellen, werden wir die (privatwirtschaftliche) Verwaltung als einen Bestandteil des zweiten organisationalen Grundtypus, der *Unternehmensorganisation,* analysieren. Als einen für die Organisationstheorie relativ neuen Grundtypus behandeln wir das *Unternehmensnetzwerk,* eine höhere und komplexere Form der Organisierung, gewissermaßen ein strukturiertes Ensemble von Unternehmensorganisationen, das neue Koordinations- und Steuerungsprobleme aufwirft. Als vierten Grundtypus betrachten wir die *Interessenorganisation,* die Gegenstand einer umfangreichen soziologi-

---

6 Kaum zu relativieren ist diese Aussage durch Bechtles für das Münchner Institut für Sozialwissenschaftliche Forschung erarbeitetes Konzept *Betrieb als Strategie* (1980), da mit ihm letztlich eine ökonomische, aber keine genuin organisationssoziologische Perspektive begründet wird.

schen und politologischen Verbändeforschung ist. Während sich bei den drei anderen Grundtypen der analytische Blick stärker auf den Systemcharakter der Organisation richtet, steht bei der Interessenorganisation deren Akteurscharakter im Mittelpunkt. Interessenorganisationen agieren vorwiegend im politischen, aber auch im wirtschaftlichen Raum, wenngleich sie ihre soziale Basis in allen Funktionssystemen und, wie zum Beispiel die Nichtregierungsorganisationen, in der Lebenswelt haben. Verwandt mit der Interessenorganisation ist ein weiterer organisationaler Grundtypus, die *politische Partei*, die in dieser Einführung, wie bereits erwähnt, unberücksichtigt bleibt.

Streiten lässt sich darüber, ob die Humandienstleistungsorganisation nicht ebenfalls einen organisationalen Grundtypus darstellt. Auf den ersten Blick spricht dafür der spezifische Charakter eines Teils ihrer Mitglieder, die wir mit dem unschönen Terminus technicus als »InputMitglieder« bezeichnet haben. An und mit ihnen »zu arbeiten«, ist Aufgabe des jeweiligen Personals. Aber schon damit sind die wenigen gemeinsamen Wesensmerkmale dieser Organisationen genannt. Wer den Vergleich zwischen Schülern und Studenten noch durchgehen lässt, wird ihn jedoch nicht auf die »Insassen« von »totalen Organisationen« wie Altersheimen, Asylen, Gefängnissen und teilweise auch Krankenhäusern übertragen sehen wollen. Als ein konstitutives Wesensmerkmal moderner Organisationen haben wir hervorgehoben, dass sie ihre Mitglieder nur partial inkludieren. Wenn dieses Merkmal auf einen gewichtigen Teil der Humandienstleistungsorganisationen nicht zutrifft, können wir sie auch nur bedingt als Exempel für moderne Organisationen heranziehen.

1.7 Gegenstand und Theorie

Die Kapitel dieser Einführung sind als gegenstandsbezogene Analysen abgefasst, das heißt, sie sind theoriegeleitet, aber keiner distinkten theoretischen Schule verpflichtet. Theorieorientierte Fragestellungen und Debatten werden ad hoc herangezogen, wenn sie dazu beitragen, konkrete Phänomene (z.B. Organisationsformen, Organisationsprozesse) im theoretischen Zusammenhang intensiver und differenzierter zu verstehen. Der hier praktizierte Theorienpluralismus ist von der Überzeugung getragen, dass die Theorien aus unterschiedlichen Perspektiven immer nur bestimmte Ausschnitte und Komplexe des Phänomens Organisation beleuchten. Um aber den Gegenstand in seiner Mannigfaltigkeit, Variabilität und Komplexität zu erfassen, können wir ihn schlecht in das enge Korsett einer wie immer hegemonialen Theorieströmung zwängen. Und statt des alternativen Vorgehens, ein Potpourri von Organisationstheorien – sei es historisch, sei es systematisch geordnet – vorzustellen, wollen wir den Leser über den empirischen Gegenstand zu den Theorien führen.

Unbeeindruckt vom möglichen Vorwurf des theoretischen Eklektizismus, werden wir Einsichten der soziologischen Klassiker (insbesondere Weber und Marx) ebenso aufgreifen wie analytische Befunde einschlägiger Theorieansätze. Neben Groß- oder Metatheorien wie Systemtheorie (Luhmann), Strukturationstheorie (Giddens) oder Rational Choice (Olson, Coleman) sind dies vornehmlich Theorien mittlerer Reichweite (ökonomischer und soziologischer Neo-Institutionalismus, verhaltenswissenschaftliche Entscheidungstheorie, Transaktionskostenansatz, Neokorporatismus) sowie erklärungskräftige Analysekonzepte (Exit-Voice-Ansatz, Mikropolitik, pluralistische Gruppentheorie). Der vorangestellte Theorien-Kompass erlaubt es dem Leser, die einschlägigen Theorien, mit denen die Organisationssoziologie arbeitet, auch systematischer aufzusuchen.

Die in diesem Lehrbuch ausgebreitete Organisationssoziologie bemüht sich um Anschlussfähigkeit an die Arbeits-, Industrie- und Wirtschaftssoziologie, sie will aber zugleich den am Gegenstand Interessierten – ob nun Studierenden der Soziologie, Politologie, Verwaltungswissenschaft oder der Betriebswirtschaftslehre – theoretisch fundiertes Basiswissen über ein die moderne Gesellschaft prägendes Grundphänomen vermitteln.

Fragen

1. Welche evolutionären Merkmale sind für moderne Organisationen charakteristisch?
2. Nennen und erläutern Sie die von Scott hervorgehobenen fünf Grundelemente jeder Organisation!
3. Erörtern Sie das Spannungsverhältnis zwischen Individuum, Mitglied und Organisation unter den Aspekten der Partialinklusion und der Kontrolle über die Mitglieder!
4. In welchem Verhältnis stehen Organisationen und gesellschaftliche Teilsysteme zueinander?
5. Mit welcher Berechtigung werden moderne Gesellschaften als Organisationsgesellschaften bezeichnet?

Kapitel 2

Arbeitsorganisation

Als einen elementaren Prototyp aller Organisationen begreifen wir die Arbeitsorganisation. Sie bildet den Nukleus oder, in der Mintzbergschen Terminologie, den »operativen Kern« jeder komplexen Organisation; denn in jeder Organisation wird Arbeit geleistet. Als Paradigma der folgenden Darstellung dient uns der technische Betrieb einer Wirtschaftsorganisation. Auch wenn die gewerbliche Produktion heute nicht mehr jene dominante Rolle im Wirtschaftsleben einnimmt wie im Industriezeitalter, lassen sich an ihr doch die Wesensmerkmale einer Arbeitsorganisation exemplarisch aufzeigen; diese gelten mit gewissen Einschränkungen natürlich auch für Dienstleistungsorganisationen mit geringerem technischen Apparat.

2.1 Entstehung und Begriff

Als gesellschaftlich relevantes und verbreitetes Phänomen ist die Arbeitsorganisation eine Folge der Industrialisierung. Versteht man darunter ein planmäßig koordiniertes Zusammenwirken von Menschen zur Erstellung eines gemeinsamen Produkts, dann gab es gewiss auch schon in früheren Geschichtsperioden Großprojekte, die nur in solch arbeitsteiliger, organisierter Weise zu bewerkstelligen waren. Bis zur Industriellen Revolution war die gesellschaftliche Produktion jedoch weitgehend gekennzeichnet durch bäuerliche Eigenwirtschaft, heimgewerbliche und hausindustrielle Produktion sowie kleinhandwerkliche Fertigung in den Städten, denen die Merkmale der modernen Arbeitsorganisation fehlten.

Erst mit der Durchsetzung des Industriekapitalismus als vorherrschende Produktionsweise wird die *Fabrik* zur dominanten Produktionsstätte. Sie hat eine spezifische Arbeitsorganisation, die von allen vorangehenden Formen abweicht. Ob die vorindustrielle Manufaktur mit ihrer – gegenüber dem Handwerksbetrieb – erheblich höheren Arbeiteranzahl und ihrer spezifisch arbeitsteiligen Produktionsorganisation die Vorform der Fabrik darstellte, wie Marx behauptete, bleibt umstrittene Annahme.

Der Sozialhistoriker Hans-Ulrich Wehler unterscheidet in seiner »Deutschen Gesellschaftsgeschichte« fünf Ursprungsformen der modernen Fabrik: »Neben dem großen Handwerksbetrieb des Zunftmeisters (für Papiererzeugung, Buchdruck, Optikwaren, Porzellan, Möbel, Maschinenbau) gab es die unzünftige Mechanische Werkstatt (z.B. als Gießerei oder Eisenhütte), neben dem Verlagsbetrieb als Endstation dezentralisierter Produktionsabläufe existierte die Manufaktur als zentralisierte Werkstätte (für Woll-, Baumwoll-, Seidenherstellung, Kattundruck, Waffen, Messer, Kutschen), und schließlich trat zu ihnen die frühe Fabrik selbst als jüngster, unmittelbarer Vorläufer des entwickelten Industrieunternehmens.« (1987: 114)

Wenn mit Organisation allgemein ein *geplanter, dauerhafter* und *zielorientierter Handlungszusammenhang* von Personen und Gruppen bezeichnet wird, dann ist für Arbeitsorganisationen kennzeichnend, dass dieser Handlungszusammenhang nach den Prinzipien der *Arbeitsteilung* und *Wirtschaftlichkeit* (Kosten-Nutzen-Optimierung, Gewinnmaximierung) geplant wird und dem Ziel der Erzeugung von Produkten oder der Bereitstellung von Dienstleistungen dient. Während sich die Betriebswirtschaftslehre mit der Arbeitsorganisation primär unter den Aspekten der Wirtschaftlichkeit befasst, interessieren sich die Sozialwissenschaften vor allem für die vielfältigen sozialen Beziehungen und Prozesse zwischen den am Arbeitsprozess Beteiligten sowie für die sozialen Strukturen, in die sie eingebettet sind.

2.2 Strukturanalyse

Die moderne Arbeitsorganisation basiert auf arbeitsteiligen und durch Technik und Maschinerie strukturierten Kooperationsprozessen, die unter der Leitung eines Managements vollzogen werden. im Folgenden werden diese einzelnen Komponenten analysiert.

2.2.1 Arbeitsteilung und Kooperation

Jede Arbeitsorganisation beruht auf den Prinzipien von Arbeitsteilung und Kooperation. Sie sind zwei Seiten einer Medaille. Beinhaltet die Arbeitsteilung eine Aufgabenverteilung und Arbeitszerlegung (*Differenzierung*), dann bedeutet die Kooperation ihre Vereinigung beziehungsweise Zusammenfassung (*Integration*) zu einem gemeinsamen Produkt.

In jeder Gesellschaft gibt es Arbeitsteilung. Als »ursprüngliche« Form der Arbeitsteilung gilt die zwischen den Geschlechtern (schon die Urgesellschaften kannten eine Arbeitsteilung zwischen Männern und Frauen). Formen *gesellschaftlicher* Arbeitsteilung sind des Weiteren die »Produktionsteilung« zwischen den wirtschaftlichen Sektoren (z.B. zwischen Grundstoff- und verarbeitender Industrie, zwischen Produktion und Dienstleistung) und die Arbeitsteilung zwischen den verschiedenen Berufen und Betrieben. Von der gesellschaftlichen Arbeitsteilung ist die *betriebliche* (auch »technische« oder »industrielle«) Arbeitsteilung zu unterscheiden, als deren Charakteristikum die Arbeitszerlegung in »für sich nicht selbstständige Arbeitselemente« (Bücher 1893/1968: 74) innerhalb eines Betriebes gilt. Diese Form der Arbeitsteilung setzte sich durch, da sie wie beabsichtigt zu erhöter Arbeitsproduktivität (siehe

Abschnitt 2.3.1) führte. Daneben dürfte sie auch dadurch begünstigt worden sein, dass die komplexeren Industrieprodukte nur arbeitsteilig mit dem Wissen und Können mehrerer Personen herzustellen waren. Die soziologische Definition des Betriebs ist enger als die wirtschaftliche: Sie schließt Arbeitsstätten vom Typ des Ein-Personen-Betriebs oder des reinen Familienbetriebs aus. Ihr zufolge ist der Betrieb eine räumliche Einheit, in der mehrere, im Regelfall eine größere Zahl von Arbeitskräften zur Erzeugung von Produkten oder zur Bereitstellung von Dienstleistungen zusammenwirken. Es ist dieser Sachverhalt, den wir hier mit *Arbeitsorganisation* bezeichnen. Als solche finden wir sie nicht nur in den Werkstätten der Fabriken vor, sondern auch in Büros und (staatlichen oder kommunalen) Behörden. Im Folgenden werden wir gleichwohl ihre Spezifika am Beispiel des industriellen Produktionsprozesses erörtern.

Im modernen Industriebetrieb wird der Produktionsprozess in eine Reihe von Arbeitsverrichtungen zerlegt, die in einem planvollen Zusammenwirken (Kooperation) vollzogen werden. Jeder am Produktionsprozess Beteiligte muss in seinen Arbeitsverrichtungen auf die Arbeitsvollzüge der anderen Arbeitnehmer sachgemäß reagieren. Je enger der Kooperationszusammenhang, um so größer sind die Effekte, die die einzelne Teilarbeit auf die anderen Teilarbeiten hat. In der Industriesoziologie wird zwischen der teamartigen und der gefügeartigen Kooperation unterschieden (Popitz u.a. 1957: 47ff.).

Die *teamartige* Kooperation (z.B. Trägerkolonnen, teilautonome Gruppenarbeit) vollzieht sich entweder an relativ unkomplizierten technischen Anlagen oder in technisch-entkoppelten Fertigungsinseln, die nur den räumlichen und zeitlichen Rahmen der Arbeitsaufgaben abstecken, sodass die Mitglieder der Arbeitsgruppe innerhalb dieser Grenzen über sachliche und zeitliche Dispositionschancen verfügen und ihre Arbeit selbst einteilen können. Dagegen wird die *gefügeartige* Kooperation (z.B. die Bedienungsmannschaft einer Walzstraße) durch die technische Anlage bis in die einzelnen Arbeitsvollzüge hinein bestimmt und erfordert daher ein präzises Ineinandergreifen aller Beteiligten. Die strenge Systematik und enge Verkettung der Arbeitsplätze lassen keine Dispositionsspielräume.

2.2.2 Mechanisierung und Automatisierung (Technik)

Wie am letzten Beispiel deutlich wurde, wird der Charakter der betrieblichen Arbeitsteilung auch von den technischen Gegebenheiten, der Maschinerie mitbestimmt. Es gilt an dieser Stelle jedoch, einem verbreiteten Missverständnis entgegenzuwirken: Industrielle Technik strukturiert, aber determiniert nicht die Arbeitsorganisation. Die Auffassung, dass die Technik ihre Verwendungszwecke und Anwendungsbedingungen zwingend vorschreibe, ist als ein theoretischer Erklärungsansatz in den Sozialwissenschaften unter dem Etikett *Technologischer Determinismus* bekannt geworden. Als analytischer Leitfaden diente er einer Reihe von klassischen industriesoziologischen Studien als Grundlage, zum Beispiel *The Man on the Assembly Line* von Charles Walker und Robert Guest (1952) oder *Alienation and Freedom* von Robert Blauner (1964) oder *Technik und Industriearbeit* von Heinrich Popitz, Hans Paul Bahrdt u.a. (1957).

»Die technologischen Faktoren der Automontagearbeit«, schreiben beispielsweise Walker und Guest, »beeinflussen den Arbeiter sowohl direkt wie indirekt. Sie beeinflussen ihn direkt durch die unmittelbare Arbeitsstrukturierung und indirekt, indem sie die grundlegenden Strukturen der sozialen Organisation der Fabrik bestimmen.« (1952: 20; eig. Übers.) Als direkte Konsequenz technisch determinierter Arbeitsstrukturierung konstatieren die Autoren enge Grenzen sozialer Interaktion während der Arbeit und erhöhte menschliche Belastungen durch maschinengetaktete, repetitive Arbeitsvorgänge.

Eine noch weitreichendere Determinationskraft schreibt Blauner der Produktionstechnik zu:

»Mehr als jeder andere Faktor determiniert die Technik den Charakter der Arbeitsaufgaben, die die Handarbeiter auszuführen haben, und mehr als jeder andere nimmt sie Einfluss auf zahlreiche Aspekte der Entfremdung. Einer der wichtigsten Aspekte ist der technische Produktionsapparat mit seinem Einfluss auf die Machtlosigkeit des Arbeiters und auf das Ausmaß von Autonomie und Kontrolle, das er über seine Arbeitsumgebung ausüben kann. Technische Faktoren sind ebenfalls von größter Bedeutung in ihren Auswirkungen auf die Selbstentfremdung, da das Maschinensystem weitgehend darüber entscheidet, ob der Arbeiter direkt von der Arbeit gefesselt wird oder ob Gleichgültigkeit und Monotonie das allgemeine Ergebnis sind. (…) Die Technik strukturiert auch die Existenz und Form von Arbeitsgruppen und beeinflusst damit den Zusammenhalt. (…) Und schließlich determiniert die Technik weitgehend die Berufs- und Qualifikationsstruktur innerhalb eines Unternehmens sowie die Grundbedingungen für Aufstiegsmöglichkeiten und normative Integration.« (1964: 8; eig. Übers.)

Auch in der frühen westdeutschen Industriesoziologie herrschte die Neigung vor,»Technik und technologische Entwicklung als primäre Bestimmungsmerkmale menschlicher Arbeit in der Industrie zu sehen« (Lutz/Schmidt 1977: 189). Exemplarisch dafür ist die bereits erwähnte Untersuchung *Technik und Industriearbeit* von Popitz u.a.. Über die gefügeartige Kooperation heißt es beispielsweise:»Hier ist also eine Form der menschlichen Zusammenarbeit entstanden, die völlig auf der technischen Bedingtheit der Arbeit beruht.« (1957: 185) Und:»Die Konzentration auf den technischen Vorgang und die Konzentration auf die Kooperation der Arbeitsvollzüge lassen sich daher nicht mehr trennen. Sie setzen sich wechselseitig voraus.« (ebd.: 187)

Diesen technikdeterministischen Ansichten steht das Verständnis von der modernen Arbeitsorganisation als einem *sozio-technischen System* gegenüber. Der vom Londoner *Tavistock Institute of Human Relations* entwickelte»sozio-technische Ansatz« unterstellt, dass die Arbeitsorganisation typischerweise aus einer Kombination von sozialem und technischem System besteht und dass beide Subsysteme besondere Eigenschaften haben und spezifische Anforderungen stellen, die relativ unabhängig voneinander sind. Da technische Systeme zwar Grenzen für die Arbeitsorganisation setzen, sie aber nicht determinieren, können bei gleicher Produktionstechnik durchaus unterschiedliche Formen der Arbeitsorganisation auftreten.

Wie die Arbeitsteilung trägt auch die Mechanisierung zur Erhöhung der Produktivität der Arbeit bei, ja die mit der Mechanisierung der Produktion verbundene Nutzung des technischen Fortschritts gilt unter Wirtschaftswissenschaftlern als wichtigste Quelle der Produktivitätssteigerung. Gemessen wird die Arbeitsproduktivität durch das Verhältnis des *Produktionsergebnisses* (mengenmäßiger Ausstoß bzw. quantifizierte Wertschöpfung) zur *eingesetzten Arbeitsmenge* (Zahl der Erwerbstätigen bzw. Erwerbstätigenstunden).

Der Prozess der Mechanisierung lässt sich plausibel verdeutlichen, wenn wir den industriellen Arbeitsprozess als eine Kombination von drei verschiedenen, aber funktional miteinander verbundenen Teilprozessen ansetzen. Diese drei Teilprozesse bestehen aus erstens der Umwandlung von Materialien und Komponenten (*Transformationsfunktion*), zweitens dem Transport dieser Materialien zwischen den einzelnen Arbeitsplätzen (*Transferfunktion*) und drittens der Kontrolle über den Vollzug der ersten oder zweiten Aktivität (*Kontrollfunktion*). Diesen drei Funktionen lassen sich drei Stufen der Mechanisierung – primäre, sekundäre, tertiäre – zuordnen (Coombs 1985):

- Die *primäre* Mechanisierung zielt darauf ab, menschlich-physische und manuelle Arbeit durch (Werkzeug- und Kraft-)Maschinen zu ersetzen.

- Die *sekundäre* Mechanisierung dient dem Einsatz von Maschinen für den Materialtransfer zwischen den Arbeitsstationen (prototypisch dafür ist das Fließband).

- Die *tertiäre* Mechanisierung schließlich überträgt die Kontrolle von Transformations- und Transferoperationen vom Menschen auf Maschinen. Diese Mechanisierungsstufe wird auch als Automatisierung bezeichnet.

2.2.3 Management der Arbeit (Leitung und Hierarchie)

Das arbeitsteilige Kooperationsgefüge eines Betriebs ist in der Regel eingebettet in ein hierarchisches System der Aufsicht und Unterordnung. Gewöhnlich wird die betriebliche Hierarchie in Form einer Pyramide dargestellt:

- an der Spitze das Management (Direktoren, Prokuristen, Abteilungsleiter),
- im oberen Bereich die Industriebürokratie (kaufmännische und technische Angestellte),
- im mittleren Bereich die unmittelbaren Vorgesetzen (Meister, Steiger),
- im Fuß der Pyramide die Ausführenden (Arbeiter, einfache Angestellte).

Dahrendorf (1959) unterscheidet analytisch zwischen funktionaler und skalarer Organisation. Die *funktionale* Organisation[7] kennt grundsätzlich keine Über- und Unterordnung. Zum Funktionieren des Ganzen sind alle Positionen – Generaldirektor wie Werkmeister wie Hilfsarbeiter – gleich wichtig. Erst die Einordnung der verschiedenen Positionen in eine Autoritätshierarchie begründet die *skalare* Organisation.

In modifizierter Form finden wir diese Differenzierung wieder in der theoretischen Begründung der Autoritätsstruktur des Betriebs aus einem doppelten Erfordernis heraus:

1. *Jede* arbeitsteilige Produktion bedarf der Planung und Koordinierung, um die Teilarbeiten zu einem sinnvollen Ganzen zusammenzufügen. Darin liegt die *systemindifferente* Funktion des Managements begründet. Selbst die marxistische Theorie erhebt die Organisierung und Leitung der Produktion in den Rang einer eigenständigen Produktivkraft.

    Die auf »Kombination und Kooperation vieler zu einem gemeinsamen Resultat« (MEW 25: 400) gerichtete Leitungstätigkeit ist für Marx »produktive Arbeit, die verrichtet werden muss in jeder kombinierten Produktionsweise« (ebd.: 397). Und in der Auseinandersetzung mit den Anhängern des Anarchisten Bakunin betonte Engels pointiert die Notwendigkeit von Organisation und Direktion der Produktion: »Wer aber kombinierte Tätigkeit sagt, sagt Organisation. (...) Die Autorität in der Großindustrie abschaffen wollen, bedeutet die Industrie selber abschaffen wollen.« (MEW 18: 306f.)

2. Der in dieser Argumentation hervorgehobene Sachzwang zur Begründung der Trennung von planender und ausführender Arbeit dient vielfach zur scheinbar objektiven Rechtfertigung der Über- und Unterordnung im Betrieb. Herrschaftskritischen Theoretikern ist er blanker Ausdruck faktischer betrieblicher Herrschaft. Sie sehen in der direktorialen Leitung arbeitsteiliger kapitalistischer Produktion eine *systemspezifische* Funktion des Managements, nämlich die der Sicherstellung von gewinnbringender Nutzung der Arbeitskraft

---

7 Eine andere Bedeutung hat die funktionale Organisation als spezifische Unternehmensform (vgl. Kap. 3).

durch Erzeugung eines Überschusses (Mehrwert) des Werts des Arbeitsergebnisses über die Kosten der Arbeitskraft (Lohn).

Marx und Engels, die beide Funktionen des Managements thematisieren, sprechen daher auch vom »zwiespältigen Charakter« der Leitung und Oberaufsicht der kapitalistischen Produktion, dessen Zwiespältigkeit daraus resultiere, dass die Produktion zugleich gesellschaftlicher Arbeitsprozess und Verwertungsprozess des Kapitals sei. Aus der letzteren Perspektive hat das Management ein zentrales Kontrollproblem zu bewältigen, welches in der theoretischen Literatur in unterschiedlicher Weise expliziert wird:

(a) als *Transformationsproblem* (Marx): Ausgehend von der Unterscheidung zwischen Arbeit und Arbeitskraft, wird dem Management die Funktion zugeschrieben, die (gekaufte) Arbeitskraft profitabel in (verausgabte) Arbeitsleistung umzuwandeln, mit anderen Worten, möglichst viel Arbeit aus der Arbeitskraft zu extrahieren;

(b) als *Opportunismusproblem* (Williamson): Ausgehend von der Annahme, dass unter den Arbeitenden generell eine Tendenz zur Leistungszurückhaltung (»Opportunismus«) besteht, muss das Management Vorkehrungen treffen, die diesen Opportunismus eindämmen.

Empirisch ist dieses Problem von Max Weber (1908–09/1998: 106ff.) als »›Bremsen‹ der Arbeiter« und von Taylor (1919:18) als »systematisches ›Sich-Drücken‹« beschrieben worden. Der französische Arbeitssoziologe Georges Friedmann deutet diese empirischen Befunde wie folgt:

»In der Tat zeigen die Beobachter der großen rationalisierten Industrie beim Arbeiter in zahlreichen Fällen und wechselnden Formen das Auftreten einer Art Abschließung nach außen – oder besser einer Verschließung und Verweigerung seiner physischen, menschlichen und beruflichen Kräfte, eine Zurückhaltung seines Gesamt-Arbeitspotenzials.« (Friedmann 1952: 283f.) – »Das Bremsen ist eine bewusste, hartnäckige und schweigsame Form des Kampfes des Arbeiters um die Verteidigung des Preises seiner Arbeit. (…) Max Weber bemerkt sehr richtig, dass es häufig ein ›Streiksubstitut‹ sei.« (ebd.: 285)

Die Formen und Methoden der manageriellen Kontrolle der Arbeitsleistung sind vielfältig. Es gibt eine Typologie der manageriellen Kontrolle (Edwards 1981), die folgende Formen unterscheidet:

* die persönliche oder direkte Kontrolle durch unmittelbare Vorgesetzte (Meister und Vorarbeiter),
* die mechanische oder technische Kontrolle durch Maschinerie,
* die administrative oder bürokratische Kontrolle durch unpersönliche Regeln und systematische Anreize.

Wirtschafts- und Sozialhistoriker behaupten eine historische Entwicklung von direkten und persönlichen zu indirekten, das heißt technischen und administrativen Kontrollsystemen. Demgegenüber unterstellte die Organisationssoziologin Joan Woodward (1965), dass die Form des manageriellen Kontrollsystems von der jeweiligen Produktionstechnik abhängig sei. Nach ihrer Ansicht gibt es für jedes technische Produktionssystem (z.b. Einzelprodukt- und Kleinserienfertigung, Massenproduktion, kontinuierliche Prozessproduktion) ein – im Hinblick auf den wirtschaftlichen Erfolg – angemessenes Kontrollsystem. Von Andrew Friedman (1977) stammt schließlich der Hinweis auf die historisch unspezifische Dualität zweier managerieller Leitungsprinzipien: der *direkten Kontrolle* einerseits und der *verantwortlichen Autonomie* andererseits.

Die spezifischen Mittel der Kontrolle lassen sich im Anschluss an Etzioni (1971: 96f.) analytisch in *physische, materielle* und *symbolische* einteilen. Diesen entsprechen erstens der Zwang oder die direkte Kontrolle, zweitens materielle Anreize und drittens normative Integration und kulturelle Steuerung.

Das Arbeitsverhältnis kann nicht primär auf Zwangsmaßnahmen beruhen. Natürlich stützt sich das Management zunächst auf den Arbeitsvertrag und das damit akzeptierte Dispositionsrecht. Aber da der Arbeitsvertrag nur Rahmenbedingungen für den Leistungsaustausch fixiert, bleibt es auch auf das Entgegenkommen der Arbeiter angewiesen. Abgesehen davon, dass ein schlechtes »Betriebsklima« auch schlechte Arbeits- und Produktionsergebnisse zur Folge hat, wäre die komplexe moderne Industrieproduktion ebenso wie die hoch arbeitsteilige Verwaltungsarbeit ohne die Kooperation, Zuverlässigkeit und Verantwortung der Beschäftigten schwerlich denkbar. Insofern benötigt das Management auch den Konsens der Beschäftigten (vgl. dazu Minssen 1990 und Berger 1995). Die neuere Vertragstheorie (Schrüfer 1988) unter scheidet zwischen expliziten und impliziten Vereinbarungen. Letztere umfassen stillschweigende Übereinkünfte, gewohnheitsmäßige Verhaltensweisen und soziale Normen. Die Organisationspsychologie hat dafür auch den Begriff des »psychologischen Kontrakts« (Schein 1965: 12f.) geprägt; er soll die formalen Arbeitsverträge durch eine Reihe von ungeschriebenen gegenseitigen Erwartungen, Normen und Regeln impliziter Natur ergänzen. Als Komplement zum expliziten Arbeitsvertrag schließt er an dessen »Unbestimmtheitslücken« an, die wiederum funktionsnotwendig für moderne Arbeitsorganisationen sind, weil sie den wechselnden Einsatz der Arbeitskraft je nach Produktionserfordernissen und die flexible Umsetzung bei arbeitsorganisatorischen und technischen Rationalisierungen ermöglichen. Der formellen Kündigung des (expliziten) Arbeitsvertrags entspricht die »innere Kündigung« des »psychologischen Vertrags«.

2.3 Prozessanalyse

2.3.1 Technisch-organisatorische Rationalisierung

Der Terminus Rationalisierung als Inbegriff für *technische* und *organisatorische* Maßnahmen, deren Ziel die Erhöhung der Arbeitsproduktivität ist, tauchte zwar erst in den zwanziger Jahren bei F. v. Gottl-Ottilienfeld (1926) auf, der ihm zugrunde liegende Sachverhalt ist jedoch wesentlich älter. Bereits Adam Smith (1776) zeigte an dem bekannten und häufig zitierten Beispiel der Stecknadelproduktion, wie durch Arbeitszerlegung die Produktivität jedes einzelnen Arbeiters erhöht werden kann. Neben der rationellen Organisation und Planung der Arbeit trägt vor allem die Ersetzung der menschlichen Arbeit durch Maschinen zur Produktivitätssteigerung bei. Arbeitswissenschaftler sprechen vom Gesetz der ständig steigenden Arbeitsproduktivität.

»Organisierung« und »Technisierung« sind die generellen strategischen Ansatzpunkte und »elastischen Potenziale« des Managements in seinem Rationalisierungsbestreben (Altmann/Bechtle 1971). Es gibt selten rein technische oder rein organisatorische Rationalisierungen, meist sind beide Komponenten, wenngleich mit je unterschiedlicher Gewichtung, am Prozess der Rationalisierung beteiligt.

Zwar ist von unterschiedlichen und situationsabhängigen Rationalisierungsoptionen der einzelnen Unternehmen auszugehen, gleichwohl können wir in großen Linien historische Phasen mit spezifischen Rationalisierungsmustern unterscheiden. Diese lassen sich den drei industriellen Revolutionen zuordnen (Müller-Jentsch 1994).

Als Begleiterscheinung der Industrialisierung setzt die Rationalisierung in der *ersten Industriellen Revolution* an den Arbeitsmitteln an. Der britische Technikhistoriker David S. Landes identifizierte als die drei bedeutsamsten technischen Innovationen dieser Zeit die folgenden:

• Maschinen, die an die Stelle menschlicher Geschicklichkeit und Kraft traten,
• mechanische Energieerzeugung (Dampfmaschine),
• neue, anorganische Rohstoffe, die an die Stelle pflanzlicher und tierischer Substanzen traten (Landes 1973: 52).

Die Technik der ersten Industriellen Revolution hatte nach Heisenberg (1955) noch stark den Charakter eines die Aktivitäten der menschlichen Hand durch die Maschine imitierenden Prozesses, der die alten Handwerke (Weben, Spinnen, Eisenschmieden) unter Nutzbarmachung mechanischer Prozesse fortsetzte und erweiterte. Dem entspricht auch die Marx'sche Einschätzung, dass die Werkzeugmaschine (und nicht die Dampfmaschine) die eigentliche revolutionäre technische Erfindung dieser Epoche darstellte.

Die wichtigsten technischen Rationalisierungen fanden innerhalb der in dieser Periode neu entstandenen Fabriken statt. Deren Arbeitsorganisation behielt indessen noch lange vorindustrielle Züge. Als ein Hauptproblem des frühen Managements der Arbeit erwies sich die »Kontrolle der widerspenstigen Massen« (Braverman 1977: 61), die an die neue Fabrikdisziplin und den neuen industriellen Zeitrhythmus erst noch gewöhnt werden mussten (Thompson 1980). Es gab zur damaligen Zeit noch keine systematische Managementtheorie, sodass die Organisations- und Kontrollprobleme der Fabrikproduktion rein pragmatisch gelöst wurden. Häufig diente die militärische Hierarchie als Vorbild für die Fabrikorganisation (Pollard 1965). Marx spricht bezeichnenderweise von »industriellen Oberoffizieren (...) und Unteroffizieren (...), die während des Arbeitsprozesses im Namen des Kapitals kommandieren« (MEW 23: 351).

Als »Zuckerbrot und Peitsche« hat der Wirtschaftshistoriker Sidney Pollard (1967) die vornehmlich in den frühen Textilfabriken üblichen Zwangs- und Abschreckungsmaßnahmen und die positiven Anreizsysteme beschrieben, die den Widerstand gegen die ungewohnten Arbeitszumutungen brechen sollten. Während die Massen der Pauperisierten und Unqualifizierten teils durch Methoden der direkten Kontrolle und teils durch materielle Sanktionen und Anreizsysteme der Fabrikdisziplin unterworfen wurden, existierte für die qualifizierten Fachkräfte ein System von Nebenverträgen (*internal subcontracting*). Die gelernten und qualifizierten Handwerker schlossen mit dem industriellen Unternehmer-Kapitalisten einen Vertrag über eine Pauschalsumme für eine bestimmte Arbeit ab und heuerten ihrerseits, als Subunternehmer, ungelernte Arbeitskräfte an, deren Arbeitsleistungen sie überwachten und entlohnten. In diesem Falle übernahmen sie die Aufgabe der direkten Kontrolle.

Die Rationalisierungsbemühungen konzentrierten sich in der frühen Phase der Industrialisierung auf die Mechanisierung der Arbeitsinstrumente, während der *zweiten Industriellen Revolution* (etwa 1880–1930) auf die menschliche Arbeitsleistung selbst. Sie setzten nun insbesondere an der Arbeitskraft und der Arbeitsorganisation an, hinzu kamen spezifische Transfertechniken wie Fließband und Elektromotor. Für die Rationalisierungen dieser Epoche haben die Namen Taylor und Ford programmatische Bedeutung.

Mit dem Namen des amerikanischen Ingenieurs Frederick W. Taylor (1856–1915) verbindet sich eine Rationalisierungsbewegung, die unter dem Stichwort der »wissenschaftlichen Betriebsführung« (*Scientific Management*) alle industrialisierten Länder erfasste. Primäres Ziel des Taylorismus war die Steigerung der Arbeitsproduktivität sowohl durch die Vermeidung unökonomischer Arbeitsverrichtungen als auch durch die Bekämpfung von Leistungszurückhaltungen der Arbeiter, der »systematischen Bummelei« in Taylors Worten. Eine konsequente »Budgetierung der menschlichen Arbeitskraft« war das Ziel. Zu diesem Zweck sollten den Arbeitern die Kontrollmöglichkeiten über ihre Arbeit genommen und das Management als alleinige Kontrollinstanz eingesetzt werden. Die wichtigsten Elemente der »wissenschaftlichen Betriebsführung« Taylors waren:

- strikte Trennung von Hand- und Kopfarbeit, von planender und ausführender Tätigkeit,
- vollständige Planung aller Produktionsabläufe und Standardisierung der Arbeitsprozesse,
- Festlegung der Arbeitsvollzüge durch Zeitstudien, welche später von seinem Schüler Gilbreth durch Bewegungsstudien ergänzt wurden,
- Bindung des Entgelts an die Arbeitsergebnisse (Leistungslohn).

Hauptangriffspunkt der »wissenschaftlichen Betriebsführung« war die Autonomie der Facharbeiter und deren Leistungszurückhaltung. Ihr Wissen sollte in formalisierte Ablaufschemata transformiert und in interne Kontrollsysteme integriert werden, sodass das Management – unterstützt durch die Einrichtung von Planungs- und Arbeitsvorbereitungsbüros – seine Steuerungsfähigkeit bis in die Details der einzelnen Arbeitsverrichtungen ausdehnen konnte.

In den Worten Taylors: »In unserem System wird jedem Arbeiter bis ins Kleinste vorgeschrieben, genau was er zu tun und wie er es auszuführen hat; und jede Verbesserung, die ein Arbeiter diesen Vorschriften gegenüber vornimmt, ist von Übel.« (Zit. n. Schmiede/Schudlich 1976: 165) – »Nur durch zwangsmäßige Einführung einheitlicher Arbeitsmethoden, durch zwangsmäßige Einführung der besten Arbeitsgeräte und Arbeitsbedingungen, durch zwangsmäßiges Zusammenwirken von Leitung und Arbeitern kann ein schnelleres Arbeitstempo gesichert werden. Die ›zwangsmäßige‹ Einführung all dieser Dinge kann aber selbstredend nur Sache der Leitung sein. (…) Alle die, welche nach entsprechender Anweisung nicht nach den neuen Methoden und in schnellerem Tempo arbeiten wollen oder können, müssen für andere Arbeiten verwendet oder entlassen werden.« (Taylor 1919: 86f.)

Die mit diesen Methoden angestrebte Erhöhung der Arbeitsproduktivität sollte auch für die Arbeiter durch Lohnanreize zum erstrebenswerten Ziel gemacht werden. Realistisch erkannte Taylor, »dass man unmöglich Arbeiter dazu bringen kann, längere Zeit hindurch angestrengter zu arbeiten als ihre Genossen, ohne ihnen dauernd einen wesentlich größeren Verdienst zuzusichern« (Taylor 1919: 129). Das von ihm vorgeschlagene Leistungslohnsystem bestand aus Pensum und Prämie: Immer wenn der Arbeiter das vorgegebene Pensum überschritt, sollte er eine Prämie erhalten.

Direkte Folgen des Taylorismus waren eine radikale Verkürzung der Anlernzeiten sowie die Expansion der indirekten Bereiche wie Arbeitsplanung und Arbeitsvorbereitung. Weitere indirekte Bereiche (z.B. Instandhaltung und Reparatur; Qualitätskontrolle) entstanden im Zusammenhang mit der Ersetzung des ursprünglich für alle Belange in der Werkstatt zuständigen Meisters durch sogenannte Funktionsmeister, die nur noch für bestimmte Aufgabenbereiche zuständig waren.

Die von Henry Ford (1863–1947) eingeführte Methode der Fließbandfertigung – erstmals 1913/14 in der Highland-Park-Fabrik in Detroit zur Produktion des berühmten Modells T (»Tin Lizzie«) – ist als eine konsequente Fortsetzung der tayloristischen Rationalisierung anzusehen. Zwar bestritt Ford den Einfluss der »wissenschaftlichen Betriebsführung« auf die Arbeitsorganisation, aber in Highland-Park wurden schon vor der Einführung des Fließbandes Zeit- und Bewegungsstudien durchgeführt, die sich nicht nur als bedeutsames Mittel, sondern auch als notwendige Voraussetzungen zur effizienten Strukturierung der Fließarbeit erwiesen (Meyer III 1981).

Zur Senkung der Produktionskosten wurde eine extreme Standardisierung der Produktbauteile vorgenommen, die wiederum die Konstruktion und den Einsatz von Spezialmaschinen für jeweils einzelne Teile oder einzelne Arbeitsverrichtungen erlaubte. Standardisierung der Arbeitsvollzüge und Mechanisierung gingen Hand in Hand (Ford: »Keinem Arbeiter mehr als einen Griff und kein Griff von Hand, wenn ihn die Maschine übernehmen kann« (zit. n. Gottl-Ottilienfeld 1926: 22)). In Verbindung mit dem Prinzip der Fließarbeit führten die Standardisierungen zu einer enormen Erhöhung der Durchlaufgeschwindigkeit des Produkts.

Die Ford'schen Leitprinzipien der Rationalisierung waren: »Energie, Genauigkeit, Wirtschaftlichkeit, Systematik, Kontinuität und Geschwindigkeit« (Ford 1926: 821). Schuf der Taylorismus die personalwirtschaftliche Grundlage der modernen Industriearbeit, so schuf der Fordismus die technisch-organisatorische Grundlage. Somit konnte die Kombination von Taylorismus und Fordismus mit ihrer Verknüpfung von bürokratischer und technischer Kontrolle zum dominanten Kontrollsystem der auf Massenproduktion beruhenden Industriearbeit werden.

Die Frage, in welchem Ausmaß Taylorismus und Fordismus als Prinzipien rationeller Arbeitsorganisation in den Industrieländern real implementiert wurden, ist in der Literatur umstritten. In einem Vergleich mehrerer Industrieländer verweist Littler (1982) auf unterschiedliche länderspezifische Rationalisierungsmuster der Arbeitsorganisation hin. Und Piore und Sabel haben in ihrer einflussreichen Studie »Das Ende der Massenproduktion« (1985) darauf hingewiesen, dass das tayloristisch-fordistische Organisationsmodell selbst in seiner Blütezeit keineswegs alle Branchen geprägt hat. So sperrten sich etwa das Baugewerbe, die chemische Industrie, viele Dienstleistungszweige und das Handwerk gegen die Implementierung tayloristisch-fordistischer Organisationsprinzipien. Unstrittig ist jedoch, dass überall dort, wo Massenproduktion stattfand, auch Elemente aus beiden Systemen übernommen wurden.

In Deutschland erfolgte der Durchbruch des Taylorismus nach dem Ersten Weltkrieg in Verbindung mit der *Psychophysik,* einer Vorfahrin der heutigen Arbeitswissenschaft, und dem sogenannten *REFA-System*[8], einem arbeitswissenschaftlich begründeten Lohnfindungsverfahren. Durch Berücksichtigung von Ermüdungserscheinungen, Anpassungsproblemen und Reiz- und Monotonieanfälligkeit trug die Psychophysik dem »Faktor Mensch« in der Produktion in einer komplexeren Weise Rechnung, als dies Taylor mit seinem einfachen, ingenieurwissenschaftlichen Menschenbild getan hatte.

Der Übergang zur Fließ- und Fließbandfertigung erfolgte in Deutschland in höherem Maße ab Mitte der 1920er Jahre. Die vordem nach Arbeitsmaschinen zusammengefassten Betriebsabteilungen wurden aufgelöst und die Arbeitsmaschinen dem Arbeitsgang entsprechend hintereinander aufgestellt. Damit wurden die einzelnen Bearbeitungsprozesse zu einer Prozesskette zusammengefügt. Das erste Fließband nahm Opel 1923 in Betrieb, wenig später fand es auch in verschiedenen Elektrounternehmen Eingang (Stollberg 1981: 52).

Neue Formen und Methoden der Rationalisierung finden wir gegenwärtig in der sogenannten *dritten Industriellen Revolution.* Die Ansatzpunkte der Rationalisierung sind zugleich technische und organisatorische. Die als Kern der technologischen Revolution geltenden Informati-

---

8 REFA bedeutet Reichsausschuss für Arbeitszeitermittlung. Er systematisierte und vereinheitlichte die Verfahren der Arbeitszeitermittlung und des Arbeitsstudiums und schulte Zeitnehmer und Akkordkalkulatoren.

ons- und Kommunikationstechnologien sind spezifische Organisations-
und Kontrolltechnologien. Und gerade wegen ihrer universellen und
flexiblen Einsatzmöglichkeiten zur (informationellen) Kontrolle, Steuerung und Überwachung von Transformations- und Transferprozessen
stellen sie eine qualitativ neue Stufe in der Entwicklung von Mechanisierung und Automatisierung dar. Diese Technologien erhöhen die
Kontrolleffizienz der Operateure über Maschinerie und Produktionsprozess durch Rückkoppelungsinformationen beziehungsweise durch auto-
matische Computerkontrolle mit entsprechenden Korrekturen. Sie ermöglichen schnelle Kalkulations- und Entscheidungsprozesse und in-
formieren das Management umfassend und präzise über Arbeitsoperati-
onen und Arbeitsausführungen. Sie erlauben die technische Rationalisierung der Büroarbeit und die flexible Automation der Produktion.

Das eine Zeit lang propagierte Leitbild des *Computer Integrated Manufacturing
(CIM)* ging von dem Grundgedanken aus, »alle Informationsflüsse im Unternehmen
methodisch zu integrieren, wobei einzelne Bereiche sowie ihr Zusammenwirken
durch einen gemeinsamen Datensatz gesteuert werden sollten« (Bullinger/Warnecke
1996: 128). Die mit der Datenzentralisation einhergehende Komplexität und der sehr
hohe Aufwand zur Realisierung haben die Entwicklungen auf diesem Technologie-
Pfad wieder gebremst.

Den neuen Charakter der Rationalisierung in der industriellen Produktion haben die Industriesoziologen Horst Kern und Michael Schumann
in einer einflussreichen Untersuchung beschrieben (mit dem plakativen
Titel *Das Ende der Arbeitsteilung?* (1984)). Ihr vieldiskutierter Haupt-
befund lautet: Das qualitativ Neue der Rationalisierungsprozesse ist in
der veränderten Nutzung der Arbeit zu finden. Sie sprechen von »neuen
Produktionskonzepten«, denen die Einsichten zugrunde lägen,

- dass »Autonomisierung des Produktionsprozesses gegenüber leben-
  diger Arbeit durch Technisierung (…) kein Wert an sich« ist und
- dass der »restrigierende Zugriff auf Arbeitskraft (…) wichtige Pro-
  duktivitätspotenziale (verschenkt). Im ganzheitlicheren (*sic!*) Aufga-
  benzuschnitt liegen keine Gefahren, sondern Chancen; Qualifikatio-
  nen und fachliche Souveränität auch der Arbeiter sind Produktivkräfte, die es verstärkt zu nutzen gilt.« (Kern/Schumann 1984: 19)

Die Potenziale der technischen Rationalisierung seien ausgeschöpft (der »Traum von der menschenleeren Fabrik« habe sich als unrealistisch erwiesen). Somit habe die Reprofessionalisierung der Produktionsarbeit, der »Wiedereinzug von Produktionsintelligenz in die Massenproduktion« eine reale Chance. Insbesondere den neuen Arbeitstyp des »Systemregulierers« werten sie als Indikator für die neuen Tendenzen der Umgewichtung von der herstellenden (produzierenden) zur gewährleistenden (kontrollierenden) Arbeit.

In einer breiten empirischen Untersuchung, dem »Trendreport Rationalisierung« (1994), gingen Michael Schumann und seine Kollegen diesen Thesen vom Umbruch der betrieblichen Rationalisierung weiter nach, um zu repräsentativeren Aussagen über die drei Industriesektoren Automobilindustrie, Werkzeugmaschinenbau und Chemische Industrie zu kommen. Das Resultat ist zwiespältig: »Im Gesamt der von uns untersuchten Industrien stellt der Arbeitstyp des Systemregulierers heute im Automobilbau 8%, im Werkzeugmaschienbau 10% und in der Chemischen Industrie 47% der Produktionsarbeiter. (…) Die große Mehrheit der Produktionsarbeiter verbleibt weiterhin im Status des ›einfachen Handarbeiters‹ oder ›Lückenbüßers der Mechanisierung‹ traditioneller Prägung.« (Schumann u.a. 1994: 644).

Die organisationstechnischen Potenziale der Informationstechnologie werden auch für Prozesse operativer Dezentralisierung bei gleichzeitiger Integration vormals getrennter Aktivitäten und Funktionsbereiche genutzt. Industriesoziologen sprechen von »systemischer Rationalisierung« (Altmann u.a. 1986; Bechtle 1994) und meinen damit sowohl die Vernetzung betrieblicher Teilprozesse (vom Auftragseingang bis zur Auslieferung an die Kunden) wie den Aufbau zwischenbetrieblicher Netzwerke (zwischen Abnehmer und Zulieferer, Produzent und Händler). Vordringliches Rationalisierungsziel ist hierbei die Ökonomisierung des Kapitaleinsatzes durch schnelleren Materialfluss und Produktdurchlauf, durch lagerlose Fertigung und bestandslose Distribution. Diese und weitergehende Rationalisierungsziele hat eine international vergleichende Untersuchung in der Automobilindustrie (Womack u.a. 1991) mit dem Begriff der »schlanken Produktion« *(lean production)* gekennzeichnet. Für sie ist das Konzept der Gruppenfertigung von zentraler Bedeutung.

Wenn heute vom »Ende der Massenproduktion« und von der – an ihre Stelle tretenden – »flexiblen Spezialisierung« (Piore/Sabel 1985) die Rede ist, dann basiert diese Entwicklung ganz entscheidend auf dem besonderen Charakter der Informations- und Kommunikationstechologien. Zusammen mit veränderten Wettbewerbs- und Nachfragebedingungen sowie einer Neubewertung der Humanressourcen haben sie neuen Formen der Arbeits- und Produktionsorganisation entscheidend die Wege gebahnt (siehe dazu Abschnitt 2.4).

2.3.2 Mikropolitische Prozesse

Betriebliche (und andere) Organisationen werden in der neueren Organisationsforschung auch als »Arenen« konzipiert, in denen Personen, Gruppen und Koalitionen mit unterschiedlichen Interessen und Ressourcen »Machtspiele« austragen (Crozier/Friedberg 1993; Jürgens/ Naschold 1984; Küpper/Ortmann 1988; Ortmann 1995), oder als Sozialordnungen beschrieben, welche – teils explizit, teils implizit – von den Beteiligten ausgehandelt werden (Strauss u.a. 1963; Strauss 1978).

Die erstgenannte Annahme (»Machtspiele«) basiert auf den theoretischen Konzepten der *Mikropolitik* oder *Arbeitspolitik*. Sie bringen zum Ausdruck, dass der scheinbar politikneutrale Bereich von Arbeit und Produktion keineswegs nur durch ökonomische und technische Prozesse bestimmt wird, sondern zugleich Ausdruck von Machtverhältnissen und Gruppenkonflikten ist. Die zuletzt genannte Annahme (»ausgehandelte Ordnungen«) gründet in der Vorstellung, dass soziale Ordnungen in Organisationen von den interagierenden Mitgliedern in stillschweigenden Übereinkünften, stummen Aushandlungen oder expliziten Verhandlungen produziert, reproduziert und transformiert werden (*negotiation of order*). Zur Fundierung dieser theoretischen Perspektive lassen sich drei grundlegende Sachverhalte anführen:

• Der erste Sachverhalt ist allgemeiner Art: Die Mitglieder einer Organisation zeichnen sich durch plurale, teils gegensätzliche Interessen aus; gleichzeitig stehen sie in einer wechselseitigen Abhängigkeit von den Ressourcen der jeweiligen »Gegenspieler«.

- Der zweite Sachverhalt ist spezifischer Art; er bezieht sich auf eine charakteristische Eigenart von Organisationen: Jede Organisation hat Ungewissheitsquellen (sie resultieren z.b. aus Expertenwissen, Umweltbeziehungen, Kontrolle über Informationskanäle); wer die Ungewissheitsquellen kontrolliert, verfügt über Macht gegenüber den anderen Organisationsmitgliedern.

- Der dritte Sachverhalt betrifft den besonderen Charakter des Arbeitsvertrags: Der Arbeitsvertrag gilt als ein unvollständiger Vertrag, weil er den durch ihn geregelten Leistungsaustausch (Lohn gegen Arbeitsleistung) nur für die Zahlung, aber nicht für die Arbeit spezifiziert (hierin verbergen sich übrigens die bereits oben dargestellten Transformations- und Opportunismusprobleme).

Aus den angeführten Sachverhalten kann mit Fug und Recht gefolgert werden, dass die Arbeitsorganisation ein umstrittenes Gelände (Edwards (1981):»Contested Terrain«) ist und der Leistungsaustausch umkämpft bleibt (Bowles/Gintis (1990):»Contested Exchange«). Die Ubiquität der industriellen Konflikte hat darin ihre strukturellen Ursachen.

»Keine Situation in einer gegebenen Organisation stellt einen Akteur völlig unter Zwang. Er behält immer einen Freiheits- und Verhandlungsspielraum. Dank dieses Spielraums (der für seine Gegenspieler wie für die Organisation insgesamt eine Ungewissheitsquelle ist) besitzt jeder Akteur Macht über andere Akteure. Diese Macht ist umso größer, je relevanter die von ihm kontrollierte Ungewissheitsquelle für jene ist (...). Jeder Akteur (...) wird sich darum bemühen, auf die anderen Mitglieder der Organisation Zwang auszuüben, um seine eigenen Forderungen durchzusetzen.« (Crozier/Friedberg 1993: 56) –»Der Arbeitsplatz wird zum Kampfplatz, weil die Arbeitgeber ihre Beschäftigten zur Höchstleistung antreiben wollen, während die Arbeiter sich diesen Versuchen zwangsläufig widersetzen.« (Edwards 1981: 22)

Bei einer Überbetonung der Handlungsspielräume in Organisationen könnten die strukturellen Zwänge ausgeblendet werden, unter denen gleichwohl Entscheidungen stehen. Ortmann spricht von »Entscheidungskorridoren« (1995: 37ff.), welche zwar ihrerseits wiederum ein Produkt früherer Handlungen und Entscheidungen sind, aber in der Regel nur begrenzte, partielle Ziele zulassen, die überdies vorgezeichneten Bahnen früherer Entscheidungen folgen (»Pfadabhängigkeit«), hinter die sie selten zurück können (»Verriegelung«).

Die hier thematisierten »politischen«, sprich Machtprozesse in Arbeitsorganisationen sind in empirischen Untersuchungen immer wieder bestätigt worden. Das Phänomen der bewussten Leistungszurückhaltung, das Max Weber im »Bremsen« von Akkordarbeitern als »Streik-Substitut« identifiziert hatte, entdeckten auch Elton Mayo und seine Mitarbeiter im Verlauf der berühmt gewordenen langjährigen Untersuchungen in den amerikanischen *Hawthorne*-Werken in den 1920er Jahren (Roethlisberger/Dickson 1939). Ein neben der formellen Organisation existierendes (ungeplantes) System informeller Beziehungen, Normen und Gruppen, das sich aus den Interaktionen der Arbeitnehmer spontan entwickelt hatte, nahm durch informelle Gruppennormen über eine angemessene Tagesleistung auf die Leistungsbereitschaft der Beschäftigten erheblichen Einfluss.

In einer jüngeren Untersuchung über Leistungslohnsysteme stieß Burawoy (1979) auf die »Spiele« zwischen Management und Akkordarbeitern beim »making-out« (informelle Festsetzung der Akkordnormen durch die Arbeiter). Er fand heraus, dass die Praktiken der Leistungsrestriktion der Arbeiter der Erzeugung von Konsens dienlich sind. Die »Produktionsspiele«, mit denen die Arbeiter sich Freiräume schaffen, werden vom Management toleriert, um damit das Einverständnis der Arbeiter mit den generellen Spielregeln der kapitalistischen Produktion und Mehrwerterzeugung zu gewinnen. Burawoys Schlussfolgerung lautet: »Man kann nicht ein Spiel spielen und zur selben Zeit die Regeln infrage stellen; die Zustimmung zu den Regeln wird zur Zustimmung zur kapitalistischen Produktion.« (Burawoy 1983: 510)

Deutschmann und sein Forschungsteam (Faust u.a. 1994) stießen in ihrer Untersuchung über Dezentralisierungstendenzen in Unternehmen auf »neue Koalitionen«, bei denen betriebliche Akteursgruppen die traditionellen Grenzlinien zwischen »Kapital« und »Arbeit« überschritten, um – aufgrund gleichgerichteter Interessen und/oder geteilter Überzeugung – Bündnisse für oder gegen den organisatorischen Wandel einzugehen (z.B. Topmanagement mit Betriebsrat gegen mittleres Management oder aber Meister mit Betriebsrat gegen Betriebsleitung).

2.3.3 »Humanisierung der Arbeit«

Eine folgenreiche Entdeckung der Hawthorne-Untersuchung war der »menschliche Faktor« (*human factor*) in der Produktion. Nachdem erkannt worden war, dass (informelle) Gruppennormen die individuelle Arbeitsleistung und Arbeitszufriedenheit beeinflussen und dass neben monetären auch nichtmonetäre Anreize (z.b. soziale Anerkennung, Förderung des Gruppenklimas, Mitsprache) für das Arbeitsverhalten der Beschäftigten ausschlaggebend sein können, entstand in den USA die sogenannte *Human-Relations*-Bewegung, welche die explizite Berücksichtigung des menschlichen Faktors als eine neue Managementkonzeption propagierte. Allerdings konzentrierte sich diese Bewegung allzu eng auf die Pflege und Förderung der individuellen Faktoren und zwischenmenschlichen Prozesse und vernachlässigte die Formalorganisation. Der dieser Schule gemachte Vorwurf der »Cow-Sociology« ironisiert die (auf Arbeiter übertragene) Vorstellung, dass glückliche Kühe die bessere Milch liefern (Adorno 1990: 453).

Systematischer auf die Arbeitsbedingungen bezogen setzten indessen die Bemühungen von Gewerkschaften und betrieblichen Interessenvertretungen der Arbeitnehmer um die Mitgestaltung der Arbeitsorganisation an. In einer Reihe von Ländern kam es zur Institutionalisierung von betrieblichen Vertretungen der Arbeitnehmer am Arbeitsplatz, zum Beispiel in Form von Betriebsräten, die über Mitwirkungs- und Mitbestimmungsrechte verfügen (zur Unternehmens- und Betriebsverfassung vgl. Kap. 3). Betriebsräte (beziehungsweise ihnen vergleichbare Organe) haben als neue betriebliche Akteure Anteil an der Gestaltung der Arbeitsorganisation; sie sind Beteiligte an den oben erwähnten »Machtspielen«. Ihre Formen und Einwirkungsmöglichkeiten variieren nicht nur von Land zu Land, auch innerhalb eines Landes können – wie Kotthoff (1981; 1994) in seinen Untersuchungen über die deutschen Betriebsräte aufzeigte – ihre Einflusschancen erheblich voneinander abweichen.

Eine neue Initiative zur menschengerechten Gestaltung der Arbeitsorganisation ging in den 1950er und 1960er Jahren von Großbritannien, Norwegen und Schweden aus, wo Unternehmen, unter sozialwissenschaftlicher Beratung, neue Arbeitsformen erprobten (Sandberg 1982).

Auch in den USA kam es später im Rahmen der *Quality-of-Working-Life*-Bewegung zu Bestrebungen, die tayloristisch-fordistischen Formen der Arbeitsorganiation aufzulockern. Schließlich initiierte die sozialdemokratische Reformpolitik Anfang der 1970er Jahre in Deutschland eine Kampagne zur »Humanisierung der Arbeit«, die nicht nur von den Gewerkschaften sondern auch von Unternehmern und ihren Verbänden mitgetragen wurde.

Diese verschiedenartigen Bemühungen um humanere Formen der Arbeitsorganisation verdankten sich unterschiedlichen Motiven und Gründen. Da waren einmal die von sozialwissenschaftlichen Forschern (wie denen des *Tavistock Institute of Human Relations* in London oder denen des *Institute for Industrial Social Research* an der Technischen Universität von Norwegen) ausgehenden Initiativen, welche an politische Reformbestrebungen in einzelnen Ländern (*Industrial-Democracy*-Debatte in den skandinavischen Ländern, vor allem Norwegen; »Humanisierung der Arbeit« in Deutschland) anknüpfen konnten. Des Weiteren gab es Anfang der 1970er Jahre eine als solche diagnostizierte Motivationskrise der Arbeit: In den USA war es in einigen Betrieben zu spektakulären Akten industrieller Aggression gekommen. In anderen Industrieländern beeinträchtigten der Anstieg der Fehlzeiten und hohe Fluktuationsraten die Arbeitsproduktivität. Wichtigstes Ergebnis dieser Untersuchungen, Debatten und Bewegungen waren neue Formen der Arbeitsorganisation, die seither zum festen Repertoire der Arbeitswissenschaften zählen. Es sind dies:

- der systematische Arbeitsplatzwechsel (*job rotation*),
- die Arbeitserweiterung (*job enlargement*),
- die Arbeitsbereicherung (*job enrichment*),
- die teilautonome Arbeitsgruppe.

An diese schließen jene Managementkonzeptionen an, die seit Ende der 1970er Jahre – auch unter dem Stichwort *Human Resource Management* – breit diskutiert werden (siehe Abschnitt 2.4).

2.4 Restrukturierung der Arbeitsorganisation[9]

Mit der standardisierten Massenproduktion ist auch das tayloristisch-fordistische Modell der Arbeitsorganisation in die Krise geraten. Die Dynamik und Turbulenzen der Märkte verlangen eine höhere Flexibilität in der Produktion und größere Variabilität im Angebot. Der steigende Kapital- und Technikeinsatz erfordert die effektivere Ausnutzung der Produktionsanlagen. Spezifische Rationalisierungsstrategien, die vorwiegend an der Optimierung des Wertschöpfungsprozesses orientiert sind, stellen die herkömmlichen Strukturen der Arbeitsorganisation infrage. Sie zielen auf eine Restrukturierung von Produktionsabläufen und Arbeitsprozessen. Ihre Koordinaten heißen Dezentralisierung und Beteiligung, Flexibilisierung und Vernetzung.

Bei der Dezentralisierung von Unternehmen ist sinnvollerweise zwischen operativer und strategischer Dezentralisierung zu unterscheiden (Faust u.a. 1994: 23f.), auch wenn beide Formen in der Praxis miteinander verschränkt oder aufeinander bezogen sind:

Operative Dezentralisierung bezeichnet die Verlagerung »operativer Kontrolle, Kompetenzen, Verantwortlichkeiten aus der Hierarchie beziehungsweise den indirekten Abteilungen und Stäben nach ›unten‹, zu den ausführend Beschäftigten bzw. in operative Einheiten« (ebd.: 23);

Strategische Dezentralisierung »umfasst alle Formen, bei denen Aufgaben, Kompetenzen und Verantwortlichkeiten auf neu definierte Unternehmenseinheiten oder im Rahmen der bestehenden Unternehmensgliederung an marktnahe Organisationseinheiten verlagert oder aus dem Unternehmen bzw. Unternehmensverband ausgelagert werden« (ebd.: 24).

Vielfach laufen die Reorganisationsmaßnahmen auf eine (reflexive) Rationalisierung der Rationalisierungsfolgen tayloristischer Provenienz hinaus (Deutschmann u.a. 1995). Die technischen Funktionsbereiche

---

9 Die nachfolgende Darstellung befasst sich mit den neueren Restrukturierungsprozessen und -konzepten auf der Ebene der Arbeitsorganisation. Im letzten Abschnitt von Kap. 3 werden sie auf der Ebene der Unternehmensorganisation abgehandelt, wobei die Differenzierung zwischen beiden Ebenen nicht immer trennscharf durchzuhalten ist.

(Arbeitsplanung und -vorbereitung, Instandhaltung, Qualitätskontrolle etc.), die Dienstleistungsstäbe und erweiterten Hierarchieebenen, welche teils direkte, teils indirekte Folgen tayloristischer Produktionsrationalisierung sind, werden nun teilweise zurückgenommen. Die hierarchische *Aufbauorganisation* tritt hinter die kunden- und marktnähere *Ablauforganisation* zurück (zu diesen Organisationsformen vgl. Kap. 3). Und mit der Umstellung auf absatzorientierte Produktion werden Dienstleistungs- und Kundenorientierung auch für die organisationsinternen Abläufe zur verpflichtenden Erwartung.

Die Zielvorstellungen der vielfältigen Bemühungen um organisatorische Neugestaltung kulminieren in der dreifachen Optimierung von Kosten, Zeit und Qualität. Kostenminimierung gilt ohnehin als übergreifendes Ziel allen Wirtschaftens und wird jedem Unternehmen als Imperativ des Marktes abverlangt. Die tayloristischen Konzepte der Kosteneinsparung waren zunächst vorwiegend auf die Produktionsbereiche konzentriert; erst später gerieten auch die Verwaltungsbereiche ins Visier strenger Kostenkalkulation. Einen neuen Schub zur Kostenminimierung und Zeitökonomie lösten die international vergleichenden Untersuchungen des *Massachusetts Institute of Technology* (MIT) über die Automobilindustrie (vgl. Womack u.a. 1991) aus, indem sie – am Modell japanischer Produktionsmethoden (»Toyotismus«) – die gesamte Wertschöpfungskette, das heißt das ganze Unternehmen (von der Planung und Konstruktion bis zur Endmontage) einschließlich seiner externen Partner (Zulieferer, Abnehmer und Distributeure), unter Gesichtspunkten der Einsparung von Kosten und Zeit sowie der Verbesserung der Prozess- und Produktqualität (*lean production*) einer kritischen Überprüfung unterzogen. Damit gewannen die Dimensionen Zeit und Qualität für die Reorganisation von Unternehmen ähnliches Gewicht wie die Kosten.

Im Vergleich zu früheren Rationalisierungsschüben sind die neueren Gestaltungsansätze weniger technik- als personal- und organisationsorientiert, wenngleich die Informations- und Kommunikationstechnologien eine unentbehrliche Grundlage fast aller Gestaltungskonzepte sind. Da aber das technologische Rationalisierungspotenzial weitgehend ausgeschöpft zu sein scheint, basieren die gegenwärtigen Ansätze zur Restrukturierung von Arbeitsorganisationen vornehmlich auf der umfassenderen Nutzung von Humanressourcen und Organisationswissen.

Bei den Humanressourcen geht es primär um die innovativen, motivationalen und qualifikatorischen Potenziale der Beschäftigten, deren optimale Nutzung durch »intelligente« Organisationsstrukturen gefördert werden soll. Denn die »flexible Arbeitsweise appelliert ununterbrochen an die Subjektivhaftigkeit der Arbeitenden« (Dörre 2001: 98; genereller dazu Moldaschl 2002). In welche Richtung intelligente Steuerung in Organisationen zu gehen hätte, signalisiert das Konzept der »diskursiven Koordinierung« (Braczyk 1997) mit Zielvereinbarungen und Ergebnisverantwortung als konstitutiven Elementen.

Anders als nach den herkömmlichen, tayloristischen Organisationskonzepten, die die Beschäftigten durch Zentralisierung und Perfektionierung der Arbeitsteilung zu bloßen Objekten der Rationalisierung werden ließen, sollen die Beschäftigten nunmehr »Rationalisierung in Eigenregie« betreiben und zu aktiven Trägern kontinuierlicher Verbesserung und Optimierung von Arbeitsabläufen und Organisationsstrukturen werden. Neue Arbeitsformen mit Team- und Projektarbeit sollen ihnen ein höheres Maß an Kompetenz, Eigenverantwortung, Selbstorganisation und Partizipation einräumen und das neue Leitbild des »internen Unternehmertums«, des *Intrapreneur,* nicht nur in mittleren und unteren Führungskräften, sondern in den »Mitarbeitern« generell verankern.

Formen markt- und kundennaher Koordinierung der Produktionsorganisation, zum Beispiel durch Bildung von *Cost-* und *Profit-Centers*, gewinnen gegenüber hierarchisch-bürokratischer Koordination an Bedeutung und erhöhen die (Kosten-)Verantwortung der Organisationseinheiten. Das Schlagwort dafür lautet »interne Vermarktlichung« (Sauer/Döhl 1997). Flachere Hierarchien zielen auf eine Beschleunigung und Optimierung von Arbeitsabläufen und intendieren eine Diffusion von Managementaufgaben auch auf untere Hierarchieebenen. Was in der tayloristischen Konzeption ausdrücklich dem Management vorbehalten war, wird nun auch an die traditionellen »Nicht-Manager« delegiert (Sperling 1994: 32). Schließlich sollen team- und gruppenarbeitsförmige Organisationsmuster sowie Ziel- und Leistungsvereinbarungen ein höheres Maß an Selbstregulation der Beschäftigten garantieren. Kurz, in der Ersetzung bürokratischer und direkter Kontrollpraktiken durch die »verantwortliche Autonomie« der Arbeitnehmer werden neue Quellen zur Steigerung der Arbeitsproduktivität gesehen.

Die vielfältigen Reorganisationsprozesse mit dem »Ende der Hierarchie« gleichzusetzen, wie in Veröffentlichungen der Beratungsindustrie oft zu lesen, ist naiv; vielmehr handelt es sich um einen »Umbau der Hierarchie« (Kühl: 2002: 16), das heißt, im Rahmen des weiterhin übergreifenden Steuerungsmediums der Hierarchie werden bestimmte Bereiche anderen Steuerungsmechanismen unterworfen (ebd.: 17). Aufzeigen wollen wir das an drei für den Wandel der Arbeitsorganisation maßgeblichen Formen organisationaler (Selbst-, Markt- und Netzwerk-)Steuerung: direkte Partizipation (Arbeitnehmerbeteiligung), *Cost-* und *Profit-Center* (interne Vermarktlichung), Telekooperation (Entgrenzung, interne Netzwerke).

Direkte Partizipation

Partizipation in Organisationen wird heute nicht mehr, wie in der klassischen Organisationstheorie (Weber, Fayol, Taylor, Mayo), unter dem Gesichtspunkt der Informalität abgehandelt, noch, wie in der traditionellen Partizipationsforschung, allein unter dem Aspekt schutzbedürftiger Arbeitnehmerinteressen wahrgenommen. Beteiligung von Organisationsmitgliedern an Entscheidungen über Strukturen und Prozesse ist vielmehr zu einem Basismerkmal moderner Organisationen geworden, konstitutiv für deren Effizienz.

Dem trägt auch das *Human Resource Management* (HRM), ein neues und anspruchsvolles Personalkonzept aus den USA (Staehle 1989b), Rechnung. HRM soll die traditionelle Personalpolitik durch die integrierte Anwendung verschiedener Elemente überwinden. Zu diesen Elementen zählen die strategische Orientierung der Personalpolitik und langfristige Personalentwicklung, die Übertragung der Personalverantwortung auf das Linienmanagement, die Förderung der Kommunikation und Mitarbeiterpartizipation sowie die bewusste Gestaltung einer gemeinsamen Unternehmenskultur (Weitbrecht 1999: 91f.). Explizit fand dieses integrierte Strategiekonzept in Deutschland bislang keine sonderlich starke Rezeption. Implizit und teilweise unter anderem Namen (z.B. partizipatives Management«) wurden jedoch einige seiner wesentlichen

Elemente – wie Unternehmenskultur, Kommunikation und vor allem Mitarbeiterbeteiligung – gezielt in die Praxis umgesetzt.

Die Arbeitnehmerpartizipation in Gestalt von *Qualitätszirkeln* und *Gruppenarbeit* gehört zu den wichtigsten Formen operativer Dezentralisierung. Bei Qualitätszirkeln (auch: Lernstatt, Werkstattkreis, Lern- und Vorschlagsgruppe) handelt es sich um Organisationsformen, die quer und parallel zur regulären Arbeitsorganisation eingeführt werden; man spricht auch von »Problemlösungsgruppen« beziehungsweise »diskontinuierlichen Formen der Gruppenarbeit« (Bungard/Antoni 1993: 383). Im Vergleich dazu ist bei der Team- oder Gruppenarbeit die Beteiligung in das Arbeitshandeln integriert. Wir haben es hier mit einer Organisationsform zum Zwecke der kontinuierlichen Ausführung der Arbeitsaufgabe zu tun.

Ein Qualitätszirkel besteht in der Regel aus einer Kleingruppe von sechs bis zwölf Teilnehmern aus gleichen oder ähnlichen Arbeitsbereichen, die sich in regelmäßigem Turnus während der Arbeitszeit trifft, um unter der Leitung eines Moderators betriebs- und arbeitsbezogene Probleme zu diskutieren und Lösungen dafür zu erarbeiten. »Die Formel ›Betroffene zu Beteiligten machen‹ drückt die Intention aus, durch eine Beteiligung an der Optimierung der Arbeit die Kommunikation, Motivation und Zusammenarbeit zu erhöhen und damit die Verantwortung für das Arbeitsergebnis zu steigern.« (Sperling 1994: 37)

Die teilautonome Arbeitsgruppe verkörpert die Rücknahme tayloristischer Arbeitszerlegung durch Reintegration vormals ausgegliederter, den indirekten und planenden Bereichen (Arbeitsvorbereitung, Instandhaltung, Qualitätsprüfung etc.) übertragenen Arbeitsaufgaben. Die Gruppe und ihre Mitglieder übernehmen dabei gewissermaßen Funktionen des Arbeitsmanagements. Zu ihren konstitutiven Elementen gehören das Gruppengespräch und der (teils ernannte, teils gewählte) Gruppensprecher.

Freilich ist das Spektrum, das mit dem Begriff Gruppenarbeit umfasst wird, sehr breit. Seine beiden Pole lassen sich nach der von einem Forschungsteam des Soziologischen Forschungsinstituts Göttingen (SOFI) getroffenen Unterscheidung als strukturkonservative und strukturinnovative Variante der Gruppenarbeit bezeichnen (Gerst u.a. 1995). Verbreiteter ist der strukturkonservative Typus, mit dem an wesentlichen Prinzipien bisheriger Arbeitskraftnutzung festgehalten wird, während die strukturinnovative Variante neue Leitlinien der Arbeitsgestaltung verkörpert: weite Handlungs- und Entscheidungsspielräume, Selbstorganisation, Integration ausführender mit planenden und indirekten Funktionen.

Eine repräsentativ durchgeführte Befragung unter Arbeitnehmern (Kleinschmidt/Pekruhl 1994) verknüpfte drei Kriterien miteinander. Gruppenarbeit lag demnach vor bei einem Arbeitszusammenhang, der

1. *offiziell als Gruppenarbeit* bezeichnet wird und
2. in einem *faktischen Kooperationszusammenhang* (im Gegensatz zur Einzelarbeit) eingebettet ist, innerhalb dessen
3. eine Arbeitsaufgabe *verantwortlich durch mehrere Kollegen* erledigt wird.

Nach diesem strengen Konzept, das mit der strukturinnovativen Variante zwar nicht deckungsgleich ist, ihr aber nahe kommt, arbeiteten um die Jahreswende 1993 erst 7 Prozent der Beschäftigten in Gruppenarbeit (ebd.: 28). Bei einer Wiederholung der Befragung im Jahre 1998 ergab sich ein deutlicher Anstieg auf 12 Prozent (Nordhause-Janz/Pekruhl 2000: 43).

Nach einer Erhebung der IG Metall waren 1996 rund 35 Prozent der Produktionsarbeiter in deutschen Automobilunternehmen in Gruppenarbeit tätig (Roth 1998: 169). Die Befunde aus dem NIFA-Panel im größten deutschen Industriezweig, dem Maschinenbau, zeigen, dass die Zahl der Unternehmen mit Arbeitsgruppen in den neunziger Jahren kontinuierlich gestiegen ist: 1998 hatten 46 Prozent (1993: 40 Prozent) aller Maschinenbaubetriebe Gruppenarbeit in der Fertigung eingeführt (Müller-Jentsch/Ittermann 2000: 225/G 13).

In einer großen empirischen Untersuchung des SOFI in 36 Betrieben hat Dörre (2002a) fünf verschiedene Partizipationsmuster herausgearbeitet und detailliert beschrieben. Zwar ist für alle fünf Varianten die Kombination von »marktgetriebener« Dezentralisierung und partizipativer Rationalisierung grundlegend, aber die arbeitspolitischen Kompromissbildungen zwischen Marktsteuerung und Beteiligung schlagen sich in einem Spektrum zwischen restriktiven und teilautonomen Formen nieder. Etwa ein Drittel der Fälle entspricht dem »strukturinnovativen« Typ der Gruppenarbeit. Die Erhebungen erfolgten zu zwei verschiedenen

Zeitpunkten (Anfang und Ende der neunziger Jahre), wodurch Veränderungen festgehalten werden konnten, die als »Rückschwung des arbeitspolitischen Pendels« in der zweiten Hälfte der neunziger Jahre interpretiert werden. Mit dem Konjunktureinbruch und dem Übergang zur *Shareholder Value*-Steuerung sei das Pendel zwar nicht bis zum Ausgangspunkt zurückgeschlagen, aber ein strafferes betriebliches Controlling und der Rückzug des »Beteiligungsmanagers« haben den selbstregulativen Gehalt der partizipativen Arbeitsformen verwässert. Andere Autoren (Kern/Schumann 1998; Springer 1999) legten ähnliche Befunde vor. Sie konstatieren eine Neubewertung von Gruppenarbeit nach der wirtschaftlichen Krise: Die Kosten- und Leistungsgesichtspunkte seien dominant geworden. Diese Einschätzungen beruhen vorwiegend auf Erfahrungen in der Automobilproduktion (und hier wiederum in den Montagebereichen), wo in der Tat das Experimentieren mit strukturinnovativen Konzepten aufgegeben wurde zugunsten von restriktiv-tayloristischen Formen der Gruppenarbeit (Springer 1999). Voreilig wäre es jedoch, daraus bereits eine eindeutige Tendenz abzulesen; die Welt der Gruppenarbeit bleibt weiterhin vielgestaltig. Selbst die *Shareholder-Value*-Steuerung ist kein automatischer »Partizipationskiller« (Dörre 2002a).

Cost- und Profit-Center

Im Zuge der strategischen Dezentralisierung und »Vermarktlichung« von Unternehmen werden Funktions- und Produktionsbereiche organisatorisch aus der bisherigen vertikalen Integration herausgelöst. Sie können in – durch Kosten- und Leistungsvorgaben gesteuerte – *Cost-* und *Profit-Center* zusammengefasst werden und agieren dann faktisch unter Marktbedingungen. Innerhalb des Unternehmens bilden sie eigene Kunden-Lieferanten-Beziehungen aus und nehmen teilweise auch eigenständigen Kontakt mit externen Lieferanten oder Abnehmern auf. »Angestrebt wird damit eine betriebswirtschaftliche ›Eigenverantwortung‹ dieser Unternehmenseinheiten für Absatz, Kosten, Gewinne und damit zusammenhängende Entscheidungen und Maßnahmen.« (Hirsch-Kreinsen 1995: 426) Funktionale Teilbereiche können schließlich auch durch *Outsourcing* aus Betrieb und Unternehmen förmlich ausgegliedert und

künftig marktförmig statt hierarchisch mit den übrigen Unternehmens-
aktivitäten koordiniert werden. Weitgehende Selbstorganisation von
Unternehmenseinheiten (»Fraktale«), die über leistungsfähige Informa-
tions- und Kommunikationssysteme miteinander vernetzt sind, ist auch
das durchgängige Organisationsprinzip der vom Präsidenten des Fraun-
hofer-Instituts für Produktionstechnik und Automatisierung propagierten
»fraktalen Fabrik« (Warnecke 1993).

Die mit der strategischen Dezentralisierung zunehmende Komplexität wirft indessen neue Integrations- und Kontrollprobleme auf. Beispielsweise kann der interne Wettbewerb zwischen *Profit-Centern* um
die beste Ranking-Plazierung desintegrierende Wirkungen zeitigen und
die dezentrale Autonomie partikulare Orientierungen fördern. Die zahlreicher werdenden Schnittstellen und Kreuzungspunkte begünstigen
zentrifugale Kräfte bis zum Polyzentrismus. In nicht wenigen Fällen
sind die Prozesse unternehmensinterner Dezentralisierung inzwischen so
weit vorangetrieben, dass sich kontraproduktive Effekte einstellen, denen die Organisationsmanager durch Re-Zentralisierung zu begegnen
suchen (Hirsch-Kreinsen 1995; Funder 1999).

Interne Netzwerke und Telekooperation

Die Bildung interner Netzwerke[10], durch die verschiedene Arbeitsplätze,
Arbeitsgruppen und Projektteams oder gar Arbeitsorganisationen innerhalb eines Unternehmens miteinander verknüpft werden, verdankt sich,
je nach Reichweite, teils der operativen, teils der strategischen Dezentralisierung. Die netzwerkförmige Kooperation und Koordination innerhalb eines Unternehmens ersetzt oder ergänzt die hierarchische Aufbauorganisation ebenso wie die funktionale Ablauforganisation. Insbesondere für das Wissensmanagement und die gemeinsame Nutzung von
Ressourcenpools und Kompetenzzentren, für die Kommunikation zwischen räumlich verteilten, oft temporären Projektgruppen, hat die unter-
nehmensinterne, telemediale Vernetzung eine herausragende Bedeutung.

Vernetzung erfordert auch die *Telekooperation,* ein »primär
arbeitsplatzorientierter Gestaltungsansatz« (Reichwald u.a. 2000: 87).

---

10 Zu unternehmensübergreifenden Netzwerken s. Kap. 4.

Durch sie wird die organisatorische Standortbindung aufgelöst, mit anderen Worten, es findet eine Dezentralisierung der Arbeitsstätten durch die räumliche Verlagerung von Einzelarbeitsplätzen oder Arbeitsgruppen statt. Telearbeit sollte nicht auf Teleheimarbeit reduziert werden; sie kann in verschiedenen Formen auftreten (ebd.: 86ff.). Neben den als »außerbetriebliche Arbeitsstätte« oder »Heimbüro« nach Hause verlagerten Arbeitsplätzen können ausgelagerte Arbeitsplätze auch in wohnortnahen Telearbeitszentren gebündelt werden. Des Weiteren gibt es die Formen der an den Standort des Kunden verlagerten Arbeitsplätze und den mobilen, ortsunabhängigen Telearbeitsplatz (Außendienst). Vernetzung wird ermöglicht und gestützt durch Telemedien (vom Telefon und Telefax über E-Mail bis zur Videokonferenz); sie überwinden Distanzen und schaffen »Telepräsenz«. Eine Lösung für das Problem der manageriellen Koordination und Führung abwesender Mitarbeiter besteht in der Anwendung ergebnisorientierter Führungskonzepte (*management by objectives*), konkret: durch Zielvereinbarungen.

In der Summe zielen die in diesem Abschnitt dargestellten Maßnahmen auf größere Selbstständigkeit und mehr Selbstverantwortung in der Arbeit. Die größere Entscheidungsautonomie ist allerdings – dies sei kritisch hinzugefügt – mit einem erhöhten Zeit- und Leistungsdruck beziehungsweise einer strikteren Kostenverantwortlichkeit verbunden. Immerhin scheint es möglich, dass mit intelligenten organisatorischen Maßnahmen gleichzeitig eine Steigerung der Arbeitsproduktivität und eine Verbesserung der Arbeitsbedingungen im Sinne einer »Humanisierung der Arbeit« erreicht werden können. Die flexiblere Produktion von (Qualitäts-)Gütern und Dienstleistungen bedingt den erhöhten Einsatz von Informations- und Kommunikationstechnologien. Die Nutzung ihrer Innovationspotenziale verändert die Parameter der Konfliktaustragung und Konsensbildung in der Arbeitsorganisation dergestalt, dass die Beachtung der *sozialen Rationalität* zur Voraussetzung der *ökonomischen Effizienz* wird. Denn der ökonomisch optimale Einsatz der Informationstechnologien verlangt in einem weit höherem Maß die Akzeptanz und das *Commitment* der Beschäftigten als die traditionelle Technik (natürlich gilt dies nicht für jeden einzelnen mit Informationstechnik ausgestatteten Arbeitsplatz, aber doch für eine sehr große Zahl). Nur eine suboptimale Nutzung der neuen Technologie ist zu erwarten, wenn die soziale Rationalität bei der technisch-organisatorischen Rationalisierung der Arbeitsprozesse defizitär bleibt.

Fragen

1. Begründen Sie mit analytischen Argumenten die Existenz skalarer Ordnungen und betrieblicher Hierarchien! Warum sind sie Quellen von Konflikten?
2. Durch welche charakteristischen Merkmale zeichnen sich Taylorismus und Fordismus aus?
3. Skizzieren Sie die historischen Entwicklungslinien der technisch-organisatorischen Rationalisierung!
4. Mit welcher Begründung werden Arbeitsorganisationen als Arenen (mikro-)politischer Prozesse konzipiert?
5. Welche beiden Formen der Arbeitnehmerpartizipation werden unterschieden? Nennen Sie ihre wichtigsten Merkmale und Effekte!
6. Worin liegen die Gründe für die umfassenden Restrukturierungsprozesse der traditionellen Arbeitsorganisation?

Kapitel 3

Unternehmensorganisation

3.1 Zum Begriff

Die Unternehmensorganisation (auch: Wirtschaftsorganisation) dient häufig als Referenzmodell für Organisation schlechthin. Sie ist, mit anderen Worten, der bevorzugte Prototyp vieler organisationssoziologischer Analysen. Selbst wenn der ausdrückliche Bezug unterbleibt, ist es in der Regel die Unternehmensorganisation, auf die die allgemein formulierten Aussagen über Organisationen und deren Strukturen, Prozesse und Leistungen gemünzt sind.

Diese organisationstheoretische Sonderrolle ist ein Echo auf die Bedeutung, die ihr die Wirtschaftswissenschaften in der modernen Gesell-

schaft beimessen. Aber im Kontrast zu den Sozialwissenschaftlern interessieren sich (neoklassische) Wirtschaftswissenschaftler weniger für
die Unternehmen*organisation* als für das Unternehmen (bzw.
die Un-
ternehmung)[11], das aus ihrer theoretischen Perspektive als »renditege-
steuerte wirtschaftliche Einrichtung« verstanden wird, dem der (Produk-
tions-)Betrieb »als Mittel zur Realisation des Unternehmenszweckes«
(Rürup 1995: 279) dient. Das Unternehmen erscheint in dieser
Konstruktion als monolithisches Entscheidungs- und Steuerungszen-
trum, das durch Hierarchie (und die damit gegebene Befehlskette) oder
durch ein Netz von Verträgen zwischen Ressourcenbesitzern (Kapital-
eignern, Führungs- und Arbeitskräften) seinen Zusammenhalt sichert,
während der Betrieb als die technische Einheit zur Erstellung von
Gütern und Dienstleistungen durch die Kombination der Produktionsfaktoren (Arbeitskraft und Sachkapital) begriffen wird, wobei zu einem
Unternehmen durchaus mehrere Betriebe gehören können.

Im Gegensatz zu dieser neoklassischen ökonomischen Sicht lassen
wir uns, wie schon bei der Analyse der Arbeitsorganisation (Kap. 2),
vom Verständnis der Unternehmensorganisation als einem zugleich
technischen, ökonomischen und sozialen System leiten. Ökonomen thematisieren die technische Dimension in der »Produktionsfunktion«, das
heißt der Input/Output-Relation zwischen den Produktionsfaktoren und
den damit erzeugten Gütern und Dienstleistungen bei gegebener Ferti-
gungstechnik. Die ökonomische Dimension ergibt sich aus der Zweck-
setzung der Gewinnerzielung (siehe Abschnitt 3.2). Die Unternehmensorganisation unter sozialen Gesichtspunkten zu betrachten heißt den
Fokus der Analyse auf das Beziehungsgeflecht beziehungsweise die
Stellenstruktur in der Organisation sowie auf die Kooperation und Interaktion der in ihr tätigen Personen zu richten und sich dabei des begrifflichen Instrumentariums der Organisationssoziologie zu bedienen. Deren
Grundprinzipien heißen *Differenzierung* (auch: Spezialisierung bzw.
Arbeitsteilung) und *Integration* (auch: Koordination bzw. Arbeitsvereinigung).

---

11 Im Folgenden werden die Begriffe Unternehmen und Unternehmung synonym verwandt.

Unter diesem Gesichtspunkt ist die Unternehmung zunächst als ein *Ensemble von Arbeitsorganisationen* darstellbar: Neben dem operativen Kern, dem eigentlichen Produktionsbetrieb (s. Kap. 2), bilden – in den Begriffen von Mintzberg – die Technostruktur (z.b. Konstruktionsbüro, Finanzabteilung, Marketing) und die unterstützenden Einheiten (z.b. Rechtsabteilung, Öffentlichkeitsarbeit) weitere Arbeitsorganisationen, die freilich, wie indirekt auch immer, insofern auf den operativen Kern bezogen bleiben, als ihre Tätigkeiten gewährleistende, unterstützende, kontrollierende und ergänzende Dienstleistungen sind.

Zu differenzieren ist des Weiteren zwischen Produktionsorganisation, Verwaltungsorganisation und strategischer Spitze. Die *Verwaltung* beziehungsweise Administration eines Unternehmens steuert, protokolliert und kontrolliert die Produktion mit Hilfe spezifischer Verwaltungsprinzipien (siehe Abschnitt 3.4). Die *strategische Spitze* trifft die Entscheidungen über »die grundsätzliche Richtung der Unternehmensentwicklung« (Hungenberg 2001: 5), also über die langfristigen Ziele, die auf das ganze Geschäft gerichtet sind (extern auf die Auswahl und Ausrichtung der unternehmerischen Aktivitätsfelder, intern auf die Ressourcenausstattung), sowie über die Mittel und Wege zu ihrer Erreichung und schließlich auch über die Grundzüge der Sozialordnung des Unternehmens.

Um die Variationsbreite der begrifflichen Explikation der Unternehmensorganisation zu illustrieren, sei auf zwei einflussreiche theoretische Positionen – eine soziologische und eine (institutionen-)ökonomische – zur Erklärung der Unternehmensorganisation hingewiesen. In den beiden für die Disziplinen der Soziologie und Ökonomie gleichsam paradigmatischen Erklärungen bildet auf der einen Seite der *Herrschaftscharakter*, auf der anderen die *wirtschaftliche Effizienz* das Gravitationszentrum der Argumentation.

In der ihm eigenen Begrifflichkeit hat Max Weber das privatwirtschaftliche Unternehmen, analog zur öffentlichen Verwaltung, als einen (legitimen) *Herrschaftsverband* bezeichnet, an dessen Spitze ein charismatischer Unternehmer (*Entrepreneur*) steht, welcher mit Hilfe eines bürokratischen Verwaltungsstabes (Industriebürokratie) seine Ziele durchsetzt. Auch Webers einprägsames Bild vom »Führer mit Maschine«, ursprünglich für die politische Sphäre verwandt (Weber 1919/

1994: 72), illuminiert sein – mittlerweile historisches – Verständnis vom erwerbswirtschaftlichen Unternehmen. Keineswegs historisch überholt ist Webers Einsicht in den Herrschaftscharakter des Arbeitsverhältnisses, das weiterhin als ein »System der Über- und Unterordnung« (Dahrendorf 1959: 46) und der Extraktion von unbezahlter Mehrarbeit (Marx) – und damit als Quelle zahlreicher Konflikte – anzusehen ist. Durch die Tatsache, dass Arbeitnehmer durch formal freien Kontrakt (Arbeitsvertrag) sich dem Direktionsrecht des Arbeitgebers unterwerfen, wird das Herrschaftsverhältnis zwischen Arbeitgeber und Arbeitnehmer nicht aufgehoben, sondern nur legitimiert (zum Zusammenhang von Herrschaft und Legitimität bei Weber vgl. Breuer 1991).

In der neuen Institutionenökonomik (Coase 1937; Williamson 1981) wird die Existenz von Unternehmensorganisationen auf hochabstrakte Weise aus der Einsparung von Transaktionskosten erklärt. In einem Wirtschaftssystem, in dem alle Transaktionen über den Markt koordiniert und durch individuelle vertragliche Vereinbarungen geregelt werden, entstehen Transaktionskosten (Informations-, Such-, Beratungs-, Kontrollkosten), die bei komplizierten Marktstrukturen dazu führen, dass die marktliche Koordination durch die hierarchische Koordination im Unternehmen abgelöst wird, um Transaktionskosten zu sparen. Somit stehen den Wirtschaftssubjekten für den ökonomischen Leistungsaustausch (Transaktionen) grundsätzlich zwei unterschiedliche Koordinationsmechanismen – Markt und Organisation/Hierarchie – zur Verfügung, zwischen denen sie nach Maßgabe der anfallenden beziehungsweise einzusparenden Transaktionskosten wählen können.

3.2 Das Zielsystem

Wie schon im einleitenden Kapitel (Kap. 1) hervorgehoben, ist die Zielbestimmung einer Organisation eine äußerst diffizile Angelegenheit. Für die Wirtschaftsorganisation postuliert die traditionelle Theorie der Unternehmung die Maximierung des Unternehmensgewinns als ihr oberstes Ziel. Gegen diese »Lehrbuchdefinition« ist eingewandt worden, dass Unternehmen unter Bedingungen der Unsicherheit agieren und Entscheidungen in eine ungewisse Zukunft treffen, sodass ihnen die informationellen und kognitiven Voraussetzungen fehlen, um ihr Gewinnmaximum zu ermitteln. Insbesondere die verhaltenswissenschaftliche Entscheidungstheorie (Kieser 1993: 127ff.; Staehle 1999: 601ff.) hat hierzu mit dem Theorem der begrenzten Rationalität[12] grundlegende Einsichten geliefert. Eine auf begrenzter Rationalität basierende Sichtweise identifiziert schlicht im *Streben nach Gewinn* das dominante Unternehmensziel (Dunn 1998: 41ff.).

Aber das formale Gewinnziel erhält erst durch die spezifischen Sach- oder Produktionsziele einer Wirtschaftsorganisation ihren Inhalt. Bei strategischen Entscheidungen stehen diese Ziele zur Diskussion; denn sie sind weder selbstverständlich gegeben noch einfach quantifizierbar noch linear in die Zukunft zu prognostizieren. In einem viel beachteten Aufsatz über »strategische Wahl« hat John Child (1972) argumentiert, dass eine Organisation ihre strategischen Ziele weder von der Umwelt noch der Technologie oder zum Beispiel der Unternehmensgröße einfach »vorgeschrieben« bekäme, sondern dass sie durch Entscheidungen und Verhandlungen im Management formuliert würden, wo die Realität dieser Gegebenheiten zunächst rezipiert und interpretiert werden müsse.

Als Entscheidungen ins Ungewisse sind strategische Ziele unvermeidlich mit Zielkonflikten innerhalb des Topmanagements verbunden. Nach der realistischen Annahme von Cyert und March (1963) sind Organisationsziele das Ergebnis von Verhandlungen zwischen den Mitgliedern dominanter Koalitionen, das heißt jede Gruppe, die über Macht und Einfluss verfügt, ist an der Definition von Organisationszielen beteiligt. Da selbst das Topmanagement eines Unternehmens keine homogene Gruppe ist, werden auch hier die strategischen Ziele ausgehandelt. In den Zielbildungsprozessen können sich Spitzenmanager mit Bereichsmanagern, Aktionäre mit Wirtschaftsprüfern, Vorstände mit Finanziers, Einkäufer mit Zulieferern, Personalmanager mit Betriebsräten etc. verbünden. Natürlich sind die Machtressourcen, welche die einzel-

---

12 Der amerikanische Organisationssoziologe Herbert Simon (1949) hat für die kognitive Begrenzung individuellen Entscheidungsverhaltens den Begriff der »begrenzten Rationalität« (*bounded rationality*) eingeführt, der in der verhaltenswissenschaftlichen Managementtheorie einen zentralen Stellenwert einnimmt.

nen Gruppen für ihre Ziele und Interessen mobilisieren können, nicht gleichmäßig verteilt; Eigentümer (*Prinzipal*) und Topmanagement (*Agent*) verfügen eindeutig über umfangreichere Ressourcen als die übrigen Akteure.

Mit Prinzipal und Agent konstruiert der ökonomische Neo-Institutionalismus[13] ein theoretisches Modell der optimalen Steuerung dezentraler Aktivitäten in Wirtschaftsorganisationen. Sein Grundgedanke ist der Folgende: Ein Auftraggeber, der Prinzipal, delegiert eine Aufgabe, zum Beispiel die Führung eines Unternehmens, an einen Geschäftsführer, den Agenten. Für die Beziehung zwischen Eigentümer und geschäftsführendem Manager ist nun die Frage von besonderer Bedeutung, ob der Agent zum Nutzen des Prinzipals oder primär in seinem eigenen Interesse opportunistisch tätig wird. Wo die faktischen Kontrollmöglichkeiten gering sind, wird mit Anreizverträgen der Agent am Erfolg beteiligt, um sicherzustellen, dass er gleichzeitig zu seinem und dem Nutzen des Prinzipals handelt (zur Agency-Theorie vgl. Freese 1992: 220ff.). Die deutschsprachige Fachliteratur hat für diese und andere Arten der Steuerung von Organisationen den englischen Terminus *Corporate Governance* übernommen. Eine spezifische Form ist die *Shareholder-Value*-Steuerung, bei der die Eigentümer den Topmanagern Erfolgsprämien nach Maßgabe des gestiegenen Unternehmenswertes an der Börse zusichern.

Keineswegs können Organisationsziele als die aggregierten Interessen ihrer Mitglieder definiert werden. Denn für eine formale Organisation ist gerade die Trennung zwischen dem individuellen Mitgliedschaftsmotiv und dem organisationalen Ziel charakteristisch. Die Motive zum Organisationsbeitritt und -verbleib der Beschäftigten haben mit den Zielen der Unternehmensorganisation in der Regel gar nichts zu tun; die »persönliche« und »dienstliche« Sphäre bleiben strikt getrennt. Das Motiv, in einer Marmeladenfabrik Mitglied zu werden, ist in den seltensten Fällen der Vorzüglichkeit der hergestellten Marmelade geschul

---

13 Neben dem *Principal-Agent*-Konzept sind Verfügungsrechte (*Property Rights*) und Transaktionskosten die wichtigsten Theoriebausteine des *ökonomischen* Neo-Institutionalismus, der zu unterscheiden ist vom *soziologischen* Neo-Institutionalismus (Edeling u.a. 1999).

det, sondern dem Lohn (sowie den gewährten Sozialleistungen und der erwarteten Karriere) für die dort geleistete Arbeit.

Jede Organisation entwickelt mit der Zeit auch *Systemerhaltungsziele*, die wichtiger werden können als die eigentlichen oder ursprünglichen Organisationsziele. Gerät eine Organisation in Schwierigkeiten, ihre Produkte oder Dienstleistungen weiterhin profitabel zu verkaufen, kann sie versuchen, ihre Produktpalette zu ändern, oder andere Überlebensstrategien (z.b. Bemühungen um staatliche Subventionen oder um andere Investoren) entwickeln, die in der Konsequenz völlig von den ursprünglichen Zielen wegführen können und allein den Bestand des Unternehmens sichern sollen. In eine derartige Situation waren beispielsweise nach der deutschen Vereinigung die Mehrzahl der Unternehmen der alten DDR geraten, die ihr Überleben nur durch grundlegende Neuorientierung im Produktionsprogramm und Managementsystem sichern konnten (vgl. R. Schmidt 1996; Pohlmann/Schmidt 1996).

Zusammenfassend: Den wirtschaftlichen Aktivitäten von Unternehmensorganisationen liegt in der Regel ein ganzes Zielbündel zugrunde, das die verschiedenartigen Interessen der Beteiligten widerspiegelt, und zu seiner Realisierung, wie zum Erhalt der Organisation generell, die Erzielung eines angemessenen Gewinns als übergeordnetes Ziel voraussetzt.

3.3 Die Transformationsfunktion des Managements

Die Managementlehre versteht Organisation »als ein Instrument, ein Mittel zur Umsetzung von Strategien und zur Erreichung von Unternehmenszielen« (Staehle 1999: 671). Durch Organisation, so die zentrale Annahme, werden generelle Verhaltenserwartungen zielgerichtet institutionalisiert; anders ausgedrückt, die Organisationsstruktur bildet den institutionellen Rahmen für die (mehr oder weniger dauerhaften) Beziehungen der Organisationsmitglieder untereinander.

In der Organisationssoziologie wird die Frage, ob (Unternehmens-) Organisationen steuerbar (und lernfähig) sind, kontrovers diskutiert. Die Systemtheorie Luhmann'scher Provenienz begegnet dieser Frage mit großer Skepsis. In seinem umfangreichen Spätwerk »Organisation und Entscheidung« (2000) schreibt Luhmann:

»Die klassische Theorie rationaler Organisation hatte in ihren empirischen Annahmen quasi automatisch zu einer Überschätzung von Reformmöglichkeiten geführt. Zum einen lag das daran, dass man davon ausging, die Intentionen der Leitung, die Reformen in Gang setzt, seien eindeutig formuliert oder doch eindeutig formulierbar. (...) Zum anderen hatte man die Koppelungen im System – Koppelungen zwischen Entscheidungen, zwischen Entscheidungen und Entscheidungsprämissen, zwischen Problemen und Problemlösungen usw. – als hinreichend fest und damit als zielsicher änderbar gesehen, während die Stabilität des Systems in all diesen Hinsichten eher auf losen Koppelungen beruht, sodass die nicht dem direkten Zugriff unterliegenden Operationen die Reform unangepasst überleben können mit der Folge erheblicher Konflikte und Reibungsverluste. Auf Grund der klassischen Annahmen konnte man sich Reformen als lineare Prozesse vorstellen, die von der Planung und Entscheidung bis zur Durchführung verlaufen. Die Wirklichkeit sieht anders aus. Sobald die Reformabsicht bekannt wird, wird die Situation unübersichtlich. Es kommt zu Stellungnahmen dafür und dagegen, zu Modifikationen, zu Festlegungen und Vorwegnahmen der verschiedensten Art. Es kommt zu Verzögerungen (...). Die Durchführung der Reform erfordert dann strategisches Verhalten in immer neuen Situationen.« (2000: 332f.)

Weil Organisationen nach Luhmann nicht nur lose gekoppelte, sondern auch sich selbst organisierende (»selbstreferentielle«) Systeme sind, können sie sich nur auf dem Wege der (ungesteuerten) Evolution verändern[14]. Denn »Evolution ist kein linearer Prozess und erst recht kein Prozess, der ein gutes Ende (...) in Aussicht stellt. Auch der Niedergang von Organisationen erfolgt in der Form von Evolution« (2000: 347).

Nun haben bereits die Einsichten der Koalitionstheorie von Cyert und March (1963) die Grenzen der (linearen und plandeterminierten) Steuerbarkeit von Organisationen deutlich gemacht. Wenn verschiedene Fraktionen oder Gruppen ihre divergierenden Interessen zur Geltung bringen, können die faktischen Ziele nur Kompromissprodukte sein. Auch die diversen macht- und mikropolitischen Ansätze (siehe Kap. 2) sprechen dagegen, die »Führungsentscheidungen« des Managements und deren Durchgriffsmöglichkeiten zum Nennwert zu akzeptieren. Während diese Theorieansätze die Organisationsziele als Ergebnisse von

---

14 Der Luhmann-Schüler Helmut Willke hält hingegen eine intelligente Kontextsteuerung von Organisationen für möglich (Willke 1993: 265ff.).

Aushandlungsprozessen begreifen, geht die neoinstitutionalistische Organisationstheorie (Meyer/Rowan 1977) in ihren Annahmen weiter: Ihr zufolge wirkt die institutionelle Umwelt in die Organisation hinein und bewirkt eine Strukturgleichheit (»Isomorphie«) durch Imitation und Konformität mit den normativen Erwartungen des »organisationalen Feldes«[15] (DiMaggio/Powell 1983: 148), dem die Organisation zuzurechnen ist. Die Rationalität der Entscheidungen, argumentieren Meyer und Rowan, ist Fassade; sie dient vornehmlich der Legitimation. Denn nicht die Optimierung des Input/Output-Verhältnisses, sondern die Normen und Leitbilder der institutionellen Umwelt von einer guten, effizienten, erfolgreichen Organisation bestimmen die Handlungsmaximen des Managements.

Moderne Unternehmenstheorien teilen die radikale Skepsis des (soziologischen) Neo-Institutionalismus und der Systemtheorie nicht (vgl. z.b. Kirsch/zu Knyphausen 1991; Schreyögg 1991). Zwar stellen auch sie die dispositive Allmacht des Managements und das plandeterminierte Steuerungsmodell infrage, ohne aber die Möglichkeit intervenierenden Handelns zur (wenn nicht gezielten, so doch gerichteten) Beeinflussung von Organisationsprozessen auszuschließen. Diese Annahme findet ihre plausible Begründung in der Tatsache, dass das Top- oder strategische Management generell unter Wettbewerbsbedingungen handelt, das heißt, seine Entscheidungen werden durch den Markt positiv oder negativ sanktioniert. Als für das wirtschaftliche Funktionssystem spezifischer Korrekturmechanismus stellt der Markt alle Wirtschaftsorganisationen unter den Imperativ effizienzrelevanter Entscheidungen – selbst wenn diese nur nach der *Trial-and-Error*-Methode getroffen werden können. Der soziologische Neo-Institutionalismus begegnet diesem Einwand mit der Entkoppelungsthese (Meyer/Rowan 1977: 356f.), die besagt, dass die Unternehmensorganisation auf der »Vorderbühne« die erwartete Rationalitätsfassade zeige und auf der »Hinterbühne« mit ganz anderen Praktiken den technischen, aufgabenbedingten Anforderungen nachkomme (Walgenbach 2002: 160; Kühl 2002: 216ff.). Damit wird freilich unter der Hand, für die »Hinterbühne«, wieder der rationale

---

15 Gemeint sind damit Konkurrenzorganisationen sowie Zulieferer und Abnehmer, aber auch staatliche Institutionen und professionelle Vereinigungen.

Akteur eingeführt, den die theoretischen Grundannahmen eigentlich ausschließen.

Als gesamtunternehmerischer Akteur verfügt das strategische Management dank seiner Herrschaftsressourcen über die umfangreichste Handlungs- und Interpretationsmacht aller Akteure im Unternehmen. Seiner externen und internen Koordination bleibt es vorbehalten, das Unternehmen zum einen an die komplexen Umweltanforderungen anzupassen, zum anderen in seiner Organisationsstruktur zu gestalten. Für diese doppelte Aufgabe verwenden einige Autoren den Begriff der *Transformation* (Pries 1998; Minssen 1992; Braun 2002).

Pries definiert Transformation als einen konstruktiven Prozess »der stofflichen und sozialen Transformation von Wirklichkeit« (1998: 156), als einen »Vermittlungsprozess zwischen ›außen‹ und ›innen‹« (ebd.: 162). Minssen verweist darauf, dass die organisationsinterne Umwelttransformation ihre Fortsetzung in der Strukturtransformation der Organisation findet:

»Organisationen sind umweltabhängig, doch was die relevanten Umwelten sind, wird von den Organisationen definiert. Damit sind Organisationen ihren Umwelten nicht ausgeliefert; ›gleiche‹ Umwelten können organisationsintern in unterschiedlicher Weise verarbeitet werden. Um diese kontingente Beziehung zu kennzeichnen, soll das Verhältnis von Betrieb und Umwelt im Folgenden als Transformationsverhältnis bezeichnet werden: Externe Anforderungen sind so zu transformieren, dass sie intern bearbeitet werden können (...). Transformation ist also nicht nur gedacht als interne Bearbeitung von Ereignissen, die außerhalb der organisatorischen Einheit ›Betrieb‹ stattfinden, sondern auch als Bearbeitung von Ereignissen innerhalb dieser organisatorischen Einheit.« (Minssen 1992: 48)

Auch Braun verknüpft die beiden Momente der Transformation, wenn er sie als »Verarbeitung von Umwelt- und Konsistenzanforderungen in der Unternehmensstruktur« (2002: 128) definiert und darlegt, dass das Management die für das Unternehmen relevante Systemumwelt konstruktivistisch definiert (Transformation als Selektionsprozess) und damit die Geschäftspolitik festlegt, aus der sich wiederum Handlungsmaximen für organisationsinterne Anpassungen ergeben (Transformation als organisatorische Strukturgestaltung). Das Topmanagement fungiert somit als »zentrale Koordinationsinstanz zwischen Umwelt und Organisation sowie innerhalb der Organisation« (ebd.: 142). Dass die Transformation ein politischer Prozess ist, folglich von Machtspielen, Konflikten und Kompromissen begleitet wird und in Verlauf und Ergebnis offen ist, dürfte nach dem bisher Gesagten evident sein.

Von den drei Transformationsproblemen (Transformation von Arbeitskraft in Arbeitshandeln, von Technologie in Technik, von Organisationskonzepten in Organisation), die Minssen (ebd.: 53ff.) expliziert, interessiert uns hier vornehmlich das dritte Transformationsproblem (die beiden anderen wurden in Kap. 2 behandelt).

Ausgangspunkt der Transformationsleistungen des Managements sind die strategischen Ziele des Unternehmens. Nach ihnen sind die Grundfunktionen jeder Organisation, *Differenzierung* (Arbeitsteilung) und *Integration* (Arbeitsvereinigung), zu gestalten. Zu den Gestaltungsaufgaben gehören folglich

* die Aufgabenverteilung durch Stellen- und Abteilungsbildung (horizontale Differenzierung),
* die Gestaltung der zugehörigen (horizontalen und vertikalen) Kommunikationswege,
* die Festlegung der Kompetenzen und Hierarchiestufen (vertikale Differenzierung) sowie
* die Gesamtkoordination der Bereiche und Abteilungen (Integration).

Eine besondere Bedeutung ist dabei der Konsistenzforderung von Mintzberg beizumessen, die konstitutiven Elemente und Subsysteme der Organisation so weit wie möglich in eine harmonische Konfiguration miteinander zu bringen.

Die Einsicht, dass Organisationsstrukturen und Unternehmensstrategien in einem engen Zusammenhang stehen, verdanken wir dem amerikanischen Unternehmenshistoriker Alfred Chandler (1962), der bei seinen historischen Forschungen über US-amerikanische Unternehmen herausfand, dass Veränderungen von Strategien entsprechende Anpassungen der Organisationsstrukturen zur Folge hatten, eine Erkenntnis, die er in der plakativen These »structure follows strategy« (1962/1980: 14) zusammenfasste. Die Schlussfolgerung Chandlers ist von Andrews (1971) aufgegriffen und in der Weise weitergeführt worden, dass er für die Strategieentwicklung einerseits die Bedeutung der Unternehmensumwelt und andererseits die spezifischen Kompetenzen der Unterneh mung (Ressourcenausstattung) hervorhob. Der Schaffung einer strategiegerechten Organisation muss demnach die Analyse der externen Risiken und Chancen und der internen Stärken und Schwächen vorausgehen. Für praktisch relevant hält Hungenberg (2001) drei Idealtypen: die funktionale, die divisionale und die Matrixorganisation (siehe Abschnitt 3.5.2). Je nach strategischem Ziel ergeben sich unterschiedliche Organisationsformen: Die Kosten-/Preisführerschaft verlangt eine funktionale Organisation, die marktbezogene Differenzierung dagegen eine divisionale Organisation, während eine Matrixorganisation für relativ komplexe strategische Ziele infrage kommt (ebd.: 272f.).

3.4 Die Verwaltung

Integraler Bestandteil jeder (größeren) Unternehmung ist – neben dem operativen Kern, der Arbeitsorganisation im engeren Sinne – die *Verwaltung* oder *Administration*. Während der zentrale Ort der Arbeitsorganisation die Werkstatt ist, findet Verwaltung im Büro statt. Aber hier wie dort kommen die Prinzipien der Arbeitsteilung, Spezialisierung und Koordination zur Anwendung. Als disponierende und überwachende Tätigkeit bei der Erzeugung, Herstellung oder Verteilung von Gütern und Dienstleistungen ist die Büroarbeit eng verknüpft mit dem Begriff der *Bürokratie*.

Die (Industrie-)Bürokratie hat seit Max Weber und Fayol besondere Aufmerksamkeit gefunden. Gewöhnlich wird zwischen staatlicher beziehungsweise öffentlicher und privat- oder erwerbswirtschaftlicher Verwaltung unterschieden, für die jedoch in beiden Fällen bürokratische Apparate zuständig sind. Als erster Analytiker der staatlichen Verwaltung hat Max Weber (1922) in der Bürokratie ihren Wesenskern gesehen und diese idealtypisch beschrieben anhand verschiedener Merkmalslisten (u. a. Fachkompetenz, Aktenmäßigkeit der Verwaltung, Amtshierarchie mit Instanzenzug und abgegrenzten Weisungsbefugnissen, Regelgebundenheit und Unpersönlichkeit der Amtsführung). Mit einer ambivalenten Faszination (er sah auch die bedrohlichen Momente) hat Weber an der Bürokratie die Zuverlässigkeit, Schnelligkeit und Präzision einer

Maschine hervorgehoben und sie als die technisch effizienteste aller bekannten Verwaltungsformen für großbetriebliche Arbeitsvollzüge im staatlichen wie im privatwirtschaftlichen Sektor gepriesen.

Als früher Theoretiker der privatwirtschaftlichen Verwaltung leistete der französische Zeitgenosse Webers, Henri Fayol (1841–1925), für den Verwaltungsbereich eine vergleichbare Pionierarbeit, wie sie vor ihm Taylor für den Produktionsbereich geleistet hatte: die Erarbeitung der Grundlagen für eine durchgreifende Rationalisierung der Arbeits- und Unternehmensorganisation. Beide eröffneten einen ingenieurmäßigen Zugang zur Organisationsgestaltung – Taylor von unten nach oben, Fayol von oben nach unten. Ähnlich wie Weber stand auch Fayol die Maschine als Organisationsmodell vor Augen. Auf ihn geht die funktionale Betrachtung des Managements zurück, die Vorstellung, dass das Management sequenziell plant, organisiert, anordnet, koordiniert und schließlich kontrolliert. Die von ihm formulierten 14 Verwaltungsprinzipien (s. Steinmann/Schreyögg 1997: 44) umfassen – neben Arbeitsteilung, Autorität und Disziplin – folgende noch heute relevante Grundsätze:

»*Einheit der Auftragserteilung:* Für jedwede Arbeit sollte ein Beschäftigter nur Anweisungen von einem Vorgesetzten erhalten.
Einheit der Leitung: Alle Anstrengungen, Koordinierungen, Anweisungen müssen auf ein Ziel hin ausgerichtet sein.
Zentralisierung: Die Zentralisierung ist natürlicher Bestandteil jeder Organisation, alle Entscheidungen müssen an einem Ort zusammenlaufen.
Skalare Kette: Die skalare Kette ist der Instanzenzug, beginnend bei der höchsten Autorität bis zur untersten Führungsebene. Dies ist der Weg, den alle Kommunikationen zu durchlaufen haben. In Ausnahmefällen ist jedoch horizontale Kommunikation zu erlauben (›Brückenschlag‹).
Initiative: Initiative ist die Kraft, sich einen Plan auszudenken und seinen Erfolg sicherzustellen. Die Initiative aller Beschäftigten ist eine Quelle der Stärke für jedes Unternehmen.«
(Fayol 1929, zit. n. Steinmann/Schreyögg 1997: 44 – eig. Hervorh.)

Die betriebswirtschaftliche Organisationslehre in Deutschland (Nordsieck 1934; Kosiol 1962) hat diesen aufgabenbezogenen Ansatz organisatorischer Gestaltung aufgenommen und insbesondere dahingehend weitergeführt, dass sie den Verwaltungsprinzipien (Stellen- und Abteilungsbildung, Weisungsbefugnisse, Leitungsspannen, Kommunikations wege, Entscheidungsprogramme[16] etc.) spezifische Organisationsstrukturen zuordnete (siehe Abschnitt 3.5).

Die Verwaltung umfasst die Bereiche unterhalb des Topmanagements; im Einzelnen sind dies folgende:

- das operative oder Bereichsmanagement; Staehle (1989a) unterscheidet sechs Bereiche: Marketing-, Material-, Finanz-, Personal-, Produktions-, Informationsmanagement;
- die Angestellten, die in diesen Bereichen Sachbearbeitungs- und Unterstützungsaufgaben erfüllen;
- die Fachangestellten in den Stäben.

Zur Domäne der Verwaltung gehören zentrale und periphere Abteilungen, zum Beispiel Finanzen, Buchhaltung, Controlling, EDV-Abteilung, Rechenzentrum, Schreibbüro, Lagerhaltung, Einkauf und Verkauf. Soweit nicht in den Aufgabenbereich des Topmanagements fallend, gehören auch Umweltbeziehungen sowie die Steuerung, Kontrolle und Koordination der einzelnen Abteilungen/Betriebe zu ihren Aufgabenbereichen. Verwaltungsarbeit ist primär Büroarbeit, die vielfach auf routinisierten Verfahren und Konditionalprogrammen beruht. Im Gegensatz zur (materiellen) herstellenden Produktionsarbeit ist Büroarbeit im Wesentlichen geistige Arbeit, bei der die Erzeugung, Bearbeitung, Speicherung und Übertragung von Informationen im Zentrum der Tätigkeiten stehen.

3.5 Formen der Unternehmensorganisation

Die Formen der Unternehmensorganisation werden nach verschiedenen Kriterien klassifiziert – üblicherweise nach den folgenden drei: 1. der

---

16 Luhmann (2000: Kap. 8) unterscheidet zwischen Konditional- und Zweckprogrammen. Die regelgebundene Entscheidung erfolgt bei ersterem nach dem Wenn-dann-Schema, d.h. ein bestimmtes Ereignis löst eine bestimmte Entscheidung aus; bei letzterem werden lediglich die Zwecke oder Ziele vorgegeben.

klassischen Trennung zwischen Aufbau- und Ablauforganisation, 2. den Organisationsstrukturen, 3. den formalen Rechtsformen.

3.5.1 Aufbau- oder Ablauforganisation

Mit der begrifflichen Dichotomie von Aufbau- und Ablauforganisation hat Nordsieck (1934) eine für die Organisationstheorie der deutschen Betriebswirtschaftslehre folgenreiche Differenzierung zwischen Gebilde- und Prozessstrukturierung vorgenommen. Die Trennung ist eine analytische, in der Praxis sind sie nicht voneinander zu trennen. Die *Aufbauorganisation* steckt den allgemeinen Rahmen für die Tätigkeiten der Organisationsmitglieder ab, die in der *Ablauforganisation* konkretisiert werden.

Die *Aufbauorganisation* ergibt sich aus der Gliederung nach Tätigkeitseinheiten (arbeitsteilige Differenzierung) und deren hierarchische Koordination (Integration). Kosiol, der in seinem Werk *Organisation der Unternehmung* (1962) Nordsiecks Überlegungen am konsequentesten weiterführte, stellt der organisatorischen Verteilung der Tätigkeiten eine systematische Aufgabenanalyse voran. Aus der Gesamtaufgabe beziehungsweise dem Sachziel eines Unternehmens (z.B. Produktion von Autos, Verkauf von Lebensmitteln, Erbringung von Finanzdiensten) lassen sich zahlreiche Teilaufgaben ableiten. Differenziert werden können sie nach verschiedenen Kriterien, zum Beispiel nach Arten von Arbeitsprozessen (Verrichtung) oder zu bearbeitenden Objekten. Die Teilaufgaben werden auf Stellen mit definierten Zuständigkeits- und Kompetenzbereichen verteilt; Stellen sind die kleinsten Organisationseinheiten. Kosiol definiert Stelle als »versachlichter Aufgabenkomplex« und für eine Person gebildeter, aber subjektunabhängiger »Funktionsbereich« (ebd.: 89). Mehrere Stellen werden unter einer Instanz (Leitung) hierarchisch verknüpft und in Abteilungen zusammengefasst, diese wiederum in Hauptabteilungen oder Bereiche. Durch fortschreitende Zusammenfassung von Abteilungen niedrigerer Ordnung zu solchen höherer Ordnung wird das Unternehmen nach Bereichs- und Hierarchieebenen strukturiert. Bereits mit der Stellenbildung beginnend, erfolgt die sukzessive Aufgabensynthese, die ein anderer Begriff für Integration ist (vgl. Abbildung 3).

Abbildung 3: Aufgabenanalyse und Aufgabensynthese (nach Kosiol) (nach Freese 1988: 114; Steinmann/Schreyögg 1997: 397)

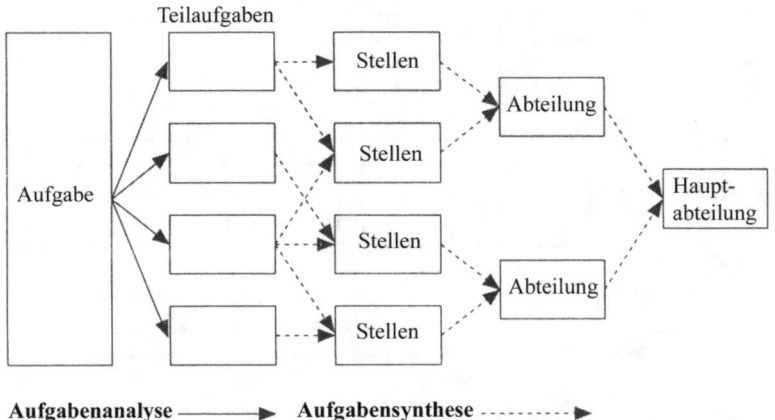

Bei der *Ablauforganisation* steht die Prozessstrukturierung im Vordergrund, das heißt die zeitliche und räumliche Aufgabenerfüllung. Ausgangspunkt ist, analog zur Aufgabenanalyse, die Analyse des Arbeitsprozesses (Arbeitsanalyse), also die Zerlegung in Arbeitsteile, und deren Synthese (Arbeitssynthese) in Arbeitsverrichtungen oder Arbeitsgängen und Arbeitsgangfolgen, die wiederum die Bildung und Zuordnung von Arbeitsstationen zur Folge haben. Die Ablauforganisation finden wir nicht nur im Produktionsbereich, wo zum Beispiel durch das Prinzip der Fließfertigung eine Verkürzung der Durchlaufzeiten erzielt wird, sondern auch im Verwaltungsbereich, etwa durch den effektiveren Einsatz der Informationstechniken, indem die Möglichkeiten der Integration vor- und nachgelagerter Stufen der Informationsverarbeitung und des beschleunigten Informationstransfers genutzt werden.

Abbildung 4: Zusammenhang von Aufbau- und Ablauforganisation (nach Ringlstetter 1997: 14; Hungenberg 2001: 256)

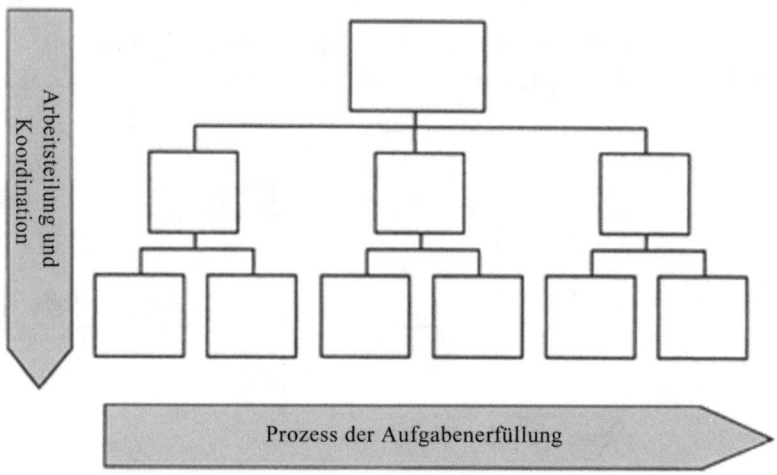

Nachdem in der Vergangenheit die betriebswirtschaftliche Organisationslehre und unternehmerische Praxis die Aufbauorganisation vor der Ablauforganisation favorisiert hatten, wird in der aktuellen Debatte über die Reorganisation von Arbeits- und Unternehmensorganisationen der Ablauforganisation, zumal unter den Gesichtspunkten von Kundenorientierung und optimalen Durchlaufzeiten, der Primat eingeräumt.

3.5.2 Strukturmodelle

In der unternehmerischen Praxis haben sich verschiedene Strukturmodelle von Unternehmensorganisationen herausgebildet, die eher dem Typus der Aufbauorganisation als dem der Ablauforganisation entsprechen. Es sind vor allem das System der *Abteilungsbildung* und das *Leitungssystem*, das heißt die Strukturen der Zusammenfassung und hierarchischen Koordination der Stellen, nach denen sich charakteristische Unternehmensformen unterscheiden lassen.

In der Management- und Unternehmensorganisationsliteratur werden gewöhnlich sechs Grundformen beschrieben:

- Einlinien-Organisation,
- Mehrlinien-Organisation,
- Stab-Linien-Organisation,
- funktionale Organisation,
- divisionale Organisation,
- Matrixorganisation.

Diese Grundformen lassen sich grob in zwei Gruppen einteilen. So kann man Einlinien-, Mehrlinien- und Stab-Linien-Organisationen als Systeme der Weisungsbefugnisse beschreiben. Funktionale, divisionale und Matrixorganisationen kombinieren Prinzipien der Aufgabenspezialisierung mit Systemen der Weisungsbefugnisse; sie bilden die drei »Idealtypen der Aufbauorganisation« (Hungenberg 2001: 261ff.).

Die *Einlinien-Organisation* ist mit dem klassischen Bild der Pyramide darstellbar (vgl. Abbildung 5) mit einem Entscheidungszentrum an der Spitze und einer breiten Basis untergeordneter Stellen. Es entspricht dem von Fayol propagierten Prinzip der Einheit der Auftragserteilung. Jeder Untergebene hat nur einen Vorgesetzten, aber jeder Vorgesetzte mehrere Untergebene. Entsprechend der Entscheidungszentralisation verlaufen die Kommunikationswege vertikal; die Anordnung der obersten Instanz muss die einzelnen Stufen des Leitungssystems durchlaufen. Nur in Ausnahmefällen kann die Kommunikation auch horizontal zwischen zwei Stellen erfolgen (»Fayolsche Brücke«). In dieser hierarchischen Ordnung besteht Weisungsrecht und Folgepflicht jeweils nur zwischen zwei unmittelbar aufeinanderfolgenden Stellen.

Die Nachteile dieser Organisationsstruktur sind Überlastung der Instanzen mit Kontrollaufgaben sowie Umständlichkeit und Länge der Instanzenwege, die nur bedingt durch die »Fayolsche Brücke« vermieden werden.

Die *Mehrlinien-Organisation* (vgl. Abbildung 5) geht auf das Taylor'sche Funktionsmeistersystem zurück (Taylor schlug eine Differenzierung der Meisterstelle in sogenannte Funktionsmeisterstellen vor, z.B. Arbeitsverteiler, Instandhaltungsmeister, Geschwindigkeitsmeister, Prüfmeister). Die Koordination der Stellen erfolgt nach dem Funktions prinzip, das heißt Leitungsaufgaben werden mehreren spezialisierten

Abbildung 5: Einlinien- und Mehrlinien-Organisation (nach Hungenberg 2001: 260)

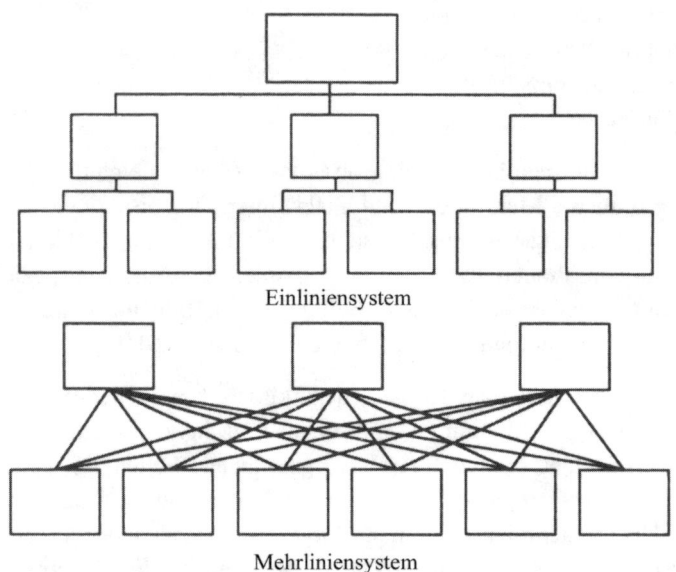

Einliniensystem

Mehrliniensystem

Instanzen übertragen, sodass eine in der Hierarchie niedrigere Stelle mehreren weisungsbefugten höheren Stellen untersteht.

Die *Stab-Linien-Organisation* »stellt einen Versuch dar, die Vorteile des Einliniensystems (nach Fayol) mit den Vorteilen der funktionalen Spezialisierung (nach Taylor) zu kombinieren« (Staehle 1999: 706f.), ohne die Einheit der Auftragserteilung zu gefährden. Stäbe werden Instanzen zugeordnet, die sie in ihren Aufgaben unterstützen und entlasten sollen; sie werden meist mit fachlich qualifizierten Spezialisten besetzt. Stäbe sind ohne Weisungsbefugnisse, Wesensmerkmal ihrer Tätigkeit ist die systematische Entscheidungsvorbereitung für die zuständige Instanz im Liniensystem. Typische Stäbe sind Marktforschung, Justiziar, EDV-Abteilung, Öffentlichkeitsarbeit.

Von einer *funktionalen Organisation* spricht man, wenn direkt unterhalb der Unternehmensleitung die Hauptabteilungen nach Sachfunktionen, gewöhnlich nach dem Verrichtungsprinzip, gebildet werden (vgl. Abbil-

dung 6). Die Funktionsbereiche eines mittelständischen Industrieunternehmens umfassen beispielsweise: Produktion, Materialwirtschaft, Verwaltung, Absatz; die Funktionsabteilungen eines Dienstleistungsunternehmen des Einzelhandels: Einkauf, Verkauf, Lagerhaltung, Verwaltung. Unterhalb der einzelnen Funktionsbereiche sind weitere Untergli e-
derungen üblich (z.b. kann die Hauptabteilung Absatz ausdifferenziert
werden in Marktforschung, Marketing, Vertrieb).

Abbildung 6: Funktionale Organisation (nach Manz u.a. 1994: 63)

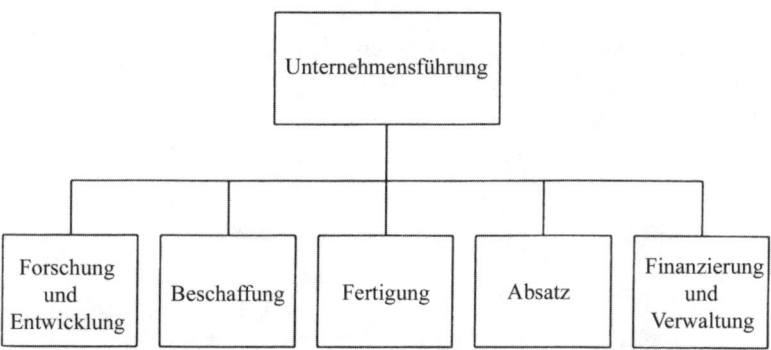

Die Weisungsbefugnisse in dieser für kleinere und mittlere Unternehmen typischen Organisationsform sind nach dem Einliniensystem gestaltet: jeder Mitarbeiter hat nur einen Vorgesetzten. Die Zentralisation
nicht nur der strategischen Entscheidungen macht es häufig erforderlich,
die Unternehmensführung durch Stäbe zu unterstützen.

In der *divisionalen Organisation* (auch: Sparten- oder Geschäftsbereichs-
organisation) sind die Hauptabteilungen unterhalb der Geschäftsführung
nach dem Objektprinzip (Produktgruppen, Märkte oder Kundengruppen)
gegliedert. So kann beispielsweise ein Versicherungsunternehmen in die
eigenständigen Geschäftsbereiche Kfz-Versicherung, Lebensversiche-
rung und Hausratversicherung, ein Automobilunternehmen in die Spar-
ten Nutzfahrzeuge, PKWs und Omnibusse gegliedert werden. Die Geschäftsbereiche haben weitgehende Autonomie in den Grundfunktionen
wie Beschaffung, Produktion und Absatz. Sie werden folglich, ab der
zweiten Hierarchieebene, wie funktionale Organisationen mit Weisungs-

befugnissen nach dem Einliniensystem gestaltet. Da auch die Erfolgsverantwortung bei den Geschäftsbereichen liegt, werden sie wie »Unternehmen im Unternehmen« (bzw. *Profit-Center*) geführt. Einige Grundfunktionen (z.B. Finanzierung, Personal) können auch als Zentralbereiche der Unternehmensführung unterstellt bleiben (vgl. Abbildung 7). Das Konzept der divisionalen Organisation stammt von dem amerikanischen Manager Alfred P. Sloan und wurde von ihm Anfang der 1920er Jahre im Chemieunternehmen Du Pont und im Automobilunternehmen General Motors umgesetzt.

Abbildung 7: Divisionale Organisation mit Zentralbereichen
(nach Manz u.a. 1994: 63)

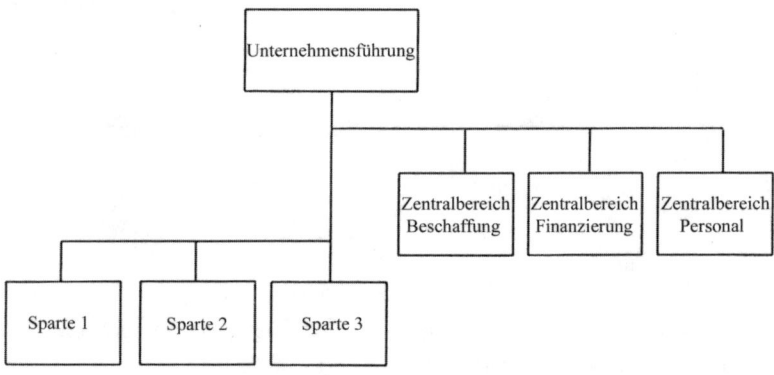

Die *Matrixorganisation* (auch: Gitternetzorganisation) ist eine Dualorganisation, bei der die am Aufgabenprinzip hierarchisch orientierte funktionale Organisation horizontal von einer produkt- oder projektorientierten Organisation überlagert wird. Somit untersteht jede nachgeordnete Stelle den Weisungsbefugnissen zweier Instanzen: den Funktionsmanagern und den Produkt/Projekt-Managern. Die Leiter der Funktionsabteilungen sind für die vertikale Integration der arbeitsteiligen Prozesse innerhalb ihrer Bereiche, die Produkt- oder Projektmanager für die horizontale Integration zuständig. Wird die organisationale Spezialisierung um eine weitere Dimension (z.B. Regionen neben Funktion und Produkten) vorangetrieben, spricht man von einer *Tensororganisation*.

Abbildung 8: Matrixorganisation (nach Manz u.a. 1994: 67)

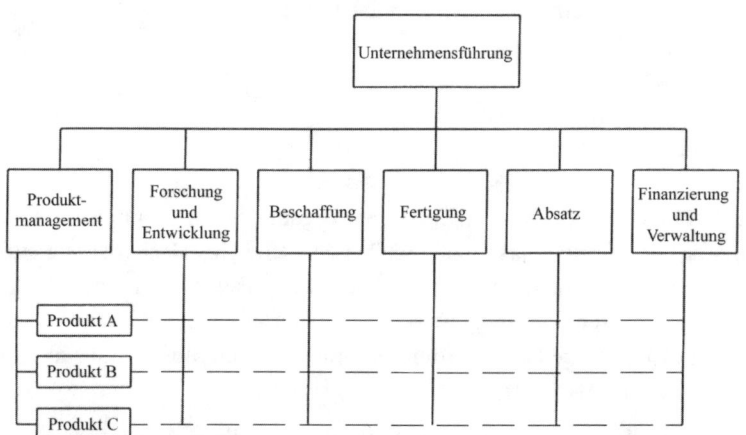

Die dargestellten Grundformen zeigen völlig unterschiedliche Stärken und Schwächen, je nachdem, welche Kriterien angelegt werden – die der Marktorientierung, der Ressourceneffizienz oder der Flexibilität. Wir haben bereits darauf hingewiesen, dass für die Wahl der Unternehmensstruktur die strategischen Hauptziele (z.b. Kosten-/Preisführerschaft, Produktdifferenzierung) eine ausschlaggebende Rolle spielen (siehe Abschnitt 3.2). Und da die Realität komplexer ist als die theoretische Abstraktion, finden wir in der Praxis vielfältige Mischformen.

Eine weitgehende Auflösung fester Organisationsstrukturen stellt die von Mintzberg (1991) in die Diskussion gebrachte *Adhocracy* dar. Sie steht für die innovative Organisation par excellence. Sie ist frei von »allen Fesseln der bürokratischen Struktur«, vermieden werden »vor allem die strenge Arbeitsteilung, die ausgeprägte Unterteilung in Abteilungen, stark formalisiertes Verhalten und Betonung von Planung und Kontrollsystemen. (...) Die Informationen und Entscheidungsprozesse werden flexibel und informell gehandhabt, wo immer es notwendig ist, um die Innovationen zu fördern« (ebd.: 208). Feste organisatorische Regelungen bilden nur noch den äußeren Rahmen. Wichtiger werden informelle Kommunikation und spontane Koordination zwischen hochqualifizierten Experten, die in temporären Projektgruppen mit häufigem Wechsel der Arbeitsplätze und Tätigkeitsbereiche arbeiten. Die *Adhoc-*

racy ist typisch für kleinere bis mittlere Serviceunternehmen wie Softwarehäuser, Unternehmensberatungen und Forschungsinstitute (s. auch Abschnitt 3.7).

3.5.3 Rechtsformen

Schließlich lassen sich Unternehmensorganisationen auch nach ihren juristischen Formen klassifizieren. Das deutsche Gesellschaftsrecht stellt verschiedene Formalstrukturen zur Auswahl. Bei den privaten Unternehmen unterscheiden wir zwischen drei Grundtypen: Einzelunternehmen, Personengesellschaften und Kapitalgesellschaften. Daneben existieren diverse Mischformen.

Einzelunternehmen werden von einzelnen natürlichen Personen repräsentiert; der alleinige Inhaber haftet mit seinem gesamten Vermögen; Eintrag ins Handelsregister ist für Vollkaufleute (nicht für Kleingewerbetreibende und Handwerker) vorgeschrieben; die rechtlichen Grundlagen regelt das Handelsgesetzbuch.

Personengesellschaften haben mindesten zwei Gesellschafter; sie können als offene Handelsgesellschaft (OHG) oder Kommanditgesellschaft (KG) geführt werden; beschränkte Rechtspersönlichkeit der Firma (Grundbuch-, Prozess- und Deliktfähigkeit); Eintrag ins Handelsregister ist zwingend; Rechtsgrundlagen liefert das Handelsgesetzbuch.

Kapitalgesellschaften bilden juristische Personen des privaten Rechts. Sie können als Gesellschaft mit beschränkter Haftung (GmbH), Aktiengesellschaft (AG), Kommanditgesellschaft auf Aktien (KGaA) oder, im Falle von Versicherungen, als Versicherungsverein auf Gegenseitigkeit (VVaG) gegründet werden. Erforderlich sind mindestens zwei Gesellschafter bei der GmbH und mindestens fünf bei der AG und KGaA. Das Gesellschaftsvermögen ist Vermögen der juristischen Person; die Eintragung ins Handelsregister ist zwingend. Für die Kapitalgesellschaften gibt es jeweils gesonderte Gesetze (Gesetz betreffend die Gesellschaften mit beschränkter Haftung; Aktiengesetz). Für die Aktiengesellschaft ist mit Vorstand und Aufsichtsrat ein duales Leitungssystem (*corporate governance*) vorgeschrieben (siehe Abschnitt 3.6).

Möglich sind auch *Mischformen* wie GmbH & Co. KG. Eine Sonderform ist die *Genossenschaft*, die eine Gesellschaft mit offener Mitgliederzahl darstellt; als gemeinschaftlicher Geschäftsbetrieb der Genossen ist sie, wie die Kapitalgesellschaft, ebenfalls juristische Person; Eintragung ins Genossenschaftsregister ist erforderlich; zu ihrer Gründung werden mindestens sieben Mitglieder benötigt; Rechtsgrundlagen liefert das Genossenschaftsgesetz.

Bei öffentlichen Unternehmen unterscheiden wir zwischen Rechtsformen des privaten Rechts und des öffentlichen Rechts. Öffentliche Unternehmen können durchaus die Rechtsformen des privaten Rechts – GmbH, AG, Genossenschaft – annehmen. Eigenständige Rechtsformen des öffentliches Rechts sind Körperschaft, Anstalt, Stiftung. Rechtlich unselbstständige Formen sind Regiebetrieb, Eigenbetrieb, Gesellschaft des bürgerlichen Rechts (GbR).

Jüngste Rechtsform auf europäischer Ebene ist die grenzüberschreitende Europäische Aktiengesellschaft. Das im Jahre 2001 verabschiedete Statut der Europäischen Aktiengesellschaft (*Societas Europaea*, SE) unterscheidet vier Gründungsformen: (1) die Verschmelzung von zwei oder mehreren Unternehmen, die dem Recht verschiedener Mitgliedsstaaten unterliegen; (2) die Gründung einer Holding-SE von Unternehmen aus mindestens zwei Mitgliedsstaaten, (3) die Gründung einer Tochter-SE aus mindestens zwei Mitgliedsstaaten; (4) die Umwandlung einer bestehenden Aktiengesellschaft, wenn sie seit mindestens zwei Jahren eine dem Recht eines anderen Mitgliedsstaates unterliegende Tochtergesellschaft hat. Die Gründer einer SE können sich für ein in einigen Ländern (z.B. Großbritannien, Irland, Schweden, Italien und Spanien) übliches monistisches Leitungsgremium (sog. *board system*) oder für das in Deutschland sowie Dänemark, Niederlande, Portugal und Österreich übliche dualistische Führungs- und Kontrollsystem mit Vorstand und Aufsichtsrat entscheiden.

3.6 Unternehmensverfassung

Mit Unternehmensverfassung wird die »legale innere Herrschaftsordnung« (Staehle 1999: 434) eines Unternehmens bezeichnet. Sie umfasst die dauerhaften, institutionalisierten Regelungen, mit denen die verschiedenen Interessengruppen Einfluss auf das Unternehmen nehmen können. Kernbestand der Unternehmensverfassung sind die »expliziten Regelungen über die Organe der Unternehmensführung und deren Beziehungen zueinander«, insbesondere darüber, »wie der Leistungs-,

Informations- und Weisungsaustausch zwischen den Organen gestaltet werden soll« (Hungenberg 2001: 29).

Grundsätzlich können drei Unternehmensorgane unterschieden werden:»das Gesellschaftsorgan, in dem die Eigentümer vertreten sind, das Führungsorgan, in dem die eigentlichen Führungsaufgaben erfüllt werden, und das Kontrollorgan, dessen Aufgabe es ist, die Unternehmensführung zu überwachen« (ebd.: 29). In der deutschen Aktiengesellschaft sind dies

- die *Hauptversammlung* als Vertretungsorgan der Eigentümer,
- der *Vorstand* als Führungsorgan sowie
- der *Aufsichtsrat* als Kontrollorgan des Vorstands.

Charakteristisch für die Verfassung deutscher Unternehmen ist ein gesetzlich garantiertes System der Mitbestimmung der Beschäftigten an vielen Entscheidungen der Unternehmensführung. Damit werden einer weiteren Interessengruppe Mitwirkungsrechte in den Organen der Unternehmensführung eingeräumt und der Alleinvertretungsanspruch der Eigentümer aufgegeben. Die Mitbestimmung der Arbeitnehmer wird ganz überwiegend durch ihre gewählten Repräsentanten in Leitungs- und Kontrollorganen des Unternehmens ausgeübt. Zu unterscheiden ist zwischen der Mitbestimmung im Unternehmen und im Betrieb.

3.6.1 Unternehmensmitbestimmung

Die Unternehmensmitbestimmung existiert in drei verschiedenen Formen:

- *Paritätische* Mitbestimmung in der Montanindustrie nach dem»Gesetz über die Mitbestimmung der Arbeitnehmer in den Aufsichtsräten und Vorständen der Unternehmen des Bergbaues und der Eisen und Stahl erzeugenden Industrie« mit mehr als 1.000 Beschäftigten von 1951;
- *unterparitätische* Mitbestimmung in den großen Kapitalgesellschaften der übrigen Wirtschaft mit über 2.000 Beschäftigten nach dem Mitbestimmungsgesetz von 1976;

- die sogenannte *drittelparitätische* Mitbestimmung in Kapitalgesellschaften mit 500 bis 2.000 Beschäftigten nach den weitergeltenden Paragraphen des Betriebsverfassungsgesetzes von 1952.

Herzstück der *Montanmitbestimmung* ist die paritätische Vertretung von Anteilseignern und Arbeitnehmern im Aufsichtsrat.

In der Regel handelt es sich um fünf Mitglieder jeder Seite; hinzu kommt ein weiteres »neutrales Mitglied«, auf das sich beide Seiten einigen müssen[17]. Zwei der fünf Arbeitnehmervertreter werden von den Betriebsräten vorgeschlagen: je einer aus der Gruppe der Arbeiter und aus der Gruppe der Angestellten. Gegen den Vorschlag der Betriebsräte können die Gewerkschaften begründeten Einspruch einlegen (ein Recht, das bislang praktisch ohne Belang blieb). Ebenfalls zwei Mitglieder benennen die Spitzenorganisationen der im Betrieb vertretenen Gewerkschaften (in der Regel DGB) nach vorheriger Beratung mit den im Betrieb vertretenen Gewerkschaften und den Betriebsräten. Schließlich kommt ein ebenfalls von den Spitzenorganisationen der Gewerkschaften vorzuschlagendes weiteres Mitglied hinzu, das weder Betriebsmitglied noch von den Gewerkschaften abhängig sein darf. Auch der Arbeitgeberseite gehört ein solches weiteres Mitglied an. Diese beiden »weiteren Mitglieder« sowie das elfte, das heißt das gemeinsam bestimmte »neutrale Mitglied« sollen die unternehmensexterne Öffentlichkeit repräsentieren. Sämtliche benannten und vorgeschlagenen Aufsichtsratsmitglieder werden von der Hauptversammlung der Aktionäre gewählt, die jedoch an die Vorschläge der Betriebsräte und Gewerkschaften gebunden ist. Nach verbreiteter Praxis wird der Aufsichtsratsvorsitzende in der Regel von der Anteilseignerseite gestellt, das »neutrale Mitglied« hingegen von Arbeitnehmerseite vorgeschlagen.

Des Weiteren sieht die Montanmitbestimmung im Unternehmensvorstand einen für das Personal- und Sozialwesen zuständigen *Arbeitsdirektor* als gleichberechtigtes Mitglied vor. Er kann nicht gegen die Stimmen der Mehrheit der Arbeitnehmervertreter im Aufsichtsrat gewählt oder abberufen werden. Dem Arbeitsdirektor bleiben aufgrund seiner Zwitterstellung – einerseits ist er vom gewerkschaftlichen Vertrauen getragen, andererseits als Vorstandsmitglied den Anteilseignern verpflichtet – zwar Loyalitätskonflikte nicht erspart, aber diese haben seine Rolle als »Friedensstifter« im Betrieb eher gestärkt. Die Aufgabenbereiche des Arbeitsdirektors, dem die Unternehmensvorstände an-

---

17 Bei größeren Montanunternehmen kann der Aufsichtsrat statt der 11 auch 15 bzw. 21 Mitglieder haben.

fangs nur eingegrenzte Ressorts zugewiesen hatten, wurden mit der Zeit sukzessive erweitert (Geisler/Heese 1986: 179ff.).

Die Mitbestimmungskommission (1970) unter Leitung Kurt Biedenkopfs hatte in ihrem Bericht festgestellt, dass die Montanmitbestimmung sich keineswegs negativ auf Wirtschaftlichkeit und Rentabilität der Unternehmen ausgewirkt habe. Die primär ökonomische Orientierung der Unternehmenspolitik sei vielmehr durch eine »soziale Komponente« ergänzt worden. Überdies habe der Aufsichtsrat vom »Erfahrungswissen« der Arbeitnehmervertreter profitiert. Aus dem Zwang zur Kooperation zwischen Arbeitnehmer- und Arbeitgebervertretern konnte sich eine konsensorientierte Form der Zusammenarbeit auf der Unternehmensebene entwickeln, die sich auch positiv auf die Arbeit des Betriebsrats bei der Erfüllung seiner betriebsverfassungsrechtlichen Aufgaben auswirkte.

Selbst wenn die Unternehmer der Montanindustrien nach dem Zweiten Weltkrieg nur aus taktischen Gründen Zugeständnisse gemacht hatten[18], mussten sie sich in der alltäglichen Praxis mit den Arbeitnehmervertretern und ihren Organisationen arrangieren. Gerade in den Montanindustrien, in denen Prinzipien autoritärer Unternehmensführung (»Herr-im-Hause«-Standpunkt) länger als anderswo ihre Heimstatt hatten, bedurfte es offenbar der starken Dosis Montanmitbestimmung mit ihrem permanenten Zwang zur Zusammenarbeit, um kooperative und stabile Vertragsbeziehungen zu institutionalisieren (Müller-Jentsch 1998); deren praktische Leitlinie war der soziale Ausgleich, die Balance zwischen ökonomischer Effizienz und sozialer Rationalität. Dem entspricht, dass im Aufsichtsrat in der Regel kaum Kampfabstimmungen stattfanden oder die Einschaltung des »neutralen Mitglieds« für Stichentscheide erforderlich wurde. Wenn sich nach dem Zweiten Weltkrieg, worauf viele Beobachter zu Recht hingewiesen haben, an der Ruhr ein stabiler sozialer Frieden etablieren konnte, dann war er dieser neuen Interessenkonstellation zu verdanken.

---

18 Einer ihrer Repräsentanten (der Vorsitzende der Gutehoffnungshütte, Hermann Reusch) bezeichnete noch Jahre nach ihrer Einführung die Unternehmensmitbestimmung als das »Ergebnis einer brutalen Erpressung durch die Gewerkschaften« (zit. n. Müller 1991: 270).

Das in der Vergangenheit für die Mitbestimmungswirklichkeit so wichtige Modell der Montanmitbestimmung ist als Resultat des fortschreitenden Schrumpfungsprozesses der Kohle- und Stahlindustrie in einem unaufhaltsamen Niedergang begriffen. Ende der 1990er Jahre arbeiteten weniger als 300.000 Beschäftigte in 50 Unternehmen der Montanindustrie; ein weiterer Abbau der Beschäftigten ist beabsichtigt.

Der von den Gewerkschaften immer wieder geforderten Ausweitung der Unternehmensmitbestimmung auf die gesamte Wirtschaft war die sozialliberale Koalition mit dem *Mitbestimmungsgesetz von 1976* nachgekommen. Dass dieses aber den DGB, der auf das Modell der Montanmitbestimmung fixiert blieb, zutiefst enttäuschte, lag daran, dass dieses Gesetz zwar eine numerische Parität zwischen den Vertretern von Kapital und Arbeit vorschrieb, aber die Arbeitnehmerseite im Aufsichtsrat faktisch unterrepräsentiert blieb. Zwei Regelungen sind dafür ausschlaggebend: Erstens hat der gewöhnlich von der Kapitalseite gestellte Aufsichtsratsvorsitzende ein doppeltes Stimmrecht in Pattsituationen und zweitens sitzt auf der Arbeitnehmerbank mindestens ein Vertreter der leitenden Angestellten, die im großen Ganzen dem Management zuzurechnen sind.

Der Aufsichtsrat besteht, je nach Größe, aus 12, 16 oder 20 Mitgliedern. Für die im Unternehmen vertretenen Gewerkschaften werden 2 beziehungsweise 3 Sitze (bei einem 20-köpfigen Aufsichtsrat) reserviert. Die restlichen Sitze werden auf die Arbeiter, Angestellten und leitenden Angestellten nach ihrem Anteil im Unternehmen verteilt, wobei mindestens 1 Sitz auf jede Gruppe entfällt. Die Arbeitnehmervertreter werden entweder durch eine Urwahl (in Unternehmen bis 8.000 Beschäftigte) oder durch ein Wahlmänner-Gremium (über 8.000 Beschäftigte) gewählt. Als gleichberechtiges Vorstandsmitglied wird der Arbeitsdirektor, wie die übrigen Vorstandsmitglieder, von einer Zwei-Drittel-Mehrheit der Aufsichtsratsmitglieder bestellt.

Nach der letzten veröffentlichten Statistik unterliegen dieser Form der Mitbestimmung etwas über 700 Kapitalunternehmen, die rund ein Fünftel aller Arbeitnehmer beschäftigen. Eine Untersuchung der Sozialforschungsstelle Dortmund (Bamberg u.a. 1987) über die Wirksamkeit dieser Mitbestimmungsform in der Vertretung von Arbeitnehmerinteressen kommt zu ernüchternden Ergebnissen. Demnach hat die Mitbestimmung im Aufsichtsrat weitgehend dienende Funktionen für die gewerkschaftliche Betriebspolitik, etwa durch zusätzliche Informationsbeschaffung. Fallweise wird sie auch zur Stützung der betrieblichen Interessenvertretung, etwa bei Rationalisierungs- und Umstrukturierungsmaßnahmen, benutzt. Erleichtert wird dies durch die Tatsache, dass viele Betriebsratsvorsitzende in Personalunion Aufsichtsratsmitglieder sind. Die Mitbestimmung nach dem Betriebsverfassungsgesetz von 1952 – sie gilt für Unternehmen von 500 bis 2.000 Beschäftigten (in Montanunternehmen bis 1.000) – ist die dritte und schwächste Form der Mitbestimmung; sie sieht nur ein Drittel der Aufsichtsratssitze für die Arbeitnehmervertreter vor.

3.6.2 Betriebliche Mitbestimmung

Zentralinstitution der betrieblichen Mitbestimmung ist der Betriebsrat, der erstmals mit dem Betriebsrätegesetz von 1920 für deutsche Betriebe ab einer bestimmten Größenordnung vorgeschrieben und nach dem Zweiten Weltkrieg, mit dem Betriebsverfassungsgesetz von 1952 (gründlich novelliert 1972, weitere Novellierungen: 1988 und 2001) erneut – nun für Betriebe ab 5 Beschäftigte – eingeführt wurde.

Drei Charakteristika zeichnen die Institution des Betriebsrats aus:

1. Er repräsentiert alle Beschäftigten, nicht nur die Gewerkschaftsmitglieder unter ihnen.
2. Er unterliegt einer absoluten Friedenspflicht, verfügt folglich nicht über das Streikrecht; seine Handlungsbasis wird, nach Däubler (1995: 444), bestimmt durch Vertrauen, Frieden und Diskretion.
3. Das Verfahren der Mitbestimmung ähnelt mehr dem der gemeinsamen Problemlösung als dem des harten Verhandelns[19]; erleichtert wird dies durch die Externalisierung des Lohnkonflikts (Lohnfragen fallen in die Zuständigkeit der Gewerkschaften als Tarifvertragspartei).

---

19 Als übergreifende Zielorientierung der Betriebsparteien postuliert das Gesetz das »Wohl der Arbeitnehmer und des Betriebs« und den »ernsten Willen zur Einigung« (§ 74, Abs. 1).

Vorgeschrieben ist der Betriebsrat für Betriebe mit fünf und mehr Beschäftigten. Die ersten repräsentativen, dem IAB-Betriebspanel zu verdankenden Daten über die Verbreitung von Betriebsräten (und ihres Pendants im öffentlichen Dienst, den Personalräten[20]), zeigen indessen, dass es in zahlreichen kleineren und mittleren Betrieben trotz der gesetzlichen Vorkehrungen keinen Betriebsrat gibt (vgl. Tabelle 1). Insbesondere in Betrieben mit unter 100 Beschäftigten, in denen über die Hälfte aller abhängig Beschäftigten arbeiten, ist eine betriebliche Interessenvertretung häufig nicht vorhanden. Gleichwohl zeigen die IAB-Hochrechnungen auch, dass die Beschäftigten, die in Betrieben mit mehr als 20 Beschäftigten arbeiten, in Westdeutschland zu über 70 Prozent, in Ostdeutschland zu über 60 Prozent durch einen Betriebs- oder Personalrat vertreten werden.

Tabelle 1: Betriebe mit Betriebs- und Personalräten nach Betriebsgröße, 2001

	Einen Betriebs- oder Personalrat haben			
	... % der Betriebe		... % der Beschäftigten	
	West	Ost	West	Ost
Betriebe				
ab 5 Beschäftigte	17,4	15,1	57,8	49,6
ab 21 Beschäftigte	45,5	41,6	72,9	64,2
5 – 20 Beschäftigte	9,5	7,4	10,8	9,5
21 – 100 Beschäftigte	37,3	35,0	43,1	39,1
101 – 299 Beschäftigte	76,2	70,5	78,6	72,4
300 –1000 Beschäftigte	91,8	86,6	92,2	87,3
mehr als 1000 Beschäftigte	97,3	93,8	98,1	94,1

Quelle: IAB Betriebspanel, 9. Welle West, 6. Welle Ost, 2001

Die inhaltlichen Beteiligungsrechte des Betriebsrates lassen sich nach zwei Dimensionen hin auffächern. In der Dimension der Sachbereiche handelt es sich um soziale, personelle und wirtschaftliche Angelegen-

---

20 Analog zum Betriebsverfassungsgesetz sehen die Personalvertretungsgesetze des Bundes und der Länder für Behörden und Dienststellen des öffentlichen Dienstes die Einrichtung von Personalräten vor, deren Mitwirkungsrechte etwas schwächer ausfallen..

heiten. Nach der Intensität der Teilhabe lassen sich (a) Informations-rechte, (b) Anhörungsrechte und Beratungsrechte, (c) Widerspruchs-rechte und (d) erzwingbare Mitbestimmungsrechte unterscheiden (vgl. Abbildung 9). Sie beziehen sich in vielen Fällen auf Entscheidungen, die nicht im Betrieb als der arbeitsrechtlichen Einheit, sondern im Unter-nehmen selbst fallen. Besteht ein Unternehmen aus mehreren Betrieben, wird ein Gesamtbetriebsrat für das Mehrbetriebsunternehmen gebildet, in den jeder Betriebsrat zwei Mitglieder entsendet.

Erzwingbare Mitbestimmungsrechte werden dem Betriebsrat in *sozialen* Angelegenheiten eingeräumt. Paragraph 87, welcher als das »Herzstück der Betriebsverfassung« gilt, spezifiziert zwölf Fallgruppen (darunter: die Festlegung von Entlohnungsgrundsätzen, insbesondere die Anwendung neuer Entlohnungsmethoden; die Festsetzung leistungsbe-zogener Entgelte wie Akkord- und Prämiensätze; die Regelung der gel-tenden Arbeitszeiten; die Anordnung von Überstunden und Kurzarbeit; die Aufstellung allgemeiner Urlaubsgrundsätze und des Urlaubsplanes).

Bei *personellen* Angelegenheiten bestehen echte Mitbestimmungs-rechte bei der Erstellung von Personalfragebögen (§ 94) und der Auf-stellung von allgemeinen Auswahlrichtlinien für Einstellungen, Verset-zungen, Umgruppierungen und Kündigungen (§ 95). Bei den personel-len Einzelmaßnahmen der Einstellung, Eingruppierung, Umgruppierung und Versetzung hat der Betriebsrat indessen nur ein Veto-Recht (§ 99). Verweigert der Betriebsrat seine Zustimmung, so bleibt die entspre-chende Maßnahme des Arbeitgebers bis zur eventuellen Entscheidung des Arbeitsgerichtes unwirksam. Im Falle von Kündigungen hat der Betriebsrat nur ein Anhörungsrecht; widersprechen kann er nur, wenn der Arbeitgeber gegen bestimmte, im Gesetz spezifizierte Grundsätze verstößt (§ 102).

Bei der *Gestaltung von Arbeitsplatz, Arbeitsablauf und Arbeitsum-gebung* stehen dem Betriebsrat allein Unterrichtungs- und Beratungs-rechte zu (§ 90). Ein Mitbestimmungsrecht ergibt sich erst, wenn durch die Änderungen »die den gesicherten arbeitswissenschaftlichen Er-

Abbildung 9: Beteiligungsrechte des Betriebsrats

Gegenstand / Intensität	Soziale Angelegenheiten	Personelle Angelegenheiten	Wirtschaftliche Angelegenheiten
erzwingbare Mitbestimmungsrechte	§ 87: Beginn u. Ende der tgl. Arbeitszeit; Urlaubsgrundsätze/Urlaubsplan; Lohngestaltung; Akkord- und Prämiensätze § 91: menschengerechte Gestaltung der Arbeit (nach »gesicherten arbeitswissenschaftlichen Erkenntnissen«)	§ 94: Personalfragebogen § 95: Auswahlrichtlinien § 98: Betriebliche Bildungsmaßnahmen	§ 112: Sozialplan
Widerspruchsrechte		§ 99: Einstellung/ Eingruppierung/ Umgruppierung/ Versetzung § 102: Kündigung	
Mitwirkungs- (Informations-, Anhörungs-, Beratungs-)rechte	§ 89: Arbeitsschutz/ Unfallverhütung	§ 92: Unterrichtung u. Beratung über Personalplanung § 102: Anhörung vor Kündigungen	§ 90: Unterrichtung über Planung/Beratung über Auswirkungen von: Neu-, Um- und Erweiterungsbauten; techn. Anlagen; Arbeitsverfahren/ Arbeitsabläufe § 106: Wirtschaftsausschuss § 11: Unterrichtung über Betriebsänderungen

Quelle: Müller-Jentsch 1997: 27

kenntnissen über die menschengerechte Gestaltung der Arbeit offensichtlich widersprechende« Belastungen für die Arbeitnehmer auftreten (§ 91).

Hinsichtlich der *wirtschaftlichen* Entscheidungen stehen dem Betriebsrat nur noch Informationsrechte zu. So hat der Unternehmer den in Betrieben mit über 100 ständig beschäftigten Arbeitnehmern zu bildenden Wirtschaftsausschuss (als eigenständiges Organ oder Ausschuss des Betriebsrats) »rechtzeitig und umfassend über die wirtschaftlichen Angelegenheiten des Unternehmens« zu unterrichten (§ 106). Ebenfalls zu unterrichten ist der Betriebsrat bei Betriebsänderungen, »die wesentliche Nachteile für die Belegschaft« zur Folge haben können (§ 111). Allein über den Ausgleich oder die Milderung der wirtschaftlichen Nachteile, die den Arbeitnehmern entstehen, hat der Betriebsrat insofern ein Mitbestimmungsrecht, als er einen Sozialplan erzwingen kann (§ 112).

Mit der Novellierung des Betriebsverfassungsgesetzes 1988 wurden die Unterrichtungs- und Beratungsrechte des Betriebsrats über die Planung neuer technischer Anlagen, Arbeitsverfahren und Arbeitsabläufe verbessert (§ 90 n. F.). Auch die Unterrichtungs- und Erörterungspflicht des Arbeitgebers gegenüber potenziell betroffenen Arbeitnehmern ist verstärkt worden (§ 81 n. F.). Bei der Erörterung kann der Arbeitnehmer ein Mitglied des Betriebsrates hinzuziehen.

Die erneute Novellierung von 2001 brachte nur moderate Verbesserungen der Mitbestimmungsrechte. Bedeutsamer sind die neuen Regelungen, die eine Erleichterung der Wahl von Betriebsräten, eine Erhöhung der Betriebsratsmandate und der Freistellungen (erste Freistellung ab 200, bisher ab 300 Beschäftigten) sowie die Einbeziehung von Randbelegschaften und Minderheiten vorsehen. Weitere Regelungen tragen zur Verbesserung der Arbeitsmöglichkeiten des Betriebsrats bei und erhöhen die direkten Einflusschancen von Arbeitnehmern. Eine echte Erweiterung der Mitbestimmungsrechte stellt die Mitbestimmung über Grundsätze der »Durchführung von Gruppenarbeit« dar.

Als generelle Tendenz des Betriebsverfassungsgesetzes wird erkennbar, dass die Beteiligungsrechte in *sozialen* Fragen am stärksten, bei *personellen* Angelegenheiten bereits abgeschwächt greifen und in *wirtschaftlichen* Fragen sich auf reine Informationsrechte beschränken. Mit anderen Worten, die Eingriffsmöglichkeiten und Beteiligungsrechte des Betriebsrates sind um so größer, je weiter sie von den strategischen Unternehmensentscheidungen (z.B. über Ziele und Inhalte der Produktion) entfernt sind.[21] In diesem rechtlichen Gefälle zeigt sich, dass der Betriebsrat als ein Organ des Interessenausgleichs zwischen Management und Belegschaft zu verstehen ist und seine Rechte die betriebliche Herrschaft zwar begrenzen, aber grundsätzlich nicht infrage stellen.

Die Institution des Betriebsrats ist primär auf Konsens und Kooperation angelegt. Bei Auftreten innerbetrieblicher Konflikte zwischen Management und Betriebsrat sieht das Gesetz eine betriebliche Zwangsschlichtung durch die *Einigungsstelle* vor, die paritätisch besetzt ist, einen unparteiischen Vorsitzenden hat und deren Spruch die Einigung zwischen den beiden Parteien ersetzt (§ 76). In allen Fällen, in denen ein erzwingbares Mitbestimmungsrecht des Betriebsrats besteht und keine Einigung zwischen Management und Betriebsrat zustande kommt, kann die Einigungsstelle auf Antrag einer Seite tätig werden, ansonsten nur auf Antrag beider Seiten. Als eine weitere Möglichkeit externer Konfliktlösung bleibt dem Betriebsrat die Anrufung des Arbeitsgerichts für *Rechtsstreitigkeiten* (z.b. über betriebsverfassungsrechtliche Fragen).

Die gesetzliche Grundlage und die insgesamt erfolgreiche Praxis haben den Betriebsrat zu einer der stabilsten Institutionen der deutschen Arbeitsbeziehungen werden lassen, obwohl in den 1950er und 1960er Jahren Sozialwissenschaftler wie Fürstenberg und Dahrendorf in der »Mittlerfunktion« dieser Institution eine potenzielle Schwäche und geringe Autorität zu erkennen glaubten (vgl. Müller-Jentsch 1995). Aber gerade in der prekären *Grenzstellung* zwischen Belegschaft, Management und Gewerkschaft liegt ihre eigentliche Stärke. Ihr *intermediärer* Charakter, das heißt der Zwang zur Vermittlung pluraler, oft gegensätzlicher Interessen (z.B. verlangt § 2, Abs. 1 eine Zusammenarbeit mit dem Arbeitgeber »zum Wohl der Arbeitnehmer und des Betriebs«) machte den Betriebsrat auch für das Management zu einer geschätzten Institution.

Nicht selten sind Betriebsräte zu kompetenten Krisenmanagern, Agenten des Wandels und Promotoren der Modernisierung geworden. Bei den Reorganisationsprozessen von Arbeits- und Unternehmensorga-

---

21 Gleichwohl kann ein erfahrener Betriebsrat seine starken Mitbestimmungsrechte (etwa bei der Entscheidung über Überstunden) dazu nutzen, um Konzessionen des Managements in anderen Fragen zu erlangen.

nisationen in den letzten beiden Jahrzehnten wurden und werden die Betriebsräte in vielen Unternehmen maßgeblich beteiligt. Jüngere empirische Untersuchungen zum Verhältnis von Betriebsrat und Management (Kotthoff 1994; Bosch 1997; Bosch u.a. 1999) konstatieren einen grundlegenden Wandel der Verhandlungsbeziehungen und der »Interaktionskultur« zwischen den betrieblichen Akteuren, die mit den Topoi *Versachlichung, Rationalität* und *Professionalisierung* umschrieben werden und die sich auf den Konsens über betriebswirtschaftliche Erfordernisse und auf die Reziprozität von Zugeständnissen und Gegenleistungen gründen. Ihre aktive Einbeziehung in Prozesse der »kooperativen Modernisierung« (Bertelsmann Stiftung/Hans-Böckler-Stiftung 1998: 71) von Unternehmen macht Betriebsräte tendenziell zu *Co-Managern*, welche auf diese Weise zwar ihre Beteiligungsparameter vor allem in wirtschaftlichen Fragen erweitern, aber ihren Vertretungsauftrag durch die Beschäftigten unter Umständen gefährden.

Eine weitere Form der Arbeitnehmerbeteiligung ist die Kapitalbeteiligung der Mitarbeiter am Unternehmen. Im Jahre 2000 haben 2700 Kapitalgesellschaften rund 2,3 Millionen Arbeitnehmer mit insgesamt 25 Milliarden DM beteiligt (Jürgens/Rupp 2002: 49).

3.6.3 Harmonisierung auf europäischer Ebene

Ein erster Schritt für die Angleichung der Unternehmensverfassung in der EU erfolgte mit der »Richtlinie über die Einsetzung eines Europäischen Betriebsrats oder die Schaffung eines Verfahrens zur Unterrichtung und Anhörung der Arbeitnehmer in gemeinschaftsweit operierenden Unternehmen und Unternehmensgruppen« (kurz: EBR-Richtlinie), die 1994 nach mehr als zwanzigjährigen Bemühungen vom Rat der Sozialminister verabschiedet wurde. Europaweit operierende Unternehmen werden nach zwei Kriterien definiert: Sie müssen mindestens 1.000 Arbeitnehmer in den Mitgliedsstaaten beschäftigen, davon jeweils mindestens 150 Arbeitnehmer in mindestens zwei Mitgliedsstaaten. Im Jahre 2002 traf dies auf knapp 1.900 transnationale Unternehmen zu, von denen allerdings erst rund 700 (die jedoch 70 Prozent der Beschäftigten abdecken) einen Euro-Betriebsrat oder ein ihm äquivalentes Beteiligungsverfahren hatten (Platzer 2003). Die von der Richtlinie fixierten Mitwirkungsrechte sehen nur Informations- und Konsultationsrechte, aber keine echten Mitbestimmungsrechte vor. Allerdings hat sich in einigen multinationalen Unternehmen (z.b. General Motors) der Euro-Betriebsrat bereits zu einem faktischen Verhandlungsgremium gemausert, das mit der Konzernleitung europaweite Rahmenvereinbarungen abschließt (Herber/Schäfer-Klug 2002). Dies ist jedoch noch die Ausnahme; denn wie erste empirische Untersuchungen (Lecher u.a. 1999) zeigen, agieren Euro-Betriebsräte in einem breiten Spektrum variierenden Einflusses, der von symbolischer Beteiligung über subalterne Dienstleistung bis zur realen Anerkennung als Verhandlungspartner reicht.

Eine weitere Angleichung der Unternehmens- und Betriebsverfassung ist zum einen von der Mitbestimmung in der Europäischen Aktiengesellschaft (nach der Richtlinie von 2001) zu erwarten, die viele Ähnlichkeiten mit der EBR-Richtlinie aufweist (Keller 2002; Weiss 2003), zum anderen von der 2002 verabschiedeten Richtlinie zur Unterrichtung und Anhörung der Arbeitnehmer für alle national operierenden Unternehmen der Mitgliedsstaaten, die 50 und mehr Arbeitnehmer beschäftigen. Die Richtlinie enthält Mindeststandards für die Beteiligung der Arbeitnehmer. Sie kann die in mehreren Ländern bereits praktizierten weitergehenden Regelungen wie die des Betriebsverfassungsgesetzes in Deutschland nicht aushebeln, aber Länder wie Großbritannien und Irland werden neue Mitbestimmungsvorschriften einführen müssen.

Inwieweit die Institution des Euro-Betriebsrats für das deutsche Mitbestimmungssystem anschlussfähig ist, bleibt umstritten, aber zweifellos stärken die bisherigen Erfahrungen mit der praktizierten Betriebsverfassung das Selbstbewußtsein deutscher Betriebsräte im Umgang mit den neuen transnationalen Gremien. Nicht ganz wörtlich zu nehmen ist die Bezeichnung »Harmonisierung«. Zwar findet eine Konvergenz statt, aber eine Varianz der nationalen Regelungen bleibt bestehen. Denn bei der rechtlichen Umsetzung dieser Richtlinien in nationales Recht bleiben den Mitgliedsstaaten viele Gestaltungsmöglichkeiten offen, sodass vorerst mit der Fortdauer heterogener nationaler Muster der »industriellen Demokratie« zu rechnen ist.

3.7 Neuere Entwicklungen

Mit der Globalisierung der Märkte und der zunehmenden weltweiten Vernetzung aller Arten ökonomischer Aktivitäten erhöhte sich der Druck zur wettbewerbsorientierten Restrukturierung von Unternehmensorganisationen. Die Innovationserwartungen heizen das Geschäft der Unternehmensberater an, die den Organisationswandel zur Prämisse unternehmerischen Erfolgs, ja schon des bloßen Überlebens erklären. Ihre Hochkonjunktur reflektiert sich in einer Vielzahl neuer Management- und Organisationskonzepte wie Unternehmenskultur, Lean Production, Business Reengineering, Total Quality Management, Fraktale Fabrik, Modulares Unternehmen, Netzwerkorganisation, Virtuelles Unternehmen, Lernende Organisation, Wissensbasierte Firma, Change Management und dergleichen mehr (vgl. Bullinger/Warnecke 1996; Picot u.a. 1996; Reichwald u.a. 2000).

Auf der Basis empirisch fundierter Arbeiten resümiert Stefan Kühl (2002) die vielfältigen Bemühungen um eine optimale Organisationsstruktur als Sisyphos-Aufgabe des Managements. Zwar habe die Kritik an der bürokratisch-zentralistischen Zweckorganisation (in der Tradition Webers, Taylors und Fayols) und ihren Dysfunktionen den Weg zu einem dezentralisierten und partizipativen Organisationsmodell gebahnt, das aber neue Widersprüche und Paradoxien gezeitigt habe. Diese zu bearbeiten und dadurch immer wieder auftretende Unsicherheiten zu absorbieren, sei permanente Managementaufgabe, die zumeist durch die Bearbeitung nur einer Seite der Paradoxie vollzogen wird – bis die andere Seite sich gebieterisch Aufmerksamkeit verschafft.

Aus der Fülle der neuen Konzepte sollen abschließend die der Lernenden Organisation und des Modularen Unternehmens herausgegriffen werden. Das virtuelle Unternehmen ist ein Netzwerk und wird daher im nächsten Kapitel abgehandelt.

Lernende Organisation

In der Unternehmensberatung spielte lange Zeit das Konzept der *Organisationsentwicklung* (OE) eine wichtige Rolle. Sein Grundgedanke ist die Herbeiführung eines konkreten Organisationswandels in Struktur und Verhalten, mit dem Ziel der Erhöhung von Zufriedenheit, Motivation und Effizienz. Durch Intervention von für diese Aufgabe qualifizierten Spezialisten (OE-Berater, *change agent*) soll der Wandel von den zu beteiligenden Organisationsmitgliedern als aktiver und längerfristig angelegter Gestaltungsprozess vollzogen werden (Kieser 1993: 113-123; Schreyögg 1998: 497-532). Die Hauptkritikpunkte gegen dieses Konzept: Abgesehen davon, dass ihm die theoretischen Grundlagen fehlen, wird hier der organisationale Wandel als Sonderfall begriffen und in die Hände von Spezialisten gelegt (Organisation als Patient).

Das Konzept der lernenden Organisation stellt demgegenüber eine Weiterentwicklung dar, weil es den Organisationswandel auf Dauer anstrebt. Demzufolge sind Organisationen Wissenssysteme mit impliziten und expliziten Wissensbestandteilen.»In die Wissensbasis fließen alle die Erfahrungen, Grundsätze usw. ein, die in einem System im Zuge der Auseinandersetzung mit seiner Umwelt gelernt werden.« (Schreyögg 1998: 550) Durch organisationales Lernen wird neues Wissen generiert, das eine Umstrukturierung der Wissensbasis zur Folge hat.

Wilkesmann (1999) differenziert zwischen kollektivem und Problemlösungslernen und spricht von der»Inszenierung« organisationaler Lernprozesse: Die bestehende Wissensbasis wird durch wahrgenommene Widersprüche, Dilemmata und Konflikte infrage gestellt und löst dadurch einen interaktiven Prozess konsensualer Suche nach einer Lösung aus. Werden auf diese Weise Lösungen gefunden, handelt es sich um Problemlösungslernen, werden Entscheidungen über Lösungswege durch Mehrheit oder Vorgesetzte getroffen, handelt es sich um»einfaches kollektives Lernen«. Für das Problemlösungslernen muss die Organisationsstruktur Freiräume für Innovationen lassen, die durch Projektgruppen und interne Netzwerke nach dem Modell der»überlappenden Gruppen« (zuerst Likert 1961) geschaffen werden können.

Relevant für die Organisationspraxis ist, dass das Konzept der lernenden Organisation die Veränderung, den Wandel und nicht das harmonische Gleichgewicht betont. Dadurch erfahren Begriffe wie Innovationslernen, Weiterentwicklung der Kernkompetenzen, Wissensmanagement eine positive Aufladung. Diese Effekte hebt auch Kühl (2000) hervor, der ansonsten mit großer Skepsis und empirischen Belegen die Grenzen des geplanten Organisationswandels aufzeigt, ohne indes das

Kind mit dem Bade auszuschütten. Das Konzept der lernenden Organisation habe die latente Funktion, die Organisationsmitglieder zu motivieren, »sich vom Status quo zu trennen und auf das Abenteuer der Veränderung einzulassen« (Kühl 2000: 183) – nach dem Motto: »Planung heißt bei uns, den Zufall durch den Irrtum zu ersetzen« (ebd.: 188).

Modulares Unternehmen

Unter Modularisierung versteht man eine Restruktuierung der Unternehmensorganisation auf der Grundlage »integrierter, kundenorientierter Prozesse in relativ kleine, überschaubare Einheiten (Module)« (Picot u.a. 1996: 201), denen im Rahmen nicht hierarchischer Koordinationsformen dezentrale Entscheidungskompetenz und Eigenverantwortung zugebilligt wird (ebd.). Empirische Beispiele für diese Organisationsstruktur finden sich in der Literatur eher für einzelne Komponenten und Komponentengruppen (z.b. in den Unternehmensgruppen von ABB und Canon) als für das vollständige Modell.

Dieses umfasst drei Ebenen: die des Unternehmens, die der Abteilungen beziehungsweise Prozessketten und die der Arbeitsorganisation. Auf der Unternehmensebene steht die Bildung von rechtlich selbstständigen *Profit-Centern* im Mittelpunkt; sie werden auf einer höheren Modularierungsebene nach unterschiedlichen Kriterien (z.b. Geschäftsbereiche, Produktgruppen, Regionen, Kernkompetenzen) zusammengefasst. Die Spitze bildet eine kleine, koordinierende Zentralinstanz, die Querschnittaufgaben (Globalstrategie, Allokation der Finanzmittel, Rechnungswesen, Controlling) übernimmt. Zumindest die obere Unternehmensebene entspricht einer typischen Matrixorganisation. Auf der Ebene der Prozessketten geht es um die funktions- und abteilungsübergreifende Prozessorientierung nach dem Muster der Ablauforganisation mit Kunden-Lieferanten-Beziehungen im Unternehmen. Modularisierung auf der Ebene der Arbeitsorganisation heißt im Wesentlichen teilautonome Gruppenarbeit und Inselfertigung.

Effizienzgewinne ergeben sich aus dieser Organisationstruktur durch die größere Marktnähe mit schnelleren und flexibleren Reaktionen auf Wünsche von Kunden und Aktivitäten von Konkurrenten. Die Kehrseite ist ein nicht unerhebliches Konfliktpotenzial, das die unterschiedlichen, sich teilweise widersprechenden Organisationsprizipien bergen. Partikulare Interessen können sich gegenüber dem unternehmerischen Gesamtinteresse leichter verselbstständigen. Interne Konflikte können entstehen zwischen zentralen und dezentralen Modulen, an den Schnittstellen zwischen Modulen, zwischen im Benchmarking-Wettbewerb stehenden *Profit-Centern*. Die Komplexität des modularen Unternehmens erfordert einen erhöhten Aufwand für Koordination und Synchronisation der Einheiten auf den verschiedenen Ebenen. Als probate Lösung für derartige Konflikte steht das »Modell der multiplen Überlappungsstruktur« (Likert 1961 nach Steinmann/Schreyögg 1997: 421) zur Verfügung, das die modularen Einheiten der verschiedenen Ebenen miteinander verkettet durch vertikal überlappende Gruppen, horizontal überlappende Querschnittgruppen und lateral überlappende Projektgruppen (ebd.). Freilich erfährt die Organisationsstruktur damit eine weitere Komplexitätssteigerung.

In einem vorläufigen Resümee können Arbeits- wie Unternehmensorganisation als gesellschaftsevolutionäre Institutionen zur Bewältigung komplexer Aufgaben bei der Erzeugung von Gütern und Dienstleistungen in modernen Gesellschaften begriffen werden. Dass diese Entwicklung – ob nun historisch kontingent oder zwingend – unter industriekapitalistischen Vorzeichen vonstatten ging, hat ihr das Signum von Exploitation und Herrschaft aufgeprägt. Das bestimmte letztlich ihre Geschichte und Dynamik vom frühen Fabrikdespotismus über die tayloristische »Misstrauensorganisation« zur mitbestimmten Unternehmung und schließlich zur flexibel-partizipativen »Vertrauensorganisation«. Die immer weiter vorangetriebene Differenzierung der Arbeitsteilung ermöglichte die Fertigung immer komplexerer Produkte und Dienstleistungen bei gleichzeitig steigender Arbeitsproduktivität, machte aber die Koordination der Teilaufgaben und die Integration der partikularen Interessen zu einer immer prekäreren Steuerungsaufgabe, die sich heute im neudeutschen Losungswort *Governance* durchdringend zu Gehör bringt. Unternehmen zu steuern, ist zu einer Sisyphos-Aufgabe geworden (Kühl 2002). Der zyklische Wechsel zwischen Zentralisierung, Dezentralisierung und Rezentralisierung von Entscheidungen ebenso wie der Pendelschlag zwischen Diversifizierung der Geschäftsbereiche und Konzentration aufs Kerngeschäft markiert die Bahnen, die »Sisyphos im Management« durchläuft.

Fragen

1. Welche Faktoren erschweren die Zielbestimmung in Unternehmen? Skizzieren Sie die Problemkonstellation und die theoretischen Lösungsvorschläge!
2. Wie lässt sich die Verwaltung von der Arbeitsorganisation nach den Kriterien »Aufgaben« und »Personal« abgrenzen und worin sehen Sie die wichtigsten Verwaltungsprinzipien?
3. Welches sind die analytischen Konstruktionskriterien für die Aufbau- und Ablauforganisation? In welchem Verhältnis stehen beide zueinander?
4. Erläutern Sie die sechs Strukturmodelle von Unternehmensorganisationen! Nach welchen Kriterien lassen sie sich in zwei Gruppen zusammenfassen?
5. Beschreiben Sie die deutsche Unternehmens- und Betriebsverfassung in Grundzügen und nennen Sie die wichtigsten europäischen Mitbestimmungsregelungen!
6. In welche Richtung gehen die neueren Entwicklungen der Reorganisation von Unternehmen?

Kapitel 4

Unternehmensnetzwerk

4.1   Begriff, Ziele und Genese

Der Begriff soziales Netzwerk wird seit den 1950er Jahren im sozialwissenschaftlichen Sprachgebrauch für ein *soziales Beziehungsgeflecht* zwischen Personen und Gruppen verwandt; er geht zurück auf eine Untersuchung des britischen Sozialanthropologen Barnes (1954) in einer norwegischen Gemeinde. Aber erst in den letzten anderthalb bis zwei Jahrzehnten erfuhr der Begriff eine terminologische Konjunktur, die seinen semantischen Gehalt diffus aufblähte (Windeler 2001: 16f.). Zuerst war der Beobachtungsfokus auf persönliche Netzwerke der Freundschaft, Nachbarschaft, Geselligkeit und dergleichen gerichtet. Für diesen Sachverhalt hatte schon Georg Simmel (1858–1918) in seiner *formalen Soziologie* Begriffe wie »Wechselwirkung« oder »soziale Kreise« benutzt (Simmel 1908). Später richtete sich die Aufmerksamkeit auf Machtbeziehungen in kommunalen Netzwerken (Pappi/Perner 1981), bevor sie sich auf »Wertschöpfungsketten« und Netzwerke von Unternehmen (Bechtle 1994; Sydow 1992) konzentrierte. Daneben entstand etwa zeitgleich eine politikwissenschaftliche Forschungsrichtung, die sich den Netzwerkbegriff für Politikfeld-Analysen, vertikale und horizontale Politikverflechtungen sowie für politische Steuerungsprobleme nutzbar machte (Mayntz 1993; Scharpf 1993). Gemeinsam ist allen diesen Ansätzen und Sichtweisen die Perspektive aufs *Relationale*, auf das »Dazwischen« von Personen, Gruppen und/oder Organisationen. Der Begriff des sozialen Netzwerks umfasst folglich sehr verschiedenartige Sozialgebilde. Aus sozialwissenschaftlicher Sicht können zunächst *interpersonale* und *interorganisationale* Netzwerke unterschieden werden; letztere stellen Organisationen höherer Ordnung dar. Des Weiteren spricht man von horizontalen, vertikalen und regionalen, von strategischen, regulativen und politischen Netzwerken (siehe Abschnitt 4.3). Die Knoten von Netzwerken können sowohl Personen, Gruppen oder Organisationen repräsentieren; die Verbindungen zwischen den Knoten stellen die sozialen Beziehungen zwischen den beteiligten Akteuren dar.

Unternehmens- (bzw. Unternehmungs-) Netzwerke, mit denen wir uns hier vornehmlich befassen wollen, gehören zur Klasse der interorganisationalen Netzwerke. In erster Annäherung kann ein Unternehmensnetzwerk als eine Form relativ dauerhafter Geschäftsbeziehungen zwischen mindestens drei rechtlich selbstständigen Unternehmen begriffen werden, in denen »der Austausch von Gütern, Dienstleistungen, Personal, Geld, Informationen, normativen Vorstellungen und vielem mehr erfolgt« (Windeler 2001: 34). Über die Bildung von Netzwerken können Unternehmen ihre Ressourcen bündeln sowie ihre Kapazitäten und ihr Leistungsspektrum erweitern. Sie bleiben dabei zwar formal unabhängig, geraten aber in eine funktionale Interdependenz.

Als dominante ökonomische Ziele von Unternehmensnetzwerken werden in der Forschungsliteratur (vgl. zusammenfassend Hirsch-Kreinsen 2002: 100ff.) die Folgenden genannt:

- Unternehmensnetzwerke sind »organisatorisches Mittel für einen Rationalisierungszugriff auf die gesamte Wert- und Produktionskette« (ebd.: 110) durch die Nutzung neuer Potenziale zur Kostensenkung und Produktivitätssteigerung. Die Industriesoziologie hat hierfür den Begriff der »systemischen Rationalisierung« geprägt (Bechtle 1994; Sauer/Döhl 1994).
- Unternehmensnetzwerke dienen der Bewältigung des technologischen Wandels mit seinen hohen Unsicherheiten und Risiken sowie

der Verkürzung von Innovationszeiten. Die auch als »Innovations-netzwerke« bezeichneten organisatorischen Arrangements sollen den Zugang zu neuem Wissen und Technologiefeldern erleichtern.

• Unternehmensnetzwerke sollen schließlich der Sicherung und Aus-weitung der Absatzmärkte sowie der Erschließung neuer Marktseg-mente dienen.

Zentrale Triebkaft und gemeinsamer Nenner sind letztlich die *zuneh-mende Wissensbasierung* der Produktion (Teubner 2001: 556), für die Transaktionsformen, wie sie traditionell für Güter und Dienstleistungen üblich waren, nicht mehr adäquat sind.

»Die Verbreitung nicht marktfähigen Wissens baut stärker auf langfristigen interper-sonalen Kooperationsbeziehungen auf und weniger – wie Produktion und Vertrieb materieller Güter – auf separaten unpersönlichen Tauschakten. Dadurch werden Wirtschaftsunternehmen geradezu gedrängt, sich als netzwerkartige Arrangements neu zu organisieren, in denen vertrauensbasierte Kooperation als Grundlage ständiger Diskussionen, langfristiger Informationsbeziehungen, rekursiver Neuinterpretationen von Ereignissen und kollektiver Konstruktionen von Wissen aufgebaut wird. (...) Doch kann eine auf Dauer angelegte Organisation das erforderliche Wissen, das auf dem Markt weit verstreut vorhanden ist, nicht eigens entwickeln und kultivieren. Also sind – jenseits von Markt und Organisation – flexiblere dezentrale Ausgestal-tungen gefragt, die den Markt auf Informationsquellen hin durchsuchen und diese in Kooperationsverhältnissen zusammenbinden.« (ebd.)

Das analytische Interesse an Unternehmensnetzwerken richtet sich pri-mär auf den Modus (auch: *Governance*) der wirtschaftlichen Austausch-beziehungen zwischen Unternehmen oder, anders gesagt, auf die Art der zwischenbetrieblichen Kooperation. Wie schon in Kapitel 3 ausgeführt, kennt die (institutionen-)ökonomische Theorie zwei Organisationsfor-men für die Koordination wirtschaftlicher Transaktionen: erstens den über Preiswettbewerb vermittelten *Tausch* am Markt und zweitens die hierarchische *Anweisung* im Unternehmen. Mit dem Unternehmens-netzwerk wird nun eine dritte Organisationsform ins Spiel gebracht, in der – bezüglich der Austauschbeziehungen – »mehr als nur zwei Par-teien enger als im marktförmigen Tausch und lockerer als in hierarchi-scher Transaktion miteinander verbunden sind« (Semlinger 1993: 347). Die Betonung liegt auf der losen Kopplung rechtlich unabhängiger Ak-teure, die auch als »Stärke schwacher Bindungen« (Granovetter 1973) angesehen wird. Von den einen als eine neuartige Kombination (Hybrid-oder Mischform) von Elementen marktlicher und hierarchischer Koordination, von den anderen als eine qualitativ neue, »emergente« Organisationsform gedeutet, gilt die *Kooperation* und/oder die *Verhandlung* anstelle von Tausch und Anweisung als ihr spezifischer Austauschmodus. Betont wird von vielen Autoren, dass die Kooperations- beziehungsweise Verhandlungsbeziehungen im Netzwerk auf Vertrauen beziehungsweise Verlässlichkeit sowie einem neuen Vertragstypus basieren, mit dem nicht nur die Transaktion vereinbarter Leistungen zu bestimmten Qualitäten, Mengen und Preisen, sondern auch die Art der Netzwerkbeziehungen selbst geregelt wird (Williamson spricht von neoklassischen Verträgen, siehe Abschnitt 4.2).

Die Genese von Unternehmensnetzwerken wird gewöhnlich mit der Quasi-Internalisierung oder Quasi-Externalisierung einer oder mehrerer Unternehmensfunktionen beschrieben (Sydow 1992: 105ff.). Wird eine vom Unternehmen bisher wahrgenommene Funktion (z.b. Aufgabenbereich, Abteilung, Serviceleistung) zwecks Verringerung seiner Leistungstiefe oder Leistungsbreite auf eine neue selbstständige Einheit übertragen beziehungsweise ausgelagert (*Outsourcing*) und gleichzeitig eine über bloße Marktbeziehungen hinausgehende Kooperation, zum Beispiel durch spezifische Lieferverträge, sichergestellt, dann haben wir es mit einer *begrenzten* Funktionsexternalisierung zu tun. Wenn umgekehrt ein Unternehmen bisher über den Markt bezogene Leistungen etwa durch zwischenbetriebliche Kooperationsverträge dauerhaft absichert, dann handelt es sich um eine *begrenzte* Funktionsinternalisierung. Im ersten Fall spricht Teubner (1996: 546ff.) von *Organisations*netzwerk, im zweiten von *Markt*netzwerk. Es ist die jeweilige Begrenzung der Externalisierung beziehungsweise Internalisierung von Funktionen, die für das Unternehmensnetzwerk konstitutiv ist, also die Vernetzung von Geschäftsbeziehungen statt ihrer Vermarktlichung oder, umgekehrt, statt ihrer Integration in ein Unternehmen. Es handelt sich, mit anderen Worten, einmal um den Einbau von Marktelementen in die Organisation, ein andermal um den Einbau von Organisationselementen in die Marktbeziehungen.

Häufig angeführte Beispiele für Unternehmensnetzwerke sind neben strategischen Allianzen und Zulieferungsnetzwerken die sogenannten

Franchising-Systeme und Industriedistrikte (siehe zu diesen und weiteren Formen Abschnitt 4.3).

4.2 Zum theoretischen Status

Für das interorganisationale Netzwerk als eine spezifische Organisations- beziehungsweise Koordinationsform ökonomischer Aktivitäten bieten die Wirtschafts- und Sozialwissenschaften unterschiedliche theoretische Erklärungen an. Da sie jeweils verschiedene Aspekte hervorheben, ergänzen sie sich in ihrem Informationsgehalt. Im Folgenden referieren wir fünf einflussreiche Ansätze.

(1) Die Transaktionskostentheorie hat der Organisationsforschung im Besonderen den Blick auf Unternehmensnetzwerke als eine Organisationsform sui generis eröffnet. Diese Theorie konzipiert das Unternehmensnetzwerk als einen zu Markt und Hierarchie funktional alternativen Koordinationsmechanismus ökonomischen Leistungstausches (Transaktion). Während die klassischen Vertragsbeziehungen des Marktes einzelne Tauschakte zwischen autonomen Akteuren ad hoc regeln und die relationalen Vertragsbeziehungen im Unternehmen den Leistungstausch zwischen Organisationsmitgliedern hierarchisch strukturieren, beruhen die Akteursbeziehungen im Netzwerk weder auf einer Ad-hoc-Basis noch sind sie hierarchisch ausgerichtet, sondern sie sind von langfristigem, dezentralem und kooperativem Charakter.

Als eine neuartige Kombination von Merkmalen des Marktes und der Hierarchie charakterisiert sie der führende Transaktionskostentheoretiker, Oliver Williamson. Er geht von »drei Basisformen ökonomischer Organisation« (1996: 167) aus, die sich im Wettbewerb alternativer Institutionen bewähren müssen, da die jeweiligen Akteure sie unter Gesichtspunkten der Transaktionskosteneinsparung wählen können. Neben den uns bereits bekannten Formen Markt und Hierarchie ist dies die Hybridform des Netzwerks. Auf einer gleitenden Skala positioniert Williamson das Netzwerk zwischen Markt und Organisation/Hierarchie. Es bietet sich dann als die effizientere Organisationsform an, wenn die

Partner an *langfristiger* Aufrechterhaltung *spezifischer* Transaktionsbeziehungen interessiert sind und einen Wertverlust ihrer Investitionen in
die Kooperation anders nicht vermeiden können. Weder *klassische* Verträge am Markt noch *relationale* Verträge in der Organisation sind für
diese lose Kooperationsform angemessen. Fällt die konkurrenzbedingte
Disziplin der Marktkontrolle zur Eindämmung des Opportunismus aus
und sind die Transaktionskosten eines Überwachungssystems im Rahmen einer voll integrierten Organisation zu hoch, dann bieten sich für
das interdependente Beziehungsgefüge *neoklassische* Verträge an. Diese
sind (z.B. als Franchising-, Lizenz-, Liefer-, Leasingverträge) zwar
zeitlich befristet, werden aber für einen längeren Zeitraum abgeschlossen. Sie lassen den Vertragspartnern einen gewissen Spielraum bei der
Vertragserfüllung und enthalten oftmals Anpassungs- und Sicherungs-
klauseln sowie Konfliktregelungsmechanismen (z.B. die Einrichtung
und Anrufung von Schiedsgerichten).

Obwohl die Transaktionskostentheorie das Augenmerk der Organisationsforschung ganz entscheidend auf Unternehmensnetzwerke gerichtet hat, tut sie sich ausgesprochen schwer damit, die in der Manage-
mentpraxis vielfältig vorzufindenden hybriden Arrangements gerade
auch bei hochspezifischen Investitionen in die Etablierung und Aufrechterhaltung von Transaktionsbeziehungen zu erklären. Zu diesem
Zweck wird die Transaktionskostentheorie in jüngerer Zeit um Konzepte
wie Vertrauen und Selbstverpflichtung erweitert (Sydow 2001: 258ff.).

(2) Die *neoinstitutionalistische Theorie* (Powell 1991; 1996) begreift das
Unternehmensnetzwerk nicht als Zwitterform *zwischen* Markt und Organisation, sondern als eigenständige »ökonomische Austauschform«
jenseits von Markt und Organisation. Werden die Akteursbeziehungen
am Markt als unabhängig und im Unternehmen als abhängig klassifiziert, so im Netzwerk als *interdependent*. Es handelt sich hierbei um
dauerhafte und repetitive Austauschbeziehungen, die auf der Basis ge-
genseitiger Vorteile beruhen. »In netzwerkartigen Formen der Ressour-
cenallokation finden Transaktionen weder durch diskrete Tauschpro-
zesse noch durch administrative Anweisungen statt, sondern (…) in
wechselseitigen, sich gegenseitig bevorzugenden und unterstützenden
Handlungszusammenhängen (…). Eine grundlegende Annahme bei

Netzwerkbeziehungen ist, dass einzelne Parteien von den Ressourcen der anderen abhängig sind, und dass durch die Kombination der Ressourcen Vorteile erzielt werden können.« (Powell 1996: 224) Eingebettet in einem sozialen Kontext von Beziehungen, Ansehen und gegenseitigen Interessen, sind Netzwerke »leichtfüßiger als Hierarchien« (ebd.: 234); ihre Eckpfeiler sind Komplementarität und Vertrauen. Für netzwerkförmige Interaktionen sind langfristige Verpflichtungen typisch, Sanktionen nehmen eher den Charakter normativer als rechtlicher Formen an. Vertreter des soziologischen Neo-Institutionalismus schreiben dem Unternehmensnetzwerk überdies eine zentrale Rolle zu im Prozess der Übernahme beziehungsweise der Angleichung (Isomorphie) von Organisationsformen, die als effizient gelten, unabhängig davon, ob sie es objektiv betrachtet auch sind.

(3) In der Luhmannschen *Systemtheorie* hat der Begriff des Netzwerkes noch keinen systematischen Platz; gleichwohl haben Systemtheoretiker, die in seiner Tradition stehen, sich mit diesem Phänomen auseinandergesetzt. Von den einen werden Netzwerke als »strukturelle Kopplung zwischen Organisationen« begriffen (Kämper/Schmidt 2000). Diese Begriffsbestimmung ermöglicht eine Integration in die Systemtheorie, ohne Luhmanns grundlegende Trias sozialer Systeme (Interaktion, Organisation, Gesellschaft) um einen weiteren Strukturtypus erweitern zu müssen. Von anderen wird das Netzwerk als ein »Emergenzphänomen« betrachtet (Teubner 1996). Gemeint ist mit diesem Begriff das Auftreten von qualitativ Neuem im Evolutionsprozess. Gemäß der Theorie der Selbstorganisation (*Autopoiesis*) entstehen emergente Gebilde durch »selbstreferenziell-systemische Neugruppierung gegebenen Materials« (ebd.: 537). Unternehmensnetzwerke emergieren auf der Basis von Organisationen und Märkten beziehungsweise Verträgen (dem »gegebenen Material«). Sie halten am institutionellen Arrangement der Organisation und des Vertrages fest, institutionalisieren jedoch gleichzeitig das jeweilige Gegenprinzip. Netzwerke sind somit keine bloße Zwischenform, sondern eine »Steigerungsform besonderer Art« (ebd.: 540). Sie sind »symbiotische Kontrakte«, eine »vom klassischen Vertrag deutlich geschiedene ›dritte Organisationsstruktur‹« (ebd.). Das Resultat der Steigerung gegenläufiger Prinzipien ist eine Doppelorientierung des Handelns

im Unternehmensnetzwerk. Mit Blick auf das Franchising-System konstatiert Teubner:»Wirtschaftlich betrachtet werden alle Transaktionen gleichzeitig auf den Profit des Netzwerks und den Profit des individuellen Akteurs ausgerichtet« (ebd.: 545).

Im Gegensatz zu Williamson betrachtet Teubner Verträge nicht als Ausdruck einfachen interaktiven Austausches noch als bloße Vorformen von Organisationen, sondern ordnet sie einem anderen Handlungstypus zu, dem Tausch, im Unterschied zur Kooperation in der Organisation. »Organisationen sind Formalisierung von sozialen Kooperationsbeziehungen – Verträge sind Formalisierung von sozialen Tauschbeziehungen.« (ebd.: 541) Daher lautet die Schlussfolgerung für Operationen des Netzwerks, dass sie uno actu sowohl den Vertrags- wie den Organisationsbezug herstellen oder, anders gesagt:»Verträge nehmen organisatorische Elemente in sich auf und Organisationen werden mit marktlichen Elementen durchsetzt« (ebd.: 544). Wie bereits erwähnt, differenziert Teubner nach ihrer Genese beziehungsweise»Ausgangsunterscheidung« zwischen *Markt*netzwerken und *Organisations*netzwerken. Von der Organisation her gedacht, werden lange Hierarchieketten durch organisationsinterne Märkte (z. B. *Profit-Center*) abgelöst. Vom Markt her gedacht, werden rein vertragliche Arrangements durch den Einbau von hierarchischen Elementen gegen opportunistisches Verhalten abgesichert, der Vertragsnexus zugleich als formale Organisation aufgebaut. In einem späteren Aufsatz spricht Teubner (2001) von zwei Grundtypen »hybrider Netzwerke«, die nicht auf der gleichen Ebene kombiniert werden:»Vielmehr stellen sie ein primäres Verhältnis entweder vertraglichen oder korporativen Charakters her und rekonstruieren innerhalb dessen ein sekundäres Verhältnis (*re-entry*). Demnach dominiert die interne Logik des Primärverhältnisses als Rahmen und zwingt das Sekundärverhältnis zur Anpassung.« (2001: 565).

Teubner betont darüber hinaus die kollektive Handlungsfähigkeit von Netzwerken, ja charakterisiert Netzwerke als korporative»Akteure höherer Ordnung«. Handlungen werden über eine Vielzahl von Knotenpunkten (teilautonome Vertragspartner) vollzogen, die jeweils für sich und für die Vertragseinheit, das Netzwerk, operieren. Mit der Metapher der»vielköpfigen Hydra« beschreibt er das Netz selbst als»Kollektivakteur, dessen Handlungen nicht in einem ›Knoten‹, sondern in sämtlichen ›Knoten‹ vollzogen werden« (1996: 553).

(4) Die von Anthony Giddens' allgemeiner Sozialtheorie inspirierte *strukturationstheoretische Netzwerkperspektive* (Windeler 2001) verdankt sich einer originellen Erweiterung der Strukturationstheorie, die auf individuelle Akteure und gesellschaftliche Totalitäten ausgerichtet ist. Sozialsysteme wie Organisationen und interorganisationale Netzwerke haben eine Leerstelle in Giddens' Theorie. Diese füllt Windeler mit der Klassifizierung von Unternehmensnetzwerken als spezifische soziale Systeme. Seine umfangreiche Abhandlung über »Unternehmungsnetzwerke« intendiert, »zur Grundlegung einer System-, Organisations- und Netzwerktheorie auf strukturationstheoretischer Basis beizutragen, auch wenn der Schwerpunkt auf Unternehmungsnetzwerken als besonderem Typus sozialer Systeme ruht« (Windeler 2001: 203). Als Grundelemente sozialer Systeme gelten soziale Interaktionen und Beziehungen – spezifiziert für Unternehmungsnetzwerke: Geschäftsinteraktionen und -beziehungen –, die rekursiv in Raum und Zeit koordiniert werden. Analog zum Giddens'schen Schichtenmodell reflexiven Handelns entwirft Windeler ein Schichtenmodell reflexiver Netzwerk(re)produktion mit den fen reflexives Systemmonitoring (Überwachung, Kontrolle und Steuerung), Systemrationalisierung (diskursive Artikulation) und Systemmotivation (treibende Kräfte: Gesamtpläne, Projekte, Programme) (ebd.: 214f.). Er hebt vier besondere Merkmale des strukturationstheoretischen Netzwerkbegriffs hervor (ebd.: 237ff.):

- Unternehmungsnetzwerke sind ein eigenständiger Typus sozialer Systeme in der Ökonomie.
- Sie werden über die Qualifizierung des Beziehungszusammenhangs und nicht über Qualitäten einzelner (dyadischer) Beziehungen definiert.
- Ihr Grad kollektiver Handlungsfähigkeit ist variabel und nicht immer hinreichend ausgebildet.
- Ihre (Re-)Produktion ist Medium und Resultat der Aktivitäten kompetenter Akteure, die Unternehmungsnetzwerke unter rekursivem

Bezug auf organisationale Felder[22] und gesellschaftsweite Institutionensets hervorbringen.

Zusammengefasst sind Unternehmungsnetzwerke demnach dauerhafte und verlässliche Beziehungszusammenhänge zwischen mehr als zwei Unternehmungen; sie sind keine Hybridformen zwischen Markt und Organisation, sondern können beide *Governance*formen (im Sinne Teubners: als *re-entry*) neu kombinieren; ihre Koordination ist ohne einheitliche Leitung und kann sowohl auf Macht und Herrschaft wie auf Vertrauen basieren; ihre kollektive Handlungsfähigkeit ist hoch variabel; sie dienen der Erweiterung des strategischen Repertoires ökonomischer Koordination.

(5) Schließlich finden wir im (politikwissenschaftlichen) Ansatz des *akteurzentrierten Institutionalismus* (Mayntz 1993; Mayntz/Scharpf 1995) eine theoretische Position, die sich nicht mit Unternehmensnetzwerken, sondern mit Policy-Netzwerken (engl. *policy*: Politikbereich) befasst. Verstanden werden diese als integrierte Steuerungskomplexe und Verhandlungssysteme unter Beteiligung einer Vielzahl unterschiedlicher Organisationen und Institutionen. »Das Konzept der Policy-Netzwerke signalisiert (...) eine tatsächliche Veränderung in den politischen Entscheidungsstrukturen. Anstatt von einer zentralen Autorität hervorgebracht zu werden, sei dies die Regierung oder die gesetzgebende Gewalt, entsteht Politik heute oft in einem Prozess, in den eine Vielzahl von sowohl öffentlichen als auch privaten Organisationen eingebunden sind.« (Mayntz 1993: 40) Als ein wichtiger Grund für diese Veränderung wird die wachsende Verbreitung formaler Organisationen mit eigener Machtbasis angegeben. Der Staat hat es nicht mehr mit einer amorphen Öffentlichkeit zu tun, sondern mit korporativen Akteuren, die er am politischen Prozess beteiligen muss, weil nur auf diesem Wege konsensuelle und effektive politische Lösungen erzielbar sind. Policy-

---

22 Ein »organisationales Feld« besteht aus Organisationen, »die sich wechselseitig in ihrem Verhalten in Betracht ziehen«, umfasst also nicht nur die Organisationen, die im selben, durch ähnliche Dienstleistungen und Produkte definierten Handlungsfeld agieren, sondern auch diejenigen, »die deren Performanz kritisch beeinflussen: zum Beispiel Zulieferer, Kunden und vor allem staatliche Regulatoren« (Windeler 2001: 58).

Netzwerke erweitern die kollektive Handlungsfähigkeit komplexer Gesellschaften durch die Inanspruchnahme nicht etatistischer Handlungspotenziale. Sie bestehen in der Regel aus einer beschränkten Zahl autonomer und strategiefähiger Akteure, die ein gemeinsames Ergebnis anstreben, das am ehesten durch Verhandlungen realisiert werden kann. Die pluralen Akteurskonstellationen erleichtern Koalitionsbildungen und erschweren Machtballungen und Hierarchisierungstendenzen. Die für Policy-Netzwerke charakteristische Verhandlungslogik richtet sich entweder auf einen Interessenausgleich (negative Koordination) oder eine sachadäquate Problemlösung (positive Koordination) (ebd.: 47f.). Insbesondere wenn die beteiligten Akteure zugleich Betroffene sind, werden ihre gemeinsamen Entscheidungen im Spannungsfeld von Partialinteressen und Gemeinwohlorientierung getroffen.

4.3 Formen der Netzwerkorganisation und Netzwerkregulation

Wir wollen uns nun den verschiedenen Erscheinungsformen von Unternehmensnetzwerken zuwenden. Netzwerke und netzwerkartige Arrangements können nach verschiedenen Dimensionen beschrieben werden. Einige der häufig genannten sind die Folgenden:

(a) Umfang des Netzwerkes: Die Anzahl der am Netzwerk beteiligten Unternehmen kann – soweit es sich nicht um informelle Formen handelt – durch die vertragliche Mitgliedschaft festgestellt werden.

(b) Räumliche Distanz: Dieses Kriterium spielt insbesondere bei hoher Transportempfindlichkeit, leichter Verderblichkeit der Austauschgüter und der Notwendigkeit häufiger persönlicher Kontakte eine wichtige Rolle.

(c) Zeitlicher Faktor: Neben den auf langfristige Kooperation angelegten Netzwerken gibt es auch zeitlich befristete, z.B. Projektnetzwerke, Arbeitsgemeinschaften.

(d) Struktur der Eigentumsverhältnisse: Hierbei interessieren Ausmaß und Struktur der Kapitalverflechtung zwischen den Netzwerkunternehmen. Aber nur wenn die rechtliche Selbstständigkeit der Unternehmen gewahrt bleibt und keine einheitliche Leitung ausgeübt wird, handelt es sich um ein Unternehmensnetzwerk (über den Sonderfall Konzern siehe weiter unten).

(e) Verteilung des Kooperationserfolges: Der Verteilerschlüssel ist nur teilweise abhängig von den Eigentumsverhältnissen (z.B. spielen diese in Franchisingnetzwerken eine geringe Rolle), er lässt Rückschlüsse auf die Machtverhältnisse in Netzwerken zu.

(f) Bereiche der Zusammenarbeit: Die Kooperation kann sich z.B. auf die Produktion, den Vertrieb oder die Forschung und Entwicklung erstrecken.

Ein anderes grundlegendes Merkmal von Netzwerken ist ihr Modus der Regulation beziehungsweise Koordination. Windeler (2001) bezeichnet *Hierarchie* und *Heterarchie* als die beiden Grundformen der Netzwerkregulation. Bei hierarchischer Regulation (Netzwerk mit fokalem Unternehmen) übernimmt ein von den Netzwerkunternehmen akzeptierter Netzwerkkoordinator maßgeblich und relativ dauerhaft die Koordinationsaufgaben, ohne damit eine *einheitliche* Leitung der wirtschaftlichen Angelegenheiten zu übernehmen. Typische Beispiele hierfür sind Franchisingnetzwerke, Zulieferungsnetzwerke in der Automobilproduktion, Produktions- und Distributionsnetzwerke von Handelshäusern wie Benetton oder Ikea (weitere Beispiele in Windeler 2001: 45ff.). Heterarchische Regulation (polyzentrisches Netzwerk) liegt hingegen vor, wenn mehrere oder wechselnde Akteure, auch Gremien oder Komitees, die Funktion des Netzwerkkoordinators übernehmen. Typische Beispiele sind Netzwerke kleiner und mittlerer Unternehmen. Eine kollegiale Führung ist charakteristisch für strategische Allianzen (siehe dazu weiter unten).

In der Forschungsliteratur findet man ein breites Spektrum an Typen von Unternehmensnetzwerken und – da die Grenzlinien von den jeweiligen Autoren unterschiedlich gezogen werden, müssen wir hinzufügen – von netzwerkartigen Arrangements. Nachfolgend werden die wichtigsten Typen kurz beschrieben. Es sind dies der Konzern, die strategische Allianz, Joint Venture, das Zulieferungsnetzwerk, das Franchising-System, das Projektnetzwerk, die virtuelle Unternehmung sowie das regionale Netzwerk beziehungsweise der industrielle Distrikt. Ergänzend dazu wollen wir noch auf das Policy-Netzwerk hinweisen.

Konzern

Ob ein Konzern ein Unternehmensnetzwerk darstellt, wird kontrovers diskutiert. So wie ein Unternehmen aus einem Ensemble von Arbeitsorganisationen besteht, so bildet ein Konzern ein Ensemble von Unternehmensorganisationen. Nach vorherrschender Definition besteht ein Konzern aus rechtlich selbstständigen, aber wirtschaftlich abhängigen Unternehmen unter der einheitlichen Leitung eines Unternehmens (bzw. einer Holding) als der Konzernspitze (Rürup 1995: 151). Diese Formaldefinition grenzt den Konzern vom Netzwerk ab, zu dessen Merkmalen ja die dezentrale Organisiertheit gehört. Indessen wird Einheitlichkeit der Leitung bei bestehender Abhängigkeit einfach angenommen (»Konzernvermutung«). Wirtschaftliche Abhängigkeit wiederum wird angenommen, wenn ein rechtlich selbstständiges Unternehmen über die Mehrheit der Anteile eines anderen Unternehmens verfügt. Allerdings zeigt die reale Praxis, dass ein Konzern die »einheitliche Leitung« zugunsten dezentraler Organisationsstrukturen aufgeben kann. In diesem Fall scheint es durchaus berechtigt, von einem »Organisationsnetzwerk« zu sprechen (Funder 1999: 50ff.), wenn auch aus betriebswirtschaftlicher Sicht starke Bedenken erhoben werden, die Unterscheidung von Konzern und Unternehmensnetzwerk aufzuheben (Sydow 1999: 8).

Strategische Allianz

Bei strategischen Allianzen beziehungsweise strategischen Partnerschaften handelt es sich um Formen der Unternehmenskooperation zwischen potenziellen Wettbewerbern zur Schaffung von (gemeinsamen) Wettbewerbsvorteilen, beispielsweise indem die eigenen Schwächen durch Zugriff auf Potenziale anderer Unternehmen kompensiert werden. So kooperieren beispielsweise innovative Kleinunternehmen mit kapitalstarken Großunternehmen, weil diese Zugang zum Weltmarkt haben. Es kooperieren aber auch Großunternehmen mit Großunternehmen (z.B. Daimler mit Mitsubishi). Strategische Allianzen sind horizontal strukturiert und vom Prinzip der Reziprozität geleitet; sie werden in der Regel durch Verträge abgesichert. Unternehmensnetzwerke sind sie insofern, als die Unternehmenskooperation der Unternehmenskonzentration durch Fusion oder Übernahme (z.b. DaimlerChrysler) vorgezogen wird.

Als ein instruktives Beispiel für strategische Allianzen schildert Sydow (2001) das für die Entwicklung, Produktion und Distribution des Kompaktautos *Smart* aufgebaute Netzwerk: Das Tochterunternehmen von DaimlerChrysler, Micro Compact Car (MCC), konnte die Fertigungstiefe (die bei den europäischen Autoherstellern bei über 30 Prozent liegt) auf 10 bis 12 Prozent reduzieren, unter anderem weil es sich von einem Dutzend Systempartner vorgefertigte Großmodule (z.b. komplette Achsen, voll funktionsfähige Türen) »just in time« ans Montageband liefern lässt. Zudem liefern Hightech-Dienstleister die erforderliche Logistik- und Informationstechnik. Die Systempartner, die sich teilweise in unmittelbarer Nähe des Montagewerks angesiedelt haben, übernehmen 70 Prozent der Entwicklungsaufgaben.

Joint Venture

Hierbei handelt es sich entweder um ein Gemeinschaftsunternehmen, das von mindestens zwei Unternehmen (aus-)gegründet und auf der Basis gemeinsamer Kapitalbeteiligung gemeinsam geführt wird, oder um die Zusammenarbeit eines inländischen mit einem ausländischen Partner zur Durchführung eines gemeinsamen Projekts, bei der beide ihre Selbstständigkeit behalten, aber unterschiedliche Leistungen (z.b. einerseits Arbeitskraft, andererseits Kapital) einbringen. Sind nur zwei Partner am *Joint Venture* beteiligt sind, liegt definitionsgemäß kein Unternehmensnetzwerk vor.

Zulieferungsnetzwerk

Die wissenschaftliche Debatte über Netzwerke hat sich vornehmlich an neuen Formen der Zusammenarbeit zwischen Herstellern (Finalisten) und Zulieferern entzündet. Das Zulieferungsnetzwerk ist Ausdruck veränderter Formen zwischenbetrieblicher beziehungsweise unternehmensübergreifender Zusammenarbeit, wie sie, unter japanischem Konkurrenzdruck, vornehmlich in der Automobilindustrie zu beobachten sind (Semlinger 1993). In der industriesoziologischen Literatur werden sie auch als »Wertschöpfungsketten« oder »Warenketten« mit sequenzieller

Interdependenz bezeichnet. Die unter dem Imperativ der »schlanken Produktion« (*lean production*) angestrebte Verringerung der Fertigungstiefe (*buy* statt *make*) hat, in Verbindung mit dem neuen Logistikkonzept nach dem japanischen Muster der *Just-in-Time*-Produktion, zur Verdichtung der Interaktionen zwischen Finalhersteller und Zulieferern geführt. Die integrierte Produktionslogistik verlangte nicht nur eine Parallelisierung, sondern die Synchronisierung der Fertigungsprozesse, mit der Konsequenz der Einbeziehung der Zulieferer in die Forschungs- und Entwicklungsarbeiten sowie der unmittelbaren informationstechnischen Vernetzung zwischen den Produktionsstätten von Abnehmern und Zulieferern. Deren primär marktförmige Beziehungen werden mehr und mehr überlagert von Geschäftsverbindungen, die sich durch kooperatives Aushandeln im Rahmen längerfristiger Vertragsbeziehungen auszeichnen. Auf diese Weise wandelten sich Zulieferungsmärkte in Zulieferungsnetzwerke. Diese sind häufig vertikal strukturiert: Zwischen dem fokalen Unternehmen und den peripheren Firmen können erhebliche Machtasymmetrien bestehen, wie sich insbesondere an den Zuliefererpyramiden in der Automobilindustrie aufzeigen lässt (Deiß/Döhl 1992). Charakteristische Beispiele für solche Unternehmensnetzwerke sind die Hersteller-Zulieferer-Beziehungen der in Ostdeutschland neu errichteten Modellfabriken von VW und Opel mit ihrer leistungsfähigen Zulieferindustrie, die sich im regionalen Umfeld ansiedelte (Mickler u.a. 1996), sowie die Zulieferungsnetze in der japanischen Automobilindustrie, für die eine »kompetitive Kooperation« charakteristisch ist (Semlinger 2000).

Franchising-System

Das Franchising-System (engl. *franchise*: Vorrecht, Privileg) ist ein Vertriebssystem, bei dem ein Hersteller (Franchise-Geber) seine Erzeugnisse, z.B. Markenartikel, nach einem einheitlichen Geschäftskonzept von einer begrenzten Zahl von Händlern (Franchise-Nehmern) vertreiben lässt. In einem Franchise-Vertrag werden Art und Bedingungen der Zusammenarbeit (z.B. Verbot des Vertriebs von Konkurrenzprodukten, Preisgestaltung, Firmenemblem, Geschäftsausstattung, gemeinsame Werbung) festgelegt. Die Franchise-Nehmer sind rechtlich selbstständig und tragen das wirtschaftliche Risiko selbst, betreiben ihr Geschäft aber unter der strategischen Führung der Firma des Franchise-Gebers, an den sie für die Nutzung seiner Rechte und für die Inanspruchnahme seiner Dienste ein Entgelt (in der Regel: prozentualer Anteil am Umsatz) zu entrichten haben. Typische Franchising-Netzwerke sind die Fastfood-Kette McDonald's und Jacques' Weindepot.

Projektnetzwerk

Ein Projektnetzwerk zeichnet sich dadurch aus, dass es zeitlich befristete Aktivitäten zur Realisierung eines Projekts organisiert. Projektnetzwerke können sowohl heterarchisch (polyzentrisch) als auch hierarchisch (fokal) reguliert werden. Die Baubranche kennt traditionell viele Beispiele projektförmig organisierter Geschäftsbeziehungen zwischen Unternehmen, etwa Arbeitsgemeinschaften verschiedener Firmen zur Erstellung eines gemeinsamen Bauvorhabens (z.B. Dom, Bahnstrecke, Wohnsiedlung). Verbreitet ist auch die Institution des Generalunternehmers, der Teilaufgaben (z.B. elektrische oder sanitäre Installation) an Subunternehmer vergibt, als Koordinator den Arbeitsverbund steuert und für die Realisierung des Gesamtvorhabens verantwortlich ist. In zunehmendem Maße bedient sich auch die Medienindustrie der Projektnetzwerke, etwa zur Produktion von Fernsehserien (Windeler u.a. 2000). Die projektförmige Organisation durch einen fokalen Koordinator (Fernsehsender, Produzent) erlaubt einerseits den flexiblen Wechsel der Kooperationspartner (Autoren, Regiestäbe etc.), andererseits den Anschluss an Erfahrungen aus früheren Projekten. Dies unterstützt das Desiderat nach »dauernden Programminnovationen (…), um die Zuschauer am Bildschirm zu halten« (ebd.: 182).

Virtuelle Unternehmung

Zentral für diese flüchtige, recht lose institutionalisierte Organisationsform (»Als-ob-Organisation«) steht »die problembezogene, dynamische Verknüpfung realer Ressourcen zur Bewältigung spezifischer Aufgabenstellungen« (Picot u.a. 1996: 356), die mediengestützte arbeitsteilige Leistungserstellung in standortverteilten Einheiten vorwiegend durch

Telekooperation (vgl. dazu Kap. 2). Beliebtes Beispiel für virtuelle Unternehmen ist ein Übersetzungsbüro, das mit anderen rechtlich selbstständigen und wirtschaftlich unabhängigen Übersetzungsbüros und freiberuflichen Übersetzern weltweit vernetzt ist und somit praktisch Übersetzungen in jede Sprache anbieten kann. Trotz seiner offenen, dynamischen Strukturen tritt die virtuelle Unternehmung am Markt geschlossen auf – sie ist eine »black box« aus der Sicht des Kunden, den Orte und Modi der konkreten Leistungserbringung nicht weiter interessieren (Picot u.a.: 391ff.).

Virtuelle Unternehmen entstehen unter massivem Einsatz von Informationstechnik »durch Vernetzung standortverteilter Organisationseinheiten, die an einem koordinierten arbeitsteiligen Wertschöpfungsprozess beteiligt sind. Um professionelle Kerne scharen sich eine Vielzahl unterschiedlich organisierter Akteure, die selbst wiederum von einer Vielzahl von Kooperationsbeziehungen mit anderen Akteuren umgeben sind« (ebd.: 395). In diesem dynamischen Netzwerk können die »Netzknoten (…) gleichermaßen durch einzelne Aufgabenträger, Organisationseinheiten oder Organisationen gebildet werden. Die Verknüpfungen zwischen den Netzknoten konfigurieren sich dynamisch und problembezogen. Die individuelle Aufgabe determiniert damit zu jedem Zeitpunkt die Struktur einer virtuellen Unternehmung.« (ebd.: 396) Eine andere, neue Aufgabe lässt auch eine andere virtuelle Unternehmung entstehen.

Regionales Netzwerk (industrieller Distrikt)

Regionale Netzwerke sind eingebettet in Wirtschaftsräume, die durch regionale Ballungen und Zusammenarbeit von Klein- und Mittelbetrieben gekennzeichnet sind. In Anlehnung an einen vom britischen Wirtschaftswissenschaftler Alfred Marshall geprägten Begriff werden diese Räume auch als »industrielle Distrikte« bezeichnet. Bereits das 19. Jahrhundert kannte derartige regionale Ballungen mit intensiver zwischenbetrieblicher Kooperation, z.B. in der Schneidwarenindustrie in Solingen, Sheffield und anderen europäischen Regionen (Krause/Putsch 1994). Die neuere Popularität erhielten Unternehmensnetzwerke in industriellen Distrikten durch Untersuchungen in der norditalienischen

Region Emilia Romagna. Das überdurchschnittliche Wirtschaftswachstum in dieser Region wurde darauf zurückgeführt, dass die hier angesiedelten kleineren und meist innovativen Unternehmen erfolgreich zusammenarbeiten und zwar durch »vertikale Spezialisierung der zumeist kaum mehr als zehn Arbeitnehmer beschäftigenden Unternehmungen auf einzelne Fertigungsstufen« und durch die »Organisation ihrer Zusammenarbeit in regionalen Netzwerken« (Sydow 1992: 47), unter Einschluss gewisser Zugangs- und Wettbewerbsbeschränkungen (Piore/ Sabel 1984: 268ff.). Weitere aktuelle Beispiele für regionale Netzwerke sind die durch vielfältige Projektnetzwerke geprägten Medienregionen in München, Köln/Düsseldorf und Berlin/Babelsberg (Genosko 2002; Lutz/Sydow 2002).

Verallgemeinert bezeichnet ein regionales Netzwerk die ohne eine zentrale Autorität organisierte Kooperation von Unternehmen einer oder mehrerer Branchen in einem begrenzten geografischen Raum. Im regionalen Netzwerk kann sowohl die zwischenbetriebliche Produktions- wie die Einkaufs- und Vertriebskooperation organisiert werden. Ein Weiteres kommt hinzu: Die unternehmensübergreifende Kooperation wird nicht selten ermöglicht oder erleichtert durch einen »institutionellen Einbettungskontext«, ein »Geflecht von Innovationsagenturen und Forschungseinrichtungen, welches durch Agenturen der beruflichen Bildung und Agenturen, die für die Moderation von Interessenkonflikten zuständig sind, ergänzt werden« (Hessinger 2002: 163). Mit dieser von anderen Organisationen und politischen Institutionen gebildeten Infrastruktur wird das eigentliche Unternehmensnetzwerk durch ein »Unterstützungsnetzwerk« stabilisiert; denn »spezialisierte Klein- und Mittelunternehmen verfügen nicht über ausreichende Kapazitäten und Ressourcen, um produktions- und marktrelevante Infrastrukturleistungen selber bereitzustellen und vorzuhalten« (Eichhorn u.a. 2001: 48). Aber zugleich übernimmt das regulative oder Unterstützungsnetzwerk »mit diesen Leistungen die Funktion, zwischenbetriebliche Kooperationen anzustoßen und auszubalancieren. In erster Linie geht es um die Herstellung von stabilen Vertrauensbeziehungen, die die Kooperation auch zwischen potenziell konkurrierenden Vertragspartnern ermöglichen und risikoreiche Investitionen absichern« (ebd.). Industriedistrikte dieser Art sind in den letzten Jahren in zahlreichen deutschen und europäischen

Regionen (unter anderem in Baden-Württemberg, im Ruhrgebiet und in den neuen Bundesländern) untersucht worden.

Policy-Netzwerk

Beim Policy-Netzwerk handelt es sich, wie schon der Name zum Ausdruck bringt, nicht um ein Unternehmensnetzwerk, sondern um Politikverflechtung zwischen staatlichen Instanzen, öffentlichen Einrichtungen und privaten Interessengruppen. Das Policy-Netzwerk hat Ähnlichkeiten mit dem gerade beschriebenen institutionellen Unterstützungsnetzwerk des Industriedistrikts. Allerdings ist ihm weniger die regionale als die thematische Begrenzung eigen, nämlich die auf einen Politiksektor, z.B. der Gesundheits-, Verkehrs-, Industrie-, Forschungs- oder Technologiepolitik auf regionaler, nationalstaatlicher oder supranationaler Ebene. Typisch ist »das Zusammenwirken von Regierungen, Ministerien und anderen Verwaltungseinrichtungen mit Interessen- und Leistungsorganisationen der jeweils involvierten gesellschaftlichen Teilsysteme wie zum Beispiel Gewerkschaften, Unternehmen, Forschungsorganisationen, Ärzteverbänden, Umweltgruppen oder Rundfunkanstalten« (Werle/ Schimank 2000: 13). Statt durch Hierarchie erreicht das Policy-Netzwerk die »Selbstkoordination« in einem Politikfeld »typischerweise durch Verhandlungen« (Scharpf 1993: 65), wobei die Verhandlungspartner ihre jeweiligen Interessen als legitime akzeptieren und vom gemeinsamen Ergebnis »möglicherweise individuelle Vorteile, aber keine Nachteile« (Mayntz 1993: 51) erwarten dürfen.

4.4 Koordinationsprobleme und Netzwerksteuerung

Unternehmensnetzwerke sind im Grunde genommen organisatorische Antworten auf die widersprüchlichen Anforderungen des Marktes, zugleich zu konkurrieren und zu kooperieren; Teubner spricht von der Notwendigkeit zur »Co-opetition« (2001: 564). Daher sind sie höchst voraussetzungsvolle Organisations- beziehungsweise Koordinationsformen ökonomischer Aktivitäten.

Nachdem die wissenschaftliche Forschung eine Zeitlang zur optimistischen Bewertung ihrer Leistungsfähigkeit tendiert hat, sind in den letzten Jahren skeptisch gestimmte Analysen über ihre Koordinations- und Steuerungsprobleme vorgelegt worden, die teilweise als nichtintendierte Folgen ihrer ökonomischen Ziele auftreten; denn erfolgreiche Kostensenkung, beschleunigte Innovationen und effektivere Absatzstrategien rufen Reaktionen der Wettbewerber hervor und beschleunigen den technischen Wandel, wodurch neue Risiken und Unsicherheiten zu bewältigen sind. Als vordringliche Koordinationsprobleme hat Hirsch-Kreinsen (2002) die Sicherung von Vertrauen, die Bewältigung von Komplexität und die Bewahrung der Wandlungs- und Lernfähigkeit identifiziert.

Wir haben bereits in Kapitel 3 die Frage nach der Gestaltbarkeit (und damit Steuerbarkeit) von Unternehmensorganisationen aufgeworfen; hier sei sie nochmals für die höhere und komplexere Organisationsform der Unternehmensnetzwerke gestellt. Wie schon dort betont, müssen wir Abschied nehmen von der in der Managementliteratur lange gepflegten Vorstellung einer plandeterminierten Steuerung. Die realistischere Annahme, dass kein soziales System vollständig intentional gestaltet und gesteuert werden kann, heißt indessen nicht, einem radikalen Steuerungsskeptizismus à la Luhmann zu verfallen. Wir folgen hier vielmehr dem Steuerungsrealismus von Renate Mayntz, die es immerhin für möglich hält, durch intelligente Steuerung die »autonome Dynamik« eines Systems gezielt zu verändern, »sei es, dass eine bestimmte Struktur entgegen bestehender Veränderungstendenzen bewahrt, ein spontaner Wandlungsprozess umgeleitet oder eine aus sich heraus stabile Struktur verändert werden soll« (Mayntz 1987: 94). Bescheiden formuliert, zielt Systemsteuerung auf die »Verringerung einer Differenz« zwischen einem sich abzeichnenden und einem gewünschten Systemzustand; sie geht aber über die punktuelle Beeinflussung von Ereignissen und Interaktionen hinaus. Nach Sydow und Windeler (2000: 3) umfasst die Netzwerksteuerung sowohl die Steuerung interorganisationaler Netzwerke (Steuerung *von* Netzwerken) als auch die Steuerung einzelner, in das Netzwerk eingebundener Organisationen (Steuerung *in* Netzwerken). Organisation und Netzwerk werden nicht nur als Steuerungsobjekte, sondern auch als Steuerungssubjekte verstanden; das heißt, ein

Netzwerk kann als Akteur auch ein anderes Netzwerk steuern. So greift etwa das strategische Netzwerk von Benetton in die Prozesse der regionalen Zulieferungsnetzwerke steuernd ein (Jarillo 1995). Ein anderes Beispiel finden wir in einer Untersuchung über medizinische Qualitätsnetze (Ortmann/Schnelle 2000), bei denen ein Pharmaunternehmen als Initiator und Organisator von Netzwerken zwischen Arztpraxen fungiert, indem es zur Bildung und Entwicklung der Netze beiträgt, z.B. jedem Netz einen Mitarbeiter des Außendienstes als Netzmanager zur Seite stellt und den Informationsaustausch zwischen den vernetzten Praxen in Form regionaler Zusammenkünfte und überregionaler Konferenzen untertützt.

Wo aber kann die Netzwerksteuerung real ansetzen? Empirische Ansatzpunkte sehen Sydow und Windeler (2000: 3ff.) zum einen in den vier Steuerungsebenen Netzwerk, Organisation, Individuum und institutioneller Kontext, zum anderen in den Strukturmerkmalen von Netzwerken, wie Kooperation, Vertrauen, Selbstverpflichtung, Verlässlichkeit, Verhandlung, dauerhafter Beziehungszusammenhang. Eine Steuerung auf der Ebene des interorganisationalen Netzwerks wird sinnvollerweise auf die Qualität der (kooperativen und/oder kompetitiven) Beziehungen zwischen den vernetzten Unternehmen Einfluss zu nehmen versuchen. Die Steuerung auf der Ebene institutioneller Kontexte von Unternehmensnetzwerken zielt auf die Beeinflussung von Akteurskonstellationen, Technologien und etablierten Praktiken der »organisationalen Felder«, denen sie zuzurechnen sind. (Die Steuerung auf den Ebenen von Organisation und Individuum wird hier nicht weiter thematisiert, da sie in den Kapiteln 2 und 3 behandelt worden ist.)

Basale Voraussetzung der Steuerung von Unternehmensnetzwerken ist die externe und interne *Handlungskoordination*, die wechselseitige Verhaltens- und Erwartungsabstimmung zwischen den beteiligten Akteuren. Sie erfolgt zum einen durch soziale Koordinationsmechanismen beziehungsweise Steuerungs*medien*, insbesondere Vertrauen und Macht, zum anderen durch konkrete Steuerungs*instrumente* wie Regeln, Verträge, Übereinkünfte, Ressourcen etc. und findet im Spannungsfeld von Kooperation, Aushandlung und Wettbewerb statt. Generell gesprochen erfordert die Steuerung der organisational komplexen Unternehmensnetzwerke einen intelligenten Steuerungsmix.

Theoretische Aufklärung über die Wirkungsweise der *Steuerungs-medien* Vertrauen und Macht finden wir bei den Systemtheoretikern Talcott Parsons und Niklas Luhmann. Beide haben (zwar mit charakteristischen Differenzen, auf die wir hier nicht eingehen können, vgl. aber Habermas 1980 und Luhmann 1975) eine Theorie »symbolisch generalisierter Kommunikationsmedien« entwickelt; erst der Luhmann-Schüler Helmut Willke (1995: 147) spricht folgerichtig von »Steuerungsmedien«. In radikal verkürzter Form besagt diese Theorie, dass neben der sprachlichen Kommunikation weitere »Spezialsprachen« als Medien der Handlungskoordination existieren; zu diesen zählen vornehmlich *Geld* (für das Wirtschaftssystem) und *Macht* (für das politische Subsystem). Diese Medien sind nicht direkt handlungsdeterminierend, aber sie kanalisieren durch Auswahl und Filtration von Handlungsalternativen die Handlungsoptionen, sie beschränken den Erwartungshorizont sozialer Akteure auf ein überschaubares Ausmaß und machen soziale Handlungen zueinander anschlussfähig. Die in ihnen eingebauten »persuasiven Effekte und Pressionen« machen sie zu »Erfolgsmedien« (Stichweh 2000: 220). Mit anderen Worten: Kommunikationsmedien erleichtern und sichern Handlungsanschlüsse durch die Reduzierung von Ungewißheit über das (zukünftige) Handeln von Interaktionspartnern. Als *symbolisch generalisierte* Kommunikationsmedien werden sie bezeichnet, weil sie in symbolischer Verdichtung nicht nur auf spezifische, sondern auf eine Vielzahl von Situationen gemünzt sind.

Das Kommunikations- beziehungsweise Steuerungsmedium Geld nimmt im gesellschaftlichen Teilsystem der Wirtschaft – völlig unabhängig von den Organisationsformen ökonomischer Aktivitäten, ob Markt, Organisation oder Netzwerk – eine ubiquitäre Rolle als Medium der Handlungskoordination ein, sodass es hier nicht weiter behandelt werden muss. Für die Handlungskoordination in Unternehmensnetzwerken kommen überdies den Medien *Vertrauen* und *Macht* eine erhebliche Bedeutung zu.[23] Sie sind universeller als das Medium Geld, welches als

---

23 Für unseren Kontext ist es unerheblich, ob Macht und Vertrauen, analog zur »Spezialsprache« Geld, ebenfalls als symbolisch generalisierte Austausch- oder Kommunikationsmedien konzeptualisiert werden (wie bei Parsons und Luhmann) oder ob sie als universelle und »qualitative« Medien dem »quantitativen« Medium Geld gegenübergestellt werden (wie bei Bachmann 2000: 110f.). Es genügt, sie als selektiv

teilsystemspezifisches Medium fast exklusiv der Wirtschaft zuzurechnen ist. So gehört das Steuerungsmedium Macht zwar primär, aber nicht ausschließlich, zur Domäne der Politik, während Vertrauen sich keinem gesellschaftlichen Teilsystem als exklusives Steuerungsmedium zuordnen lässt. In ihrer Funktion als Handlungskoordinationsmechanismen können sich Macht und Vertrauen, insbesondere in personalen Interaktionszusammenhängen, wechselseitig substituieren. Beide »koordinieren die Erwartungen der Akteure über die Selektion bestimmter Annahmen hinsichtlich des zukünftigen Handelns« der beteiligten Akteure und funktionieren »über mehr oder weniger latente Sanktionsdrohungen für den Fall nichtkonformen Verhaltens« (Bachmann 2000: 119). Auf der Systemebene besteht zwischen beiden Medien eine enge Korrespondenz: Da Vertrauen eine risikoreiche Vorleistung darstellt, kann sich »Systemvertrauen« am ehesten entfalten, wenn es durch institutionelle Machtstrukturen abgesichert und gestützt wird.

Einige Autoren halten Vertrauen für ein zu voraussetzungvolles Medium dauerhafter Austauschbeziehungen in Unternehmensnetzwerken, weil es zu anfällig gegenüber Vertrauensmissbrauch ist (Semlinger 1993: 331). Weniger anfällig und bescheidener im Anspruch als Vertrauen erscheint ihnen *Verlässlichkeit*. Sie wird über die Auswahl geeigneter Netzwerkpartner hergestellt, kann aber auch durch entsprechendes Handeln (z.B. offene Kommunikation) oder durch Macht geschaffen werden. Ortmann schlägt dafür den Begriff *Relianz* vor (2003: 216): »Relianz kann, muss aber nicht den Fall des Vertrauens meinen. Sie kann also das Sich-Verlassen auf die Vertrauenswürdigkeit des anderen meinen. Aber sie umfasst auch das Sich-Verlassen auf die Interessenlage des anderen, auf seine Schlauheit, auf meine Machtmittel, auf die schlichte Bewährtheit einer Organisation oder Institution, kurz: auf andere als moralische Qualitäten« (ebd.). Vertrauen ließe sich demnach nur als ein Sonderfall von Verlässlichkeit verstehen.

Von den Steuerungsmedien sind die konkreten *Steuerungsinstrumente* zu unterscheiden, die sich wiederum unter zwei Kategorien sub-

---

wirkende Koordinationsmechanismen oder »spezielle Art der Transaktions*beziehung* zwischen den Akteuren« (Esser 2000: 413; Hervorh. i. O.) zu begreifen, die freilich die gleiche Funktion wie das Geld haben.

sumieren lassen: *Regeln* und *Ressourcen.* Steuerungsinstrumente setzen gezielter und situationsspezifischer an, während die Steuerungsmedien die Netzwerkbeziehungen relativ situtionsunabhängig »einbetten«. So können beispielsweise die Generierung oder Anwendung von Regeln ebenso wie die Ressourcenzusammenlegung oder Ressourcenteilung im Medium (oder »Klima«) von Vertrauen und/oder Macht erfolgen.

Regeln konstituieren sowohl Deutungsmuster als auch Verhaltensnormen für charakteristische, bedeutsame und wiederkehrende Situationen. Sie werden ausgehandelt, diktiert oder vereinbart, in Programmen, Satzungen und Verträgen fixiert. Regelkonformes Handeln wird belohnt, Regelverletzung sanktioniert. *Ressourcen* umfassen all jene Güter und Mittel, an denen andere interessiert sind, z.b. Boden, Gebäude, Maschinen, Produkte, Personal, Wissen (Informationen, Expertise), Dienstleistungen (auch Beratung und Training). Eigentumsrechte regeln die Verfügung über Ressourcen (ihre Nutzung, Übertragung, Zusammenlegung), wobei die Verfügungsrechte selbst wiederum zu den Regeln gehören. Typisch für Netzwerke sind sogenannte *Ressourcenpools*, die eine erhöhte Ressourceninterdependenz der Netzwerkunternehmen zur Folge haben (Osterloh/Weibel 2000). Solche Pools können aus gemeinsam genutzten Kompetenzen und Dienstleistungen (z.B. in Forschung und Entwicklung) oder aus geteilten Beziehungen (z.B. zu Lieferanten) bestehen. Wegen ihres netzwerköffentlichen Charakters haben diese Ressourcen einen besonders prekären Status. Ihre Erstellung und Verteilung müssen geregelt und die Teilnehmer motiviert werden, diese Regeln zu befolgen, was offensichtlich nur mit einem komplizierten Steuerungsmix von Regeln, Ressourcen und Vertrauen (beziehungsweise Verlässlichkeit) gelingen kann.

Netzwerksteuerung erfolgt schließlich in dem für Unternehmensnetzwerke charakteristischen *Spannungsfeld von Kooperation, Aushandlung und Wettbewerb*, resultierend aus dem Dilemma zwischen Autonomie und Kontrolle. Die Frage, wie Autonomie und Kontrolle miteinander verknüpft werden können, beantwortet Semlinger (1993; 2000) mit der Explikation einer Kooperationsstrategie, deren Ergebnis ein – teils intendiertes, teils emergentes – Austauschmodell ist, welches Kooperation mit Konkurrenz verbindet, ohne auf das Medium Vertrauen rekurrieren zu müssen. Den Ausgang seiner Überlegungen bildet eine

»Verknüpfungsaufgabe« des Managements, die dem vom wachsenden Wettbewerb und der zunehmenden technologischen Dynamik ausgehenden ökonomischen Druck zur Spezialisierung und (damit) zur Verknüpfung eigener Aktivitäten und Kompetenzen mit dem komplementären Wissen und Handeln anderer Rechnung tragen muss. Die widersprüchliche Anforderung besteht darin, »verschiedene Teilsysteme/Akteure in einem Interdependenzgefüge verlässlich zu koordinieren, ihnen dabei aber gleichzeitig die Möglichkeit zu eigenständigen Entscheidungen zu belassen bzw. sogar einzuräumen« (1993: 332). Damit es zu einer (verlässlichen, dauerhaften) zwischenbetrieblichen Kooperation kommt, ist ein gleichberechtigtes, partnerschaftliches Miteinander nicht erforderlich – solange der Leistungsaustausch nach dem *Reziprozitätsprinzip* erfolgt, das heißt, für eine Vorleistung wird eine Gegenleistung erwartet, die jener nicht unbedingt voll entsprechen muss. Abweichend vom Äquivalenzprinzip des marktlichen Tausches können die Beiträge der beteiligten Akteure durchaus in einem asymmetrischen Verhältnis zueinander stehen. Es reicht, wenn die erwartete Gegenleistung einem Mindestmaß an Reziprozität entspricht und den eigenen Beitrag lohnt. »Bilanziert wird dabei nicht über den einzelnen Tauschvorgang, sondern über die Dauer der Austauschbeziehung hinweg, und zwar nicht nur in Gegenüberstellung von Leistung und Gegenleistung, sondern im Vergleich zu den jeweiligen Tauschalternativen.« (2000: 129) Die wechselseitige Abhängigkeit begrenzt die Autonomie eines Netzwerkunternehmens. Organisationale Autonomie bemisst sich danach, welche Zugriffsmöglichkeiten das Unternehmen auf alternative Austauschoptionen hat beziehungsweise ob es beim Austritt aus dem Netzwerk ökonomisch überleben kann. Netzwerkkooperation setzt keine Partner mit gleichem Alternativspektrum voraus. Wo die Exit-Option möglich, aber nicht attraktiv ist, kann die Ungleichverteilung von Vorteilen und Lasten sogar auf Dauer duldend hingenommen werden. Akteure mit der geringsten Autonomie haben das größte Interesse am Weiterbestand der Kooperationsbeziehungen; umgekehrt implizieren große Autonomiespielräume starke Kontrollfähigkeit: »Kontrolle hat, wer über die besseren Alternativen verfügt, wobei es keiner direkten Intervention bedarf, weil die Kontrolle durch die Kontrollierten selbst erfolgt« (2000: 130), da diese die Beziehung nicht gefährden wollen.

Semlinger hat sein instruktives Austauschmodell mit Theorieanleihen bei Gouldner (1959) und Hirschman (1974) entwickelt und am Beispiel der Zulieferungsnetzwerke in der deutschen und japanischen Automobilproduktion expliziert. Insbesondere am japanischen Fall konnte er demonstrieren, wie asymmetrische Kooperationsbeziehungen zwischen Großunternehmen mit beträchtlichen Autonomievorteilen gegenüber ihren Zulieferern nicht nur eine ungleiche Verteilung von Vorteilen und Lasten, sondern zugleich die »Mobilisierung dezentraler Kompetenzen im Interesse zentral vorgegebener Ziele« (2000: 145) durchsetzen. Zurückgeführt wird dies zum einen darauf, dass die dominanten Großunternehmen ihre einseitigen Sanktions- und Steuerungsvorteile nur selten zur direkten Intervention nutzen, sondern auf dezentrale Selbststeuerung setzen, zum anderen darauf, dass unter den Zulieferern interne Konkurrenz um ein besseres Ranking in der Zuliefererpyramide besteht. Als funktional zweckmäßig erwies sich des Weiteren, Kooperation und Konkurrenz nicht parallel zu nutzen, sondern jeweils auf deutlich separierte Handlungs- und Entscheidungsfeldern zu begrenzen, um Kooperation, wo sie sich entfalten soll, konkurrenzfrei zu halten.

Fragen

1. Welche empirischen Phänomene erfasst der Netzwerkbegriff und welche wirtschaftlichen Gründe sprechen für die zunehmende Bedeutung von Unternehmensnetzwerken?
2. Erläutern Sie die unterschiedlichen theoretischen Einordnungen des Unternehmensnetzwerkes!
3. In welchen typischen Formen manifestieren sich Unternehmensnetzwerke? Nennen und beschreiben Sie mindestens fünf Typen!
4. Diskutieren und vergleichen Sie die Trias Markt – Organisation – Netzwerk unter transaktionskostentheoretischen und unter systemtheoretischen Gesichtspunkten!
5. Welche Steuerungsmedien und Steuerungsinstrumente sind für Unternehmensnetzwerke typisch?

6. Wie lässt sich das Spannungsverhältnis zwischen Autonomie und Kontrolle im Unternehmensnetzwerk beschreiben und welche Lösungen wurden dafür gefunden?

Kapitel 5

Interessenorganisation

5.1   Begriff und Funktion

Der in diesem Kapitel zu behandelnde Organisationstypus umfasst ein ungemein breites Spektrum, das den ADAC, den Bauernverband und den Deutschen Sportbund ebenso einschließt wie die Gewerkschaften, die zahlreichen Wirtschaftsverbände und professionellen Vereinigungen der Architekten, Ärzte, Ingenieure, Rechtsanwälte etc., die Vertriebenenverbände, den Mieterschutzbund sowie die Verbraucher- und Naturschutzverbände und – last not least – die NGOs (Nichtregierungsorganisationen). Entsprechend breit ist auch das wissenschaftliche Interesse an ihnen: Neben der Soziologie und der Politikwissenschaft befassen sich die Ökonomie, die Rechtswissenschaft und auch die Psychologie mit ihnen.

Für diese gesellschaftlichen Organisationen hat das fachwissenschaftliche Schrifttum verschiedenartige Begriffe parat. Die gebräuch lichsten sind: Interessengruppe, Interessenverband, Interessenorganisation, aber auch: organisierte Gruppe, *Pressure Group*, Lobby oder schlicht Verband[24]. Wir werden uns im Folgenden der Termini Interessenorganisation und Interessenverband (oder einfach Verband) bedienen und diese mehr oder weniger synonym verwenden, wobei wir uns durchaus der Differenzen ihrer semantischen Gehalte bewusst bleiben. Im Begriff Interessen*organisation* reflektiert sich eher das Verhältnis von Organisation und Mitglied, während der Begriff Interessen*verband* das Verhältnis von Organisation und Umwelt stärker betont und zudem seine Akteurseigenschaft hervorhebt. Die von uns benutzten Begriffe sind Begriffe des wissenschaftlichen Beobachters. Ihrem eigenen Verständnis zufolge legen sich die Interessenorganisationen ganz andere Bezeichnungen zu. So würde beispielsweise kein Verband sich selbst als *Pressure Group* bezeichnen. Einige nennen sich »Ausschuss« oder »Arbeitsgemeinschaft«, andere »Verein« oder »Bund«, wiederum andere »Gemeinschaft« oder »Vereinigung«, schließlich auch »Ring« oder »Rat« (die Aufzählung ließe sich weiter fortführen).

Als klassische Definition eines Verbandes gilt die von Max Weber: »Verband soll eine nach außen (d.h. gegenüber Dritten – Anm. d. Autors) regulierend beschränkte oder geschlossene soziale Beziehung dann heißen, wenn die Innehaltung ihrer Ordnung garantiert wird durch das eigens auf deren Durchführung eingestellte Verhalten bestimmter Menschen: eines *Leiters* und, eventuell, eines *Verwaltungsstabes*, der gegebenenfalls normalerweise zugleich Vertretungsgewalt hat.« (1922/1964: 34; Hervorh. i. O.) Diese Definition schließt wesentlich mehr Organisationsformen ein als der heute verwandte Verbandsbegriff; so spricht Weber auch vom »Betriebsverband«, wenn dieser über einen »zweckhandelnden Verwaltungsstab« verfügt (ebd.: 37).

Primäre Funktion von Interessenorganisationen ist die Bündelung von Interessen (bzw. Organisierung von Interessenten) und deren Ver-

---

24 Das Wort Verband ist in der Mitte des 19. Jahrhunderts aufgekommen und bedeutet »das zu einem Ganzen verbundene, im Sinne von Vereinigung«. Es tauchte zuerst in der Gewerkschaftsbewegung auf, wo es bald das früher gebrauchte Fremdwort Association verdrängte, vor allem als Verbindung mehrerer Vereine zu einer überlokalen Föderation (z.B. Verband der katholischen Arbeiter- und Knappenvereine) (Breitling 1985: 63f.).

tretung gegenüber der politischen und gesellschaftlichen Umwelt. Ihre direkten Adressaten sind neben den staatlichen Instanzen und Organen der politischen Willensbildung die Öffentlichkeit und andere gesellschaftliche Gruppen. Als *intermediäre* Organisationen vermitteln sie zwischen der Lebens- und Sozialsphäre ihrer Mitglieder und den politischen und gesellschaftlichen Institutionensystemen.

Abzugrenzen sind Verbände von verwandten Begriffen wie (Freizeit-)Vereine, Nonprofit-Organisationen und soziale Bewegungen:

- *Vereine*[25] wie z.b. Gesangsvereine, Sportclubs, Kunstvereine, Heimat- und Bürgervereine vertreten in der Regel keine materiellen, ökonomischen Interessen, sondern kulturelle und gemeinschaftsfördernde in einem fast immer lokal oder regional begrenzten Wirkungsbereich. Sie bleiben primär auf die Lebenswelt ihrer Mitglieder bezogen. Auch handeln sie nicht *für* ihre Mitglieder, sondern regen deren Aktivitäten an; sie leben von deren Repräsentations- und Geselligkeitsmotiven. Die Verwaltungsaufgaben werden zumeist ehrenamtlich übernommen. Erst der überlokale Zusammenschluss von Vereinen macht sie zum Interessenverband, wie am Beispiel des Deutschen Sportbundes deutlich wird: Ihm sind 91 Sportverbände angeschlossen, die rund 80.000 Sportvereine mit 27 Millionen Mitgliedern organisieren.
- *Nonprofit-Organisationen* ist der umfassendste Begriff; er umfasst nicht nur Verbände und Vereine, sondern auch öffentliche Körperschaften, Religionsgemeinschaften, Wohlfahrtsorganisationen, Kammern, Innungen und Stiftungen. Das gemeinsame Kennzeichen dieser Organisationen ist, dass sie ihre wirtschaftlichen, politischen, gesellschaftlichen, wissenschaftlichen oder kulturellen Zwecke ohne erwerbswirtschaftliche (Profit-)Absicht verfolgen.
- *Soziale Bewegungen* sind Gruppierungen, die sich im massenhaften Protest gegen bestehende soziale Verhältnisse und gesellschaftliche Zustände zusammenschließen. Sie verfügen zwar über ein »Wir-Ge-

---

25 Verein wird hier nicht als Rechtsform, sondern als Organisationsform in dem beschriebenen eingeschränkten Sinn verstanden, unabhängig davon, dass einige *Verbände* sich selbst als Verein bezeichnen (z.B. Verein Deutscher Ingenieure, Verein Deutscher Eisenhüttenleute, Verein für Socialpolitik).

fühl«, aber allenfalls über rudimentäre formalisierte (Entscheidungs-
und Führungs-)Strukturen. Bewegungsziel und Mitgliedsmotiv liegen noch nahe beieinander. Oft sind sie historische Vorläufer von Interessenorganisationen (so fanden z.b. die Arbeiterbewegung in den
Gewerkschaften, die Antiatomkraft- und Ökologiebewegung in den
Umweltverbänden ihre institutionelle Kristallisation).

Typische Rechtsformen von Interessenorganisationen sind für privat-
rechtliche Verbände der »eingetragene Verein (e.V.)« und der »nicht-
eingetragene Verein« (§ 21ff. BGB); daneben existiert die spezielle
Rechtsform der öffentlich-rechtlichen Körperschaft (Kammern, Innungen, Sozialversicherungen, Religionsgemeinschaften), für die jeweils
gesonderte Gesetze erlassen wurden. Gewerkschaften hatten in
Deutschland traditionell den Status nichtrechtsfähiger Vereine, allerdings mit der Parteifähigkeit vor Gericht (Däubler 1995: 770). In der
jüngsten Vergangenheit haben sich einzelne Gewerkschaften jedoch ins
Vereinsregister eintragen lassen.

Interessenorganisationen beruhen auf freiwilliger Mitgliedschaft
(Kammern und andere Organisationen mit Pflichtmitgliedschaft bleiben
hier unberücksichtigt). Die Mehrzahl hat Individuen als Mitglieder,
gleichwohl ist die korporative Mitgliedschaft, z.B. von Unternehmen,
keine Ausnahme, in den Wirtschaftsverbänden ist dies sogar die Regel.
Dachverbände haben gewöhnlich andere Verbände oder Vereine als
Mitglieder (z.B. Deutscher Sportbund, Bundesverband der Deutschen
Industrie, Deutscher Gewerkschaftsbund).

Als Beispiel für das Phänomen des Verbände-Verbandes dient uns
der Spitzenverband *Deutscher Kulturrat*, der als »Lobby für die Kultur«
(Eigenbezeichnung) auch mit seiner Zeitung »Politik und Kultur« die
Interessen der sogenannten Kulturschaffenden (vornehmlich in Fragen
des Stiftungs- und Steuerrechts) im politischen Raum vertritt. Als eingetragener Verein und Dachverband von Dachverbänden fasst er rund
200 Bundeskulturverbände in acht Sektionen zusammen (in Klammern
die Zahl der jeweiligen Mitgliedsverbände):

- Deutscher Musikrat (92),
- Rat für darstellende Künste (25),
- Deutsche Literaturkonferenz (23),

- Kunstrat (23),
- Rat für Baukultur (8),
- Sektion Design (7),
- Sektion Film und Medien (8),
- Rat für Sozialkultur und kulturelle Bildung (13).

Unter den Mitgliedsverbänden finden wir ein breites Spektrum, das von Vereinigungen der Künstler und Kunstproduzenten über Organisationen der Kunstvermittler und Unternehmen der Kulturwirtschaft bis zu Vereinen der Kunstrezipienten reicht. Um nur eine Sektion herauszugreifen: Unter dem Dach der »Sektion Kunstrat« versammeln sich der Bundesverband Bildender Künstlerinnen und Künstler (Produzenten) ebenso wie der Bundesverband Deutscher Galerien (Distributeure) und die Arbeitsgemeinschaft Deutscher Kunstvereine (Rezipienten); letztere zählt wiederum etwa 200 Kunstvereine zu ihren Mitgliedern.

Jede Interessenorganisation verfügt in der Regel über einen »Verwaltungsstab« aus meist hauptamtlich Beschäftigten (Funktionäre), mit dem die Mitglieder und Beiträge verwaltet werden, sowie über eine Verbandsspitze, die die Vertretung nach außen übernimmt. Anders als in einer Unternehmensorganisation haben wir es folglich mit zwei Klassen von Mitgliedern zu tun: dem (meist hauptamtlich tätigen) *Personal* und den *eingeschriebenen Mitgliedern*, die mit ihrem Beiträgen den Verwaltungsapparat und die sonstigen Aktivitäten des Verbands finanzieren.

Das Innenleben von Interessenorganisationen ist – wie nicht anders zu erwarten – so variantenreich, dass nur mit heroischem Abstraktionswillen ein typisches Strukturmuster gezeichnet werden kann. Das Zivilrecht mahnt zwar eine demokratische Binnenordnung an (§ 32 BGB), belässt aber die tatsächliche Ausgestaltung den Verbänden. Gesetzlich vorgeschriebene Verbandsorgane sind die Mitgliederversammlung und der Vorstand (§§ 26ff. BGB). Ein am Modell der wirtschaftlichen Verbände orientiertes Schema der Verbandsorgane finden wir bei Daumann (1999: 66ff.):

- Die *Mitgliederversammlung* ist das oberste Entscheidungsorgan, das die Verbandspolitik entweder direkt durch Abstimmung oder indirekt durch die Wahl von Entscheidungsträgern mitbestimmt.

- Der häufig ehrenamtlich tätige *Vorstand* wird von der Mitgliederversammlung gewählt, vertritt den Verband nach außen und überwacht die hauptamtliche Verbandsführung.
- Die *Geschäftsführung* wird vom Vorstand bestimmt und ist für die Durchführung der laufenden Verbandsaufgaben zuständig.
- Die *Fachausschüsse* sind zuständig für Sammlung und Verarbeitung sachbezogener Informationen; sie sind der Geschäftsführung beigeordnet und können aus ehren- und hauptamtlichen Mitgliedern bestehen.

Auf eine Beschreibung des formalen Willensbildungsprozesses wollen wir hier verzichten, weil die Differenzen zwischen den einzelnen Verbandstypen zu groß sind, um mehr als ein blutleeres Schema bieten zu können. Wir werden aber auf das generelle Problem der innerverbandlichen Demokratie weiter unten (siehe Abschnitt 5.3.2) noch eingehen.

5.2 Typologie der Verbände

Die rund 1.500 Interessenverbände (Ellwein/Hesse 1997: 101) verteilen sich sehr unterschiedlich auf die gesellschaftlichen Teilsysteme. Ihre vorherrschenden Domänen sind zweifellos die Wirtschafts-, Erwerbs- und Arbeitssphären; hier finden wir die in Bezug auf Finanzkraft und politischen Einfluss mächtigsten Verbände. Diese gehören in die ersten drei Kategorien der nachfolgenden Typologie, die sich in der Verbandsliteratur (von Beyme 1980; Hartmann 1985; Ullmann 1988; Witt u.a. 1996), jeweils nur leicht variiert, findet:

1. *Unternehmerverbände*, auch »wirtschaftliche Interessengruppen der Investoren« (von Beyme 1980). Sie »verkörpern das gesellschaftlich mächtigste Interesse kapitalistischer Industriegesellschaften, da sie einen wesentlichen, zumeist den größten Teil der Investitionsmittel und die Arbeitsmärkte kontrollieren« (Hartmann 1985: 76). Zu ihnen gehören die Dachorganisationen Bundesverband der Deutschen Industrie (BDI) und Bundesvereinigung der Deutschen Arbeitgeberverbände (BDA) mit ihren zahlreichen, nach fachlichen und regionalen

Kriterien differenzierten Mitgliedsverbänden; sie sind Verbände von Verbänden.

2. *Gewerkschaften.* Den Organisationen der Arbeiterbewegung wird ein Sonderstatus zugebilligt. Er gründet sich auf ihre lange und wirkungsmächtige Geschichte, ihre Sonderstellung in der Rechts- und Verfassungsordnung westlicher Demokratien (siehe Abschnitt 5.4.1) sowie auf den sich eigens mit ihnen befassenden Sonderzweig der Verbändeforschung (Gewerkschaftsforschung).

3. *Erwerbs- und berufsständische Verbände des Mittelstands.* Hierzu zählen Bauernverbände, Handwerksorganisationen und professionelle Vereinigungen (Standesorganisationen) der freien Berufe (Ärzte, Architekten, Rechtsanwälte etc.).

4. *Sozialpolitische Verbände.* Ihr hervorstechendes Merkmal ist die Unterstützung hilfsbedürftiger Menschen. Zu ihnen gehören beispielsweise die Wohlfahrtsverbände (Deutscher Paritätischer Wohlfahrtsverband, Arbeiterwohlfahrt), der Mieterschutzbund und der Verband der Kriegs- und Wehrdienstopfer, Behinderten und Rentner Deutschlands (VdK).

5. *Soziokulturelle Verbände.* Sie gehören zu den Bereichen Kultur (z.b. Deutscher Kulturrat), Wissenschaft (z.b. Deutsche Gesellschaft für Soziologie), Sport und Freizeit (nicht gemeint sind hier die zahlreichen lokalen Vereine, sondern deren überlokale Zusammenschlüsse, z. B. Bayrischer Sportverband, Deutscher Sportbund).

6. *Public Interest Groups / Nichtregierungsorganisationen.* Die Verbände dieser Gruppe repräsentieren weitgehend nichtmaterielle Interessen. Es handelt sich vielmehr um Verbände »im öffentlichen Interesse«; sie wurden früher unter dem Rubrum »ideelle Fördervereine« subsumiert. Ihnen zugerechnet werden Bürgerinitiativen, Tierschutzvereine (z.B. die »National Wildlife Federation«), Umwelt- und Verbraucherverbände, aber auch die unter der heute geläufigen Bezeichnung Nichtregierungsorganisationen, abgekürzt NGOs (siehe Abschnitt 5.4.2), bekannt gewordenen international agierenden Interessenverbände wie Greenpeace, Amnesty International, Attac.

Die primären oder dominanten Ziele dieser sechs Verbandstypen lassen sich nach drei Prinzipien klassifizieren: 1. dem Selbsthilfeprinzip (Ad-

ressaten: Mitglieder), 2. dem Fremdhilfeprinzip (Adressaten: hilfsbe-
dürftige Dritte) und 3. dem Prinzip der advokatorischen Interessenwahr-
nehmung (für die Umwelt, das Gemeinwohl, die Menschenrechte und
andere höchste Rechtsprinzipien). Neben dem dominanten Verbandsziel
können auch andere verfolgt werden. In Interessenorganisationen können zugleich zwei oder gar alle drei Prinzipien das Verbandshandeln
bestimmen (vgl. Abbildung 10).

Abb. 10: Handlungsprinzipien der Interessenverbände

	Selbsthilfeprinzip (für Mitglieder)	Fremdhilfeprinzip (für Benachteiligte)	advokatorisches Prinzip
1. Unternehmerverbände	X		
2. Gewerkschaften	X		(X)
3. Berufständische Verbände	X		
4. Sozialpolitische Verbände		X	X
5. Soziokulturelle Verbände	X		(X)
6. Public Interest Groups		X	X

Während die Verbände der Kategorien 1 bis 3 weitgehend der Logik der
kollektiven Selbsthilfe folgen, ist die Kategorie 4 in ihrer Doppelrolle
als Leistungserbringer und Interessenvertetung für andere (Schmid
1996: 195) einmal dem Fremdhilfeprinzip verpflichtet und ein andermal
dem advokatorischen Prinzip. Die Verbände der Kategorien 2 und 5
verfolgen neben dem dominanten Prinzip der Selbsthilfe auch das advokatorische Prinzip (Interessenvertretung für die gesamte Arbeitnehmer-
schaft, für die Kultur an sich). Zugleich Fremdhilfe und advokatorische
Interessenvertretung bestimmt das Verbandshandeln vieler Organisationen der Kategorie 6, z.B. leistet Amnesty International wichtige Fremdhilfe in konkreten Fällen bei Inhaftierung, Folterung etc., tut dies aber
unter dem Allgemeinziel der advokatorischen Wahrung der Menschenrechte.

5.3   Zur Theorie der Verbände

Das wissenschaftliche Erkenntnisinteresse an Interessenorganisationen richtet sich auf ihre Entstehung und die Voraussetzungen ihrer Bildung, sodann auf die intraorganisationalen Prozesse im Verhältnis zwischen Organisation und Mitglied und schließlich auf ihre Effekte im politischen (Willensbildungs- und Entscheidungs-)Prozess sowie auf die wirtschaftliche Ordnung und das Marktgeschehen. Analog dazu kann das sozial- und wirtschaftswissenschaftliche Theorieangebot über Interessenorganisationen den folgenden drei Erklärungsebenen zugeordnet werden: 1. der Entstehung und Bildung von Verbänden, 2. den verbandsinternen Entscheidungstrukturen und -abläufen, 3. ihrer Rolle im gesellschaftlichen und politischen Raum.

5.3.1   Entstehungsbedingungen

Als theoretischer Grundstock der neueren Verbandsforschung gilt die *pluralistische Gruppentheorie*. Begründet von dem amerikanischen Publizisten Arthur Bentley (1908), hat sie sein Schüler, der Politikwissenschaftler David Truman (1951), zu einem ausgefeilten Konzept weiterentwickelt. Ansatzpunkt des Trumanschen Modells der Entstehung von »politischen Interessengruppen« ist die Politisierung von (zumeist) wirtschaftlichen Interessen. Wenn deren normale Verfolgung auf gesellschaftliche Hindernisse (z.B. in Krisen) stößt, transformiert sich eine soziale Gruppe in eine politische Interessengruppe, die ihre nicht politischen Interessen durch Inanspruchnahme des Staates zu verwirklichen trachtet und dabei ein gewisses Maß an Organisiertheit entfaltet. Truman erkennt bereits die innerorganisatorische Differenzierung in eine oligarchische Führungselite und passive Mitgliedermassen. Ein weiterer wichtiger Punkt seiner theoretischen Konzeption ist der Hinweis, dass der Zugang zu den Staatsorganen (Administration und Legislative) eine Anpassung an die dort geltenden Regeln, Erwartungen und Praktiken erfordert.

Dass gemeinsame Überzeugungen und kollektive wirtschaftliche Interessen schon hinreichende Existenzvoraussetzungen organisierter

Interessengruppen sind, wird von der *ökonomistischen Gruppentheorie* in Zweifel gezogen. Ihr Begründer, Mancur Olson, hat mit seinem einflussreichen Werk *The Logic of Collective Action. Public Goods and the Theory of Groups* (1965/1992) eine radikale Gegenposition bezogen. Er setzt am individuellen Kosten-Nutzen-Kalkül und der rationalen Wahl (*rational choice*) der beitragszahlenden Gruppenmitglieder an. Seine Theorie ist auf die Problematik »Kollektivgüter und große Gruppen« (1992: 8ff.) fokussiert. Der aus der Finanzwissenschaft übernommene Begriff des *Gemein-, Kollektiv-* oder *öffentlichen Gutes* besagt, dass die vom Staat bereitgestellten Güter (z.B. Rechtssicherheit, Infrastruktur) von allen Bürgern, unabhängig von ihrer individuellen Steuerlast, genutzt werden können. Kollektivgüter sind unteilbar und nichtexklusiv.[26] Auch Interessenorganisationen bemühen sich um die Bereitstellung »kollektiver Güter« (z.B. Wirtschaftsverbände um Steuersenkungen, Gewerkschaften um Tarifverträge), die von Nichtmitgliedern ebenfalls genutzt werden können, ohne dass diese einen Beitrag (Geld, Zeit) dafür leisten müssen. Der rational handelnde Mensch (Unternehmer; Arbeitnehmer) ist zwar an der Bereitstellung des Kollektivguts interessiert, hält aber seinen Beitrag, handelt es sich um eine große Interessenorganisation, nicht für ausschlaggebend und zieht es daher vor, als »Trittbrettfahrer« (*free rider*) daran zu partizipieren. Es ist dieser Sachverhalt, den Olson zu der Schlussfolgerung führt, dass nicht der angestrebte kollektive Nutzen für den Weiterbestand einer (großen) Interessenorganisation entscheidend ist, sondern die an den Mitgliedsstatus gebundenen individuellen Vorteile beziehungsweise exklusiven Dienstleistungen (z.B. Informationsdienste oder individuelle Rechtsberatung). Nur mit solchen – wie Olson sie nennt – »selektiven Anreizen«, für die das Ausschlussprinzip gilt, kann das »Trittbrettfahrer«-Problem gelöst werden. Das heißt, Verbandsmitglieder sind zwar an einem bestimmten Kollektivgut, das der Verband anstrebt, interessiert, tragen zu seiner Herstellung aber nur bei, wenn ihrem Beitrag ein Nutzen gegenübersteht, der den Charakter eines Privatgutes hat.

---

26 Eine detaillierte Analyse des Begriffs des Kollektivguts und seine weitere Ausdifferenzierung in öffentliche, Kooperations- und Clubgüter findet sich bei Esser 2000: 174ff.

Die Olson'sche Argumentation ist auf große Organisationen mit vielen Mitgliedern ohne besonderen Einfluss gemünzt. Er nennt zwei Ausnahmen, für die sie nicht gilt: für »große Mitglieder« und für überschaubare Kleingruppen. Für ökonomisch starke Mitglieder bringen die selektiven Anreize keinen oder wenig wirtschaftlichen Nutzen, dennoch schließen sie sich dem Verband an, weil sie auf die Politik des Verbandes Einfluss nehmen können und besonderen Nutzen aus dem Kollektivgut ziehen. Der andere Fall ist der einer kleinen Gruppe, die ein exklusives Kollektivgut hervorbringt; hierbei bleibt die Zurechnung von Aufwand und Ertrag für den einzelnen transparent, und der wirtschaftliche Nutzen für alle lohnt den individuellen Aufwand.

Kritik an den Olson'schen Annahmen ist in zweifacher Hinsicht geübt worden. Angezweifelt wird zum einen, dass »alle tatsächlichen oder potenziellen Gruppenmitglieder vollständig über die Kosten- und Nutzenimplikationen informiert sind« (Hartmann 1985: 27), zum anderen, dass nichtmaterielle Anreize für Gruppenmitgliedschaften keine Rolle spielten; dies wird selbst für wirtschaftliche Interessenorganisationen infrage gestellt (ebd.). Aber trotz dieser Kritik liefert sein Theorieansatz, gerade wegen seiner provozierenden Einseitigkeit in der Konstruktion des *homo oeconomicus*, eine weiterhin aktuelle und stimulierende ökonomische Erklärung, warum kollektives Handeln unter bestimmten Bedingungen theoretisch unwahrscheinlich ist.

Wenn eine egoistische (nutzenmaximierende) Strategie geringeren Nutzen bringt als eine kooperative Strategie spricht man auch von einer Rationalitätsfalle. Im sogenannten »Gefangenendilemma« (Rapoport/ Chammah 1965), einer spieltheoretischen Variante des Kollektivgutproblems, wird eine solche Rationalitätsfalle – das Dilemma zwischen individueller und kollektiver Rationalität – modellhaft konstruiert. Sie gilt paradigmatisch für solche Situationen, in denen die konsequente Verfolgung individueller Interessen letztlich zur kollektiven Selbstschädigung führt.

Das Gefangenendilemma: Zwei Delinquenten werden getrennt voneinander verhört, in der Ungewissheit darüber, ob sich der jeweils andere egoistisch oder kooperativ verhalten wird. Das Dilemma besteht darin, dass eine von zwei Verhaltensalternativen gewählt werden muss, die in Abhängigkeit vom Verhalten des Komplizen unterschiedlich hohe Strafen zur Folge haben. Ohne Geständnis kann der Staatsanwalt beide nur relativ geringer Straftaten überführen; daher versucht er beide als Kronzeugen gegen den jeweils anderen Angeklagten zu gewinnen. Daraus ergibt sich für beide, die sich untereinander nicht verständigen können, die folgende Situation: Gesteht einer, so geht er als Kronzeuge frei aus, während der andere mit 12 Jahren schwer bestraft wird. Gestehen beide, so werden sie jeweils mit 10 Jahren schwer bestraft. Gesteht keiner, so kommt jeder mit einer geringen Strafe von 2 Jahren davon (vgl. Abbildung 11).

Abb. 11: Gefangenendilemma (nach Kirchgässner 1991: 51)

Gefangener 1

		Gestehen	Nicht-Gestehen
Gefangener 2	Gestehen	10 Jahre für beide	12 Jahre für 1 und Freispruch für 2
	Nicht-Gestehen	Freispruch für 1und 12 Jahre für 2	2 Jahre für beide

5.3.2 Verhältnis zwischen Organisation und Mitglied

In den bisher referierten Theorieansätzen ging es primär um Erklärungen zur Entstehung und Bildung von Interessenorganisationen. Die Frage nach dem Verhältnis zwischen Organisation und Mitglied berührt einen ebenso bedeutsamen Themenbereich der Verbandsforschung. Einen ersten Ansatz zur Beantwortung dieser Frage finden wir in einer Definition des Verbandes aus betriebswirtschaftlicher Sicht, in der es primär als ein wirtschaftliches Austauschverhältnis aufgefasst wird: »Unter einem Verband verstehen wir einen bedarfswirtschaftlichen Betrieb, der haushaltsweise geführt und von unbestimmten Mitgliedern getragen wird« (Witt u.a. 1996: 416). Nicht die Gewinnorientierung, sondern die Erstellung von Leistungen für Mitglieder ist demnach der Verbandszweck (*bedarfswirtschaftlich*); die Finanzierung erfolgt über Beiträge, Spenden, Zuschüsse, die in keinem direkten Zusammenhang mit einer bestimmten Leistung stehen (*haushaltsweise*); der Fortbestand ist weitgehend unabhängig von konkreten Einzelpersonen und vom Wechsel der Mitglieder (*unbestimmte Mitgliedschaft*).

Für die Mitglieder ist der Verband zunächst ein Kostenkollektiv, bezogen auf die Leistungen des Verbandes ist er ein Nutzenkollektiv (Kirsch 1976). Die Leistungen für Mitglieder können in Form unmittelbarer Dienstleistungen (z.b. Rechtsberatung, Pannenhilfe) erfolgen, dann handelt es sich um »selektive Anreize« im Sinne Olsons oder um exklusive Kollektivgüter. In der Mehrzahl erfolgen sie aber auf dem Wege öffentlichkeitswirksamer Interessenvertretung und Entfaltung von Verhandlungsmacht gegenüber staatlichen Instanzen und anderen Verbänden und Organisationen; die dadurch erzielten Effekte stellen nichtexklusive Kollektivgüter dar. Im zweiten Fall ist das Nutzenkollektiv größer als das Kostenkollektiv.

Die Frage nach dem Einfluss, den Verbandsmitglieder auf die Politik ihrer Organisation (Organisationsführung) nehmen können, wird allgemein mit dem Hinweis auf die vom Vereinsrecht geforderte innerverbandliche Demokratie beantwortet. Doch viele empirische Untersuchungen haben zum Befund, dass in den großen Verbänden oligarchischen Führungsschichten eine passive Mitgliedermasse gegenübersteht. Oligarchisierungstendenzen in Massenorganisationen hat erstmals Robert Michels, ein kritischer Beobachter und Analytiker der deutschen sozialistischen Arbeiterbewegung, in seinem Werk *Zur Soziologie des Parteiwesens in der modernen Demokratie* (1911) untersucht. Aus seinen Erfahrungen mit Organisationen, die angetreten waren, eine neue, demokratische und sozialistische Gesellschaft zu erkämpfen, zog er den desillusionierenden Schluss, dass jede Massenorganisation zur »Herrschaft der Gewählten über die Wähler, der Beauftragten über die Auftraggeber, der Delegierten über die Delegierenden« (1911/1970: 370) tendiert. Damit ist die Quintessenz des von Michels aufgestellten »ehernen Gesetzes der Oligarchie« formuliert, demzufolge die Mitglieder in eine irreversible Abhängigkeit von den Führungen geraten müssen. Neben fragwürdigen psychologischen Ursachen (wie »Unreife der Massen« und »Geltungsbedürfnis der Führer«) nennt Michels eine Reihe organisationstechnischer und organisationspolitischer Zwänge zur Zentralisierung und Oligarchisierung: Für das Funktionieren großer Organisationen seien Fachwissen, arbeitsteilige Verwaltung, Hierarchie der Kompetenzen, zentrale Leitung, schnelle Entschlüsse und damit oligarchisch-bürokratische Strukturen unvermeidlich.

Albert Hirschman hat in seinem ebenfalls einflussreichen Werk *Exit, Voice and Loyalty* (1970) die Möglichkeiten von Mitgliedern, auf die Politik ihres Verbandes einzuwirken, theoretisch ausgelotet. Er identifiziert zwei wesentliche Korrektur- und Einflussmechanismen: »Abwanderung« (*Exit*) und »Widerspruch« (*Voice*). Ersterer ist identisch mit der stummen Abwanderung, der »Abstimmung mit den Füßen«: Verbände, deren Leistungsoptimum sinkt, die den Interessen und Bedürfnissen ihrer Mitglieder nicht nachkommen, müssen mit Austritten oder erschwerter Mitgliederrekrutierung rechnen. Solange eine Interessenorganisation ihre Mitgliederzahlen und ihren Organisationsgrad erhöhen kann, wird sie sich in ihrer Politik bestätigt finden. Erst spürbare Mitgliederverluste zwingen sie zur Überprüfung ihrer bisherigen Praxis. Aber vor und neben der »Abwanderung« gibt es eine Vielzahl von Möglichkeiten, »Widerspruch« gegen die betriebene Politik zum Ausdruck zu bringen. Nicht nur verfügen viele Verbände über formale, demokratische Kanäle interner Willensbildung, auch innerverbandliche Konflikt- und Protestformen stellen Formen des Ein- und Widerspruchs dar (z.B. Unterstützung konkurrierender Kandidaten für die Führungspositionen, Verweigerung von Beitragserhöhungen, Drohung mit Verbandsabspaltung). Je näher eine Mitgliedergruppe dem Aktivitätszentrum der Organisation ist, um so wirksamer kann sie ihren Protest zum Ausdruck bringen.

Hirschman lässt keinen Zweifel daran, dass die beiden Korrekturmechanismen asymmetrisch funktionieren. Wer Widerspruch einlegt, kann bei Misserfolg immer noch abwandern, aber wer den Verband verlassen hat, hat als Außenstehender keine Gelegenheit mehr, Einfluss durch Widerspruch auszuüben. Andererseits ist Widerspruch aufwändiger als Abwanderung; er kostet Zeit und verlangt kommunikative Anstrengungen, ist aber eindeutig zielgerichteter im Hinblick auf Veränderungen zur Verbesserung organisatorischer Leistungen.

5.3.3 Politische Funktion

Für einen dritten Theoriezweig, der die Rolle der Verbände im politischen System thematisiert, lautet die zentrale Frage: Welche Funktion haben Verbände im politischen Willensbildungs- und Entscheidungsprozess demokratischer Gesellschaften?

Die in der deutschen Staatstheorie in den fünfziger Jahren des letzten Jahrhunderts vorherrschende pluralismuskritische Vorstellung von Verbänden als Störfaktoren demokratischer Willensbildung und souveränen Staatshandelns (exemplarisch Eschenburg 1955) wurde, unter dem Einfluss der Rezeption politikwissenschaftlicher Forschungen aus den angelsächsischen Ländern, insoweit revidiert, als ihnen der *Neopluralismus* (begründet von Ernst Fraenkel 1964) eine wichtige Rolle für die Artikulation, Bündelung und Repräsentation von partikularen Interessen im politischen Prozess zuwies. So verstanden die Neo-Pluralisten die Konkurrenz autonom organisierter Interessen nicht nur als eine demokratische Rezeptur zur Verhinderung autoritärer und totalitärer Staatspraxis, sondern auch als einen Formierungsprozess des Gemeinwohls, das sich als Resultante aus dem Konflikt der organisierten Gruppen ergebe. Dahinter steckte freilich die (letztlich harmonistische) Vorstellung eines sich einstellenden Ausgleichs der partikularen Interessen.

Mit dem Konzept des *Neokorporatismus* erfuhr die wissenschaftliche Analyse des Verhältnisses zwischen Verbänden und Staat in den siebziger Jahren einen Paradigmenwechsel, der mit der Veröffentlichung von Philippe Schmitters Aufsatz »Still the Century of Corporatism?« (1974) eingeleitet wurde. An die Stelle »punktueller Einflussbeziehungen« trat die Vorstellung »wohlgeordneter und dauerhafter Verknüpfungen von Staat und Verbänden« (Czada 1994: 37). Zu diesem Paradigmenwechsel hatten vornehmlich empirische Forschungsbefunde beigetragen, die belegten, dass Interessenorganisationen »in weitläufige Beratungs- und Entscheidungsnetzwerke eingebunden (sind), die oft von Regierungen geschaffen wurden oder von ihrer Unterstützung abhängen« (ebd.: 38). Seither zählen die institutionelle Einbindung der Verbände, ihre Funktionalisierung für staatliche Steuerungszwecke und eine spezifische Austauschlogik zwischen Staat und Verbänden zu den zentralen Annahmen der korporatistischen Verbändetheorie (Schmitter/Lehmbruch 1979; v. Alemann 1981).

Anders als die Pluralisten beantworten die Neokorporatisten die Grundfrage nach der Möglichkeit von sozialer und politischer Ordnung angesichts der Pluralität von Interessen und konfligierenden Handlungsstrategien: Sie verweisen auf die Mechanismen und Prozesse der Formierung und Aggregation, der Aushandlung, Vermittlung und Durchsetzung von Interessen. Eine primär steuerungstheoretische Argumentation entfalten Streeck und Schmitter (1985), wenn sie, unter dem Terminus *Private Interest Government*[27], einen – neben Gemeinschaft, Markt und Staat – vierten Typus sozialer Steuerung und Regulierung einführen. Weder durch spontane Solidarität (wie die *Gemeinschaft*), noch durch Preise (wie der *Markt*) oder hierarchische Kontrolle (wie der *Staat*), sondern durch intra- und interorganisatorische Abstimmung (»Konzertierung«) formierten und koordinierten *Verbände* die gesellschaftlich relevanten Interessen. Streeck und Schmitter und anderen Theoretikern des Neokorporatismus ist die Einsicht zu verdanken, dass gesellschaftliche Steuerungsfunktionen auch durch nichtstaatliche (»private«) Institutionen ausgeübt werden. Sie haben den analytischen Blick zunächst auf die konzertierte Interessenabstimmung im Verbund (*Tripartismus*) von Staat, Gewerkschaften und Unternehmerverbänden gelenkt und darüber hinaus auf die – häufig mit staatlicher Hilfe geschaffenen und veränderten – Institutionensysteme aufmerksam gemacht, die eine Konzertierung erst ermöglichen (z.B. Kammersystem, Tarifautonomie, Betriebsverfassung, Sozialversicherung, Berufsbildungssystem). Denn zentral bleibt die Frage nach den institutionellen Bedingungen, unter denen korporatistische Arrangements der Interessenvermittlung entstehen und sich bewähren.

Mit dem Begriffspaar »Mitgliederschaftslogik« versus »Einflusslogik« wird das Spannungsfeld beschrieben, in das die Verbandsführung typischerweise gerät, wenn sie sowohl der Interessenvertretung wie den externen Verpflichtungen und Zwängen zum Kompromiss gerecht wer

---

27 Ein Begriff, der schwer zu übersetzen ist. Irreführend ist die wörtliche deutsche Übersetzung »Private Interessenregierung«; sinngemäßer ist die Umschreibung mit verbandlicher Interessenvermittlung und -steuerung.

den will (Czada 1994: 48). Schon früh wurde erkannt, dass »die Binnenstruktur der Verbände die ‚Achillesferse des Korporatismus' darstellt« (Teubner 1979: 497). Eine Lösung dieses innerorganisatorischen Steuerungsproblems sehen die Neokorporatisten in der spezifischen Austauschlogik von staatlicherseits gewährten Vorteilen gegen verbandliche Bindung und Verpflichtung der Mitglieder, wobei die Verbandsführung nolens volens in die Rolle des Maklers gerät.

Bevorzugtes Demonstrationsobjekt des Neokorporatismus war die makroökonomische Konzertierung im Rahmen der keynesianischen Wirtschaftspolitik, die in vielen westlichen Ländern während der 1960er und 1970er Jahre praktiziert wurde. Auf den dem wirtschaftspolitischen Strategiewechsel in den 1980er Jahren zurückzuführenden Niedergang ihres bevorzugten Gegenstands haben die Theoretiker des Neokorporatismus mit einer Ausweitung und Ebenendifferenzierung ihres theoretischen Konzepts reagiert: Sie sprechen mittlerweile vom Makro-, Meso- und Mikrokorporatismus. Auch andere Bereiche als die Wirtschaftspolitik (z.B. Gesundheits-, Umwelt- und Technologiepolitik) sind in der jüngeren Zeit als Gestaltungfelder von Politiknetzwerken und Verhandlungssystemen mit einer Vielzahl von öffentlichen Institutionen und privaten Organisationen (Mayntz 1993; Mayntz/Scharpf 1995; Werle/Schimank 2000; vgl. auch Kapitel 4) ins Blickfeld der wissenschaftlichen Beobachter getreten.

5.4   Akteur im wirtschaftlichen und politischen System

Der Neokorporatismus hat die empirischen Forschungen und theoretischen Debatten der Verbändesoziologie in einer fruchtbaren Weise stimuliert. Diese blieben zwar in der Regel »etatozentrisch«, das heißt auf den Staat orientiert (Zeuner 1985), gleichwohl gibt es eine Reihe von Untersuchungen, die auch ihre regulative Rolle als Akteure im wirtschaftlichen und sozialen Raum zum Gegenstand haben. Zahlreich sind die Untersuchungen über die verbandsautonomen Regelungen in der Tarifpolitik (siehe Abschnitt 5.4.1). Auch auf den Feldern des Gesundheitswesens, der Arbeitsverwaltung und der Berufsbildung üben die Interessenorganisationen wichtige Regelungsfunktionen aus.

Einen zentralen Part übernahmen die Verbände als korporative Akteure bei der transformativen Angleichung des Institutionensystems Ostdeutschlands an Westdeutschland. Diese Transformationsprozesse waren keineswegs das Werk einer staatlichen Zentralbürokratie, sondern »das Werk kollektiver Akteure, die teils mit staatlichem Mandat, teils angetrieben durch private und organisatorische (Eigen-)Interessen westanaloge Handlungssphären« hervorbrachten (Wiesenthal 1995: 19). Exemplifiziert wird dies in den von Wiesenthal herausgegebenen *Studien zur sektoralen Transformation* an den Systemen der Tarifautonomie, der Marktökonomie, der Berufsbildung und des Wohnungswesens.

Die dominante Strömung der Verbändeforschung ist jedoch eindeutig fokussiert auf die intermediäre Funktion der Interessenvermittlung zwischen Bürgern und Staat beziehungsweise Wählern und Politikern, mit den Adressaten Parlament, Regierung, Justiz, Parteien und öffentliche Meinung. Für den Staat stellen die Verbände indessen eine Organisations- und Steuerungshilfe dar; denn in vielen Bereichen ist er auf ihre sachverständige Mitwirkung angewiesen, weshalb er sie an der Formulierung und Implementierung von Politik (Policy) beteiligt. Die in vielen Ländern zwischen Staat und Spitzenverbänden geschlossenen Sozialpakte (z.B. »Bündnis für Arbeit«) bilden nur die Spitze des Eisberges; darunter existieren vielfältige regionale (»mesokorporatistische«) Bündnisse zwischen staatlichen Instanzen und Verbänden über Industriepolitik und industriellen Strukturwandel (Heinze/Schmid 1994). Die Übertragung oder Überlassung quasi-öffentlicher Regelungsfunktionen an die Verbände werden auch unter den Begriffen Subsidiarität und gesellschaftliche Selbstregelung diskutiert (Mayntz 1992). Wir werden dies im Folgenden am Beispiel der Tarifvertragsparteien und der Nichtregierungsorganisationen noch detaillierter ausführen.

5.4.1 Gewerkschaften und Arbeitgeberverbände

In der Rechts- und Verfassungsordnung demokratischer Staaten genießen einige Intereressenorganisationen eine Sonderstellung. Diese Aussage gilt für jene Verbände, die über ihre üblichen Aktivitäten hinaus für die Regelung und Ordnung eines gesellschaftlichen Teilbereichs zuständig sind, denen, mit anderen Worten, quasi-staatliche Hoheitsaufgaben übertragen worden sind. In erster Linie gilt dies für Gewerkschaften und Arbeitgeberverbände, die im gesetzlichen Rahmen der Koalitionsfreiheit und Tarifautonomie mit der Regelung des Arbeitslebens und der Arbeitsverhältnisse betraut worden sind.

Für andere Bereiche, wie etwa die gewerbliche Wirtschaft, die Berufsausbildung, die technische Normsetzung, das Sparkassenwesen etc., sind andere Institutionen ordnungspolitisch zuständig, zum Beispiel die öffentlich-rechtlichen Industrie- und Handelskammern und Handwerkskammern, das Deutsche Institut für Normsetzung, der Deutsche Sparkassen- und Giroverband und dergleichen. Wir werden uns hier auf die gesellschaftspolitische Rolle der Tarifvertragsparteien konzentrieren.

Die Institution der Tarifautonomie (vgl. zu Folgendem Müller-Jentsch 1997: 202ff.) dient der Konfliktregelung zwischen den Kapital und Arbeit repräsentierenden gesellschaftlichen Gruppen, und zwar durch die legitime Austragung sozialer Machtprozesse (einschließlich Arbeitskämpfe), aus denen verbindliche Arbeitsnormen hervorgehen. Die Frage nach den Funktionen der Tarifautonomie muss für die beiden Arbeitsmarktparteien und den Staat gesondert beantwortet werden. Für die Arbeitnehmer ist sie eine Institution zur Sicherung des Lebensstandards und erträglicher (»humaner«) Arbeitsbedingungen *(Schutzfunktion)*, zur Beteiligung am wachsenden gesellschaftlichen Wohlstand *(Verteilungsfunktion)* und – in Verbindung mit den Institutionen betrieblicher Demokratie – zur Mitbestimmung über die Anwendungsbedingungen der Arbeitskraft *(Partizipationsfunktion)*. Für die Unternehmer dient die Tarifautonomie der Standardisierung von Lohnsätzen und Arbeitszeiten *(Kartellfunktion)*, der Herstellung überschaubarer, stabiler Lohnstrukturen und Arbeitsbedingungen (*Ordnungsfunktion*) sowie der Erzeugung von Kooperationsbereitschaft *(Befriedungsfunktion)*. Für den Staat schließlich hat die Ausdifferenzierung einer Sphäre autonomer Regulierung des Arbeitslebens *Entlastungs-* und *Legitimationsfunktionen*. Er wird von der unmittelbaren Verantwortung für die jeweiligen Arbeitsbedingungen und für die ihrer Natur nach konfliktträchtigen Arbeitsbeziehungen entbunden. Arbeitskämpfe können in der Regel ohne Legitimationseinbußen für Staat und Regierung ausgetragen werden. Beim Überschreiten kritischer Schwellenwerte kann die Regierung mit der Legitimation des »neutralen Vermittlers« in die Tarifauseinandersetzungen eingreifen. Überdies verfügt sie, mit der möglichen Androhung einer Veränderung der rechtlichen Rahmenbedingungen, über ein effektives Drohpotenzial gegenüber den Tarifparteien.

Die gesellschaftliche Effektivität der Tarifautonomie wird letztlich daran gemessen, ob sie Konflikte auf ein tolerierbares Maß eindämmen und kanalisieren kann sowie kompromiss- und verpflichtungsfähige Arbeitsnormen hervorbringt, die mit den gesamtwirtschaftlichen Stabilitäts- und Wachstumsbedingungen in Übereinstimmung zu bringen sind (Weitbrecht 1969). Wo diese Integrationsleistungen ausbleiben, sind politische Eingriffe und Korrekturen zu erwarten; zu diesen zählen auch »Deregulierungen« in Form von Rücknahmen begünstigender Rechtsnormen. Da jede rechtliche Veränderung die eingespielte Balance zwischen den Parteien empfindlich stören kann, führt sie in der Regel zu einem heftigen politischen Meinungsstreit.

Die Tarifvertragsparteien werden auf der einen Seite durch den Deutschen Gewerkschaftsbund (DGB), auf der anderen durch die Bundesvereinigung der Deutschen Arbeitgeberverbände (BDA) repräsentiert, aber nicht sie selbst, sondern ihre Mitgliedsorganisationen sind die eigentlichen Tarifträgerverbände. DGB und BDA sind Verbände von Verbänden.

Der DGB hat acht Mitgliedsverbände, die Arbeitnehmer nach dem Industrieverbandsprinzip (genauer: nach Industrie- bzw. Dienstleistungsgruppen) organisieren (vgl. Tabelle 2).

Konkurrenzorganisationen des DGB sind der Deutsche Beamtenbund (DBB), der neben Beamten auch Angestellte und Arbeiter des öffentlichen Dienstes organisiert, sowie der Christliche Gewerkschaftsbund (CGB), gegründet 1959. Tarifpolitisch sind sie von geringer Bedeutung, da der DBB keine Tarifverträge abschließt (die Besoldung von Beamten wird durch Gesetze geregelt) und der CGB aufgrund seiner geringen Mitgliederzahlen keine Repräsentativität beanspruchen kann.

Tabelle 2: Gewerkschaften und Mitglieder, 2001

Gewerkschaften	Mitglieder[1] abs.	Org.grad[2] in %	Anteile in %	Anteile in %
ver.di	2.806.496	35,5		
IG Metall	2.710.226	34,3		
IG Bergbau-Chemie-Energie	862.364	10,9		
IG Bauen-Agrar-Umwelt	509.690	6,5		
TRANSNET	306.002	3,9		
Gew. Erziehung und Wissenschaft	268.012	3,4		
Gew. Nahrung-Gaststätten-Genuss	250.839	3,2		
Gewerkschaft der Polizei	185.380	2,3		
Deutscher Gewerkschaftsbund	**7.899.009**	24,1	**100**	83,9
Deutscher Beamtenbund	**1.211.093**	3,7		12,9
Christlicher Gewerkschaftsbund	**302.743**	0,9		3,2
Gewerkschaftsmitglieder insgesamt	**9.412.845**	**28,7**		**100**

1   Ende 2001
    Bruttoorganisationsgrad: alle Mitglieder (incl. Rentner, Arbeitslose, Studenten) in
    Prozent der abhängig Beschäftigten (= 32.743.000 – StBA 2002).
Quelle: Angaben der Gewerkschaften; eigene Berechnungen

Die BDA ist feingliedriger und mehrstufiger aufgebaut. Ihr gehören
rund 50 Fachspitzenverbände (z.B. Gesamtverband der metallindustriellen Arbeitgeberverbände, Bundesarbeitgeberverband Chemie) mit etwa
450 Mitgliedsverbänden und 14 überfachliche Landesverbände mit über
700 Landesfachverbänden an, deren Mitglieder auf der untersten Ebene
jeweils Unternehmen sind (vgl. Müller-Jentsch/Ittermann 2000: 143ff.).
    Die doppelte – fachliche und territoriale – Organisierung der priva-
ten Arbeitgeber lässt sich beispielhaft wie folgt verdeutlichen: Die Me-
tallunternehmen A, B, C … in Hessen sind Mitglied des Hessischen
Metallarbeitgeberverbandes (Fachverband), der seinerseits Mitglied
sowohl des »Gesamtverbandes der Metallindustriellen Arbeitgeberverbände« (Fachspitzenverband) als auch der »Vereinigung der Hessischen
Arbeitgeberverbände« (überfachlicher Landesverband) ist. Der Fach-

spitzenverband wie der überfachliche Landesverband, beides Verbände zweiten Grades, sind wiederum Mitgliedsverbände der BDA.

Als Tarifparteien genießen Gewerkschaften und Arbeitgeberverbände einen besonderen Status: Mit staatlicher Sanktionsleihe ausgestattet, agieren sie als im Grundgesetz (Art. 9, Abs. 3) verankerte und im Tarifvertragsgesetz legitimierte Ordnungsfaktoren des Arbeitsmarktes. In dieser Funktion sind sie weder reine *pressure groups* noch bloße *bargaining agents* für ihre Mitglieder, sondern repräsentative Organisationen.»Die Gewerkschaft« ist nach Hugo Sinzheimer, dem Vater des Weimarer Arbeitsrechts,»keineswegs nur ein Instrument der Lohnpolitik durch Beeinflussung des Arbeitsmarktes. Die Gewerkschaft ist vor allem auch die Trägerin einer neuen Arbeitsverfassung« (1976, Bd. 1: 95). Gemeinsam mit dem Arbeitgeber (bzw. seinem Verband) fungieren die Gewerkschaften als »private Rechtsschöpfer« (ebd.: 162) objektiver Rechtsnormen für die Arbeitsverhältnisse. Sie sind nicht nur Schöpfer, sondern auch Hüter tarifvertraglicher Arbeitsnormen, denn die autonome Norm erheischt die autonome Sanktion. Darin ist die Notwendigkeit des repräsentativen Charakters der Gewerkschaft begründet, was besagt, dass die Gewerkschaft einerseits ihre Ansprüche und Forderungen zwar im Namen der Mitglieder (wenn nicht generell der Arbeitnehmer), aber in relativer Unabhängigkeit von ihrer Zustimmung geltend machen und andererseits die einzelnen Mitglieder auf die vereinbarten Arbeitsnormen verpflichten kann. Der für das deutsche Arbeitsrecht (seit der Weimarer Republik) bestimmend gewordenen Verbandstheorie zufolge kann »nur ein die Gesamtheit repräsentierendes Vertragssubjekt« – der »Arbeiterberufsverein« (wie es bei Sinzheimer heißt) – die dem Wesen des Arbeitsnormenvertrags (= Tarifvertrag) »entsprechende einheitliche Ordnung« geben (1907: 81). Dies schließt die Unterordnung des Einzelwillens unter den Gruppenwillen und die Geltung von Normen auch für diejenigen, »die jene Normen nicht ausdrücklich gewollt haben« (1976, Bd. 1: 157), zwingend ein.

Ähnliche Schlussfolgerungen wie Sinzheimer – wenn auch weniger rechtsdogmatisch und rechtspolitisch formuliert – zieht Allan Flanders für Großbritannien. Der politisch wie theoretisch einflussreiche *Industrial-Relations*-Experte lehnt die Vorstellung von Gewerkschaften als *bargaining agents* für ihre Mitglieder ebenso explizit ab wie Sinzheimer, der die Idee des Tarifvertrags als eines »Vertrags zugunsten Dritter« verwarf. Und wenn Flanders die Gewerkschaften als *private legislators* definiert, dann könnte diese Formulierung direkt von Sinzheimer übernommen worden sein. Wie dieser betont auch Flanders die aus den offiziellen Funktionen hervorgehende Notwendigkeit, in relativer Unabhängigkeit von den Mitgliedern, wenn gleich in Wahrnehmung ihrer *längerfristigen* Interessen, zu handeln (Flanders 1968: 25). Wir haben es hier mit einem erweiterten Verständnis von »intermediärer Organisation« zu tun. Gewerkschaften vertreten die Interessen ihrer Mitglieder (generell von Arbeitnehmern) gegenüber anderen Organisationen (Unternehmen, Arbeitgeberverbände, staatliche Instanzen) nicht ungebrochen, sondern (re-)formulieren und interpretieren sie, um sie kompromissfähig zu machen.

Tarifvertragsparteien sind auf Gewerkschaftsseite die Industriegewerkschaften und auf Arbeitgeberseite die Fachverbände (die Spitzenfachverbände sowie die Landesfachverbände). Zwischen Gewerkschaften und Arbeitgeberverbänden gibt es einige gewichtige Unterschiede:

- Gewerkschaften haben Personen, Arbeitgeberverbände Unternehmen als Mitglieder; der Organisationsgrad (Verhältnis tatsächlicher zu potenziellen Mitgliedern) liegt in Deutschland bei den Arbeitnehmern bei unter 30 Prozent (vgl. Tabelle 2), bei den Unternehmern bei 80 Prozent (bezogen auf die Zahl der von ihnen Beschäftigten, das heißt die Verbandsgebundenen Unternehmen beschäftigen 80 Prozent aller Arbeitnehmer) (Schnabel/Wagner 1996: 294).
- Gewerkschaften werden von hauptamtlichen Funktionären, Arbeitgeberverbände von ehrenamtlich tätigen Vorständen (mit hauptamtlicher Geschäftsführung) geführt.
- Innerorganisatorische Wahlen erfolgen in Gewerkschaften nach dem Prinzip des gleichen Stimmrechts für jedes Mitglied, in Arbeitgeberverbänden nach der wirtschaftlichen Stärke (Beitragsaufkommen) der Mitgliedsunternehmen.
- Auf Arbeitgeberseite kann neben dem Arbeitgeberverband auch der einzelne Arbeitgeber Tarifpartei sein, im ersten Fall wird ein Verbands- beziehungsweise Flächentarifvertrag, im zweiten ein Firmen- oder Haustarifvertrag abgeschlossen.

- Tarifverhandlungen führen auf Gewerkschaftsseite entweder die Vorstände der Industriegewerkschaften oder deren Bezirke in ihrem Auftrag, bei den Arbeitgebern die Landesfachverbände oder in deren Auftrag die Spitzenfachverbände.

Das Verhältnis zwischen Organisation und Mitglied gestaltet sich in der Gewerkschaft anders als im Arbeitgeberverband, wie Franz Traxler (1999) aufgezeigt hat. Er unterscheidet zwischen Organisationsfähigkeit und Organisationsbedarf. Von entscheidender Bedeutung seien die jeweiligen Machtressourcen, die für Interessendurchsetzung und Verbandsbildung mobilisiert werden können. Die Ressourcenfrage ist für Traxler doppelt relevant, weil sie auf den Organisationsbedarf ebenso wie auf die Organisationsfähigkeit der individuellen Interessenten Einfluss nimmt (1999: 67).

Im Hinblick auf den *Organisationsbedarf* besteht zwischen beiden Arbeitsmarktparteien eine Machtasymmetrie: Anders als die Arbeitnehmer verfügen die Arbeitgeber über eine Reihe alternativer Optionen zur Interessendurchsetzung. Die private Verfügung über Produktionsmittel räumt ihnen Dispositionschancen ein (z.B. Rationalisierung, Anreizsysteme zur effektiveren Arbeitsverausgabung, Deinvestition, Kapitalverlagerung etc.), die es ihnen ermöglichen, ungünstige Marktbedingungen zu kompensieren, sodass für sie der kollektive Zusammenschluss weniger dringlich ist als für die Arbeitnehmer. Naheliegend, aber nicht zwingend ist ihr verbandlicher Zusammenschluss, wenn die Arbeitnehmer sich in überbetrieblichen Gewerkschaften organisieren und wenn der Sozialstaat regulierend in die Arbeitsverhältnisse eingreift. Aber selbst unter diesen Umständen können Großunternehmen noch über hinreichende Machtressourcen verfügen, um ihre Interessen allein durchzusetzen.

Bei der *Organisationsfähigkeit* unterscheidet Traxler zwei Dimensionen: erstens die der Rekrutierung von Mitgliedern und zweitens die der Folgebereitschaft beziehungsweise Loyalität der Mitglieder. Hier konstatiert er gleichfalls eine charakteristische Asymmetrie zwischen Arbeitgebern und Arbeitnehmern: Während Arbeitgeberverbände geringe Probleme bei der Mitgliederrekrutierung, aber große bei der Sicherung der Mitgliederloyalität haben, ist dies bei den Gewerkschaften umgekehrt. Die Vorteile einer Organisierung der Arbeitgeberseite bestehen zunächst darin, dass es meist genügt, wenn sich einige wenige Unternehmen mit einer großen Zahl von Beschäftigten zusammenschließen, um einen mächtigen Verband aufzubauen. Des Weiteren verfügen die Arbeitgeber über vielfältige positive und negative Sanktionsmittel, um ihre Beschäftigten vom Gewerkschaftsbeitritt abzuhalten, sodass insgesamt gesehen die Opportunitätskosten eines Verbandsbeitritts für Unternehmer geringer sind als für Arbeitnehmer. Anders stellt sich die Situation für die Verbandsführung und die Praxis der Interessenvereinheitlichung dar. Prekär bleibt für Arbeitgeberverbände die Sicherung der Mitgliederloyalität bei der Verfolgung gemeinsamer Ziele, insbesondere bei der in Tarifverhandlungen erforderlichen Kompromiss- und Verpflichtungsfähigkeit. Denn aufgrund ihrer »exklusiven Machtmittel« sind einzelne Unternehmen in der Lage, nicht nur im »Alleingang« ihre Interessen zu verfolgen, sondern auch die Politik ihres Verbandes zu unterlaufen, etwa wenn dessen Vereinbarungen den Eigeninteressen widersprechen. »Anders als im Fall der relativen Kosten von Beitritt beziehungsweise Mitgliedschaft sind daher die relativen Kosten der Loyalität für die Arbeitgeber im Regelfall höher als für die Arbeitnehmer.« (ebd.: 69) Es sind die Loyalitätsprobleme, welche den Arbeitgeberverbänden die Kompromissfindung erschweren und sie in ihrer Verpflichtungsfähigkeit schwächen. Sie sehen sich daher häufig gezwungen, »ihre Politik möglichst weitgehend den Eigen- und Sonderinteressen spezifischer Mitgliedergruppen anzupassen« (ebd.). Die überlegene Ressourcenausstattung der Unternehmer verschafft diesen somit nicht nur einen Machtvorsprung gegenüber den Arbeitnehmern, sondern verhilft ihnen auch zu einer machtvollen Position gegenüber ihren eigenen Verbänden.

Als Ordnungsfaktoren fungieren Gewerkschaften und Arbeitgeberverbände nicht nur im Rahmen der Tarifautonomie, sondern auch bei der Regelung der beruflichen Aus- und Weiterbildung. Außerdem wird den Gewerkschaften in der Praxis der Betriebsverfassung eine »betriebsverfassungsrechtliche Hilfsfunktion« zugesprochen (Däubler 1995: 481).

Als »ein dritter Sozialpartner« (Spiegelhalter 1990) sind die Wohlfahrtsverbände, vornehmlich die »Spitzenverbände der freien Wohlfahrtspflege« (Arbeiterwohlfahrt, Caritas, Diakonisches Werk, Paritätische Wohlfahrtsverbände), maßgeblich an der Gestaltung des Soziallebens im Rahmen des Subsidiaritätsprinzips beteiligt. Als Interessenverbände fordern und fördern sie nicht nur im Sinne ihrer Verbandsziele, sondern erbringen, als Sozialleistungsverbände, auch eigene Leistungen; darin sind sie mit den Tarifparteien vergleichbar.

5.4.2 Nichtregierungsorganisationen (NGOs)

Die sogenannten Nichtregierungsorganisationen (abgekürzt NGOs, von engl.: *non-governmental organisations*) haben zwar eine lange Geschichte, sie spielen aber erst seit dem ausgehenden 20. Jahrhundert wieder eine von der Öffentlichkeit registrierte wichtige Rolle in der nationalen und internationalen Politik. Als ein neues Phänomen wahrgenommen werden sie wegen ihres Einflusses, den sie als politische Akteure in den internationalen Beziehungen ausüben. In gewisser Weise besetzen die NGOs heute die politische und theoretische Stelle, die im letzten Drittel des 20. Jahrhunderts die neuen sozialen Bewegungen einnahmen; manche sehen in ihnen auch das Zerfallsprodukt der sozialen Bewegungen.

NGOs im hier verstandenen (und noch zu erläuternden) Sinne sind Vertreter und Ausdruck, ja »Hoffnungsträger« einer lebendigen Zivilgesellschaft, wenn man darunter die Selbstorganisation der Gesellschaft im staatsfreien Raum versteht. Pointiert formuliert sind sie die »neuen Selbstständigen in der Politik« (Heins 2002: 9). Wie die Nonprofit-Organisationen werden auch sie negativ bestimmt – durch das, was sie nicht sind. Gleichwohl werden sie dem allgemeinen Verständnis nach wesentlich enger wahrgenommen als ihr Name indiziert: Nicht allen ideellen Fördervereinen und *Public Interest Groups* wird dieses Label zuerkannt. Der von Dieter Rucht (1996) vorgeschlagene präzisere Begriff »multinationale Bewegungsorganisationen« hat sich nicht durchgesetzt. In seiner umfangreichen Arbeit über »NGOs im Wandel« definiert Ingo Take (2002: 42) die NGOs als Organisationen,

- die unabhängig von der Regierung beziehungsweise dem Staat agieren und weder regierungsamtliche Ressourcen noch staatliche Ämter besitzen oder anstreben,
- die nicht gewinnorientiert handeln (das haben sie mit den Nonprofit-Organsationen gemeinsam),
- die ausschließlich öffentliche Interessen (in Stellvertreterfunktion) wahrnehmen,
- deren Handeln sich advokatorisch an universellen Prinzipien und Gemeinnützigkeit orientiert und politische Zielsetzungen verfolgt und
- die ihre Ressourcen auf der Basis von Freiwilligkeit erhalten.

Diesen fünf Merkmalen können zwei weitere hinzugefügt werden, und zwar

- die Professionalisierung und organisatorische Dauerhaftigkeit (um sie von den sozialen Bewegungen abzugrenzen),
- das Fehlen ethnischer, nationaler, religiöser oder geschlechtsspezifischer Exklusivität zugunsten einer universalistischen und internationalen Orientierung (was sie von den vielen *Public Interest Groups* mit lokalen und nationalen Zielen abgrenzt).

Als Advokaten der Menschenrechte, der friedlichen und gerechten Weltordnung, der Umwelt, der Entwicklungspolitk, der Frauenrechte und ethnischen Minderheiten sind die NGOs zugleich »Informanten, Mahner, Kritiker, Ankläger und Helfer« (Rucht 1996: 31) und schließlich auch Makler zwischen Gruppen Betroffener und staatlichen Instanzen.

Ausschlaggebend für ihre Zielsetzungen, ihren Aktionsraum und die öffentliche Wahrnehmung ist ihre *internationale Orientierung*. Eine Zählung der Vereinten Nationen kam 1995 auf »29.000 internationale NGOs« (Heins 2002: 60). Entweder sind sie, wie die einflussreichsten NGOs (*Amnesty International, Greenpeace, Attac*), bereits internationale Organisationen mit nationalen Dependancen und Sektionen oder, als lokal und national organisierte NGOs (z.B. BUND), Teil internationaler NGO-Netzwerke.

In ihrer heutigen Erscheinungsform sind sie politische und organisatorische Antworten auf den Souveränitätsverlust des Nationalstaates und auf die Tendenzen zur »Internationalisierung des Staates« (Brand u.a. 2001: 9). Sie agieren in den internationalen Politikarenen, wo formelle demokratische Institutionen völlig fehlen; man kann sie daher auch als Keimzellen oder Avantgarde einer Weltzivilgesellschaft verstehen (Roth 2001: 43). Als autonome transnationale Akteure sowohl von der Öffentlichkeit als auch von den politischen und selbst wirtschaftlichen Akteuren mehr und mehr anerkannt, übersteigt ihr »Akzeptanzgrad als Problemlöser (…) teilweise den von staatlichen und internationalen Institutionen« (Take 2002: 60). Dazu beigetragen haben – durch die Bereitstellung von Expertise und ihre Autorität – die keinem partikularen Interesse verpflichteten wissenschaftlichen Gemeinschaften (*epistemic communities*), die sich als »Netzwerke von Professionellen mit anerkanntem Expertenwissen und Kompetenz für ein bestimmtes Themenfeld sowie autoritativen Ansprüchen auf politikrelevantes Wissen für dieses Themenfeld« (Haas 1992: 3, zit. n. Roth 2001: 59) zu Wort melden. Die besondere Brisanz und Interventionsmacht der NGOs speist sich indessen aus der spezifischen Kombination von »Wissen und Aktion, Recherche und Moral« (Heins 2001; zit. n. Brand 2001: 87; ähnlich Heins 2002: 133).

Ihre Beiträge zur Problemlösung zielen auf eine globale Zivilgesellschaft, spezifischer: auf »Global Governance«. Nicht die Suche nach einer Weltregierung ist damit gemeint, sondern die nach der Regierbarkeit der Welt, das heißt die Schaffung eines globalen Ordnungsrahmens für eine globalisierte Ökonomie (Blank 2002). Die darauf fokussierten Aktivitäten der NGOs lassen sich nach vier Leistungen spezifizieren (Take 2002: 60ff.):

- Die Vermittlung unterrepräsentierter Interessen und neuer Problemstellungen gegenüber der politischen Ebene, das sogenannte *Agendasetting*;
- die Bereitstellung von Expertenwissen bei der Aushandlung von Maßnahmen zur Problembearbeitung;
- die Information und Aufklärung der Öffentlichkeit;

• die Übernahme originär staatlicher Aufgaben (z.B. Durchführung eigener Projekte im Auftrag der UN, Weltbank etc.).

Die den NGOs zur Verfügung stehenden oder zufließenden Ressourcen sind vielfältiger Art: Neben den wissensbasierten, moralischen, personellen und finanziellen Ressourcen sind diesen auch der Zugang zu Foren und Entscheidungsträgern sowie die Allianzpartner mit ihren je eigenen Ressourcen zuzurechnen (Take 2002: 63). Wie bereits erwähnt, ziehen die NGOs vornehmlich aus den kombinierten Ressourcen Wissen und Moral ihre Stärke – gegen nackte Interessenpolitik mobilisieren sie wissenschaftliche Standards. Schon die NGOs eigentümliche Verknüpfung von Expertenwissen mit Erfahrungs- beziehungsweise Betroffenenwissen enthält die moralische Komponente der Glaubwürdigkeit. Durch die Unterstützung der oft ehrenamtlich tätigen Wissenschaftler und die Nähe zu den betroffenen Gruppen können NGOs auf neue Gefährdungen sowohl kompetent wie authentisch aufmerksam machen und daraus in den öffentlich ausgetragenen Aufdeckungs- und Zurechnungskonflikten (Beck 1995: 19f.) die Definitionsmacht über Problemlagen und ihre potenziellen Lösungen gewinnen.

Viele Beobachter sind sich darin einig, dass die durch die Internationalisierung forcierte Professionalisierung der NGOs ihre Kehrseite in einer defizitären demokratischen Partizipation ihrer Mitglieder und Unterstützer hat. Wenn es auch übertrieben ist, sie als »Organisationen ohne Mitglieder« (Heins 2002: 43) zu bezeichnen, beschränkt sich die Beteiligung der Mitglieder vielfach darauf, Beiträge und Spenden zu entrichten. Eine Kompensation bietet freilich das Internet mit seinen vielfältigen Möglichkeiten zur Kommunikation mit den Mitgliedern. Protest wird weniger über die Mobilisierung der Basis für bürgernahe Aktionen als über die Nutzung der Medien für publikumswirksame Bravourstücke professioneller Aktivisten und für punktuelle transnationale Kampagnen entfaltet; Kritiker sprechen gar von einer »Entertainisierung der Politik« (Heins 2002: 28). Nicht zu Unrecht ist daher von »delegierter Militanz« und »stellvertretender Radikalität« die Rede (Take 2002: 368). In dieser Distanz zwischen Organisation und Mitgliedern beziehungsweise Anhängern besteht die größte Differenz zwischen

NGOs und den sozialen Bewegungen mit ihrem basisdemokratischen Charme. Als akkreditierte Teilnehmer internationaler Konferenzen und Gremien können NGOs direkten politischen Einfluss ausüben. Insbesondere seit der UN-Konferenz für Umwelt und Entwicklung 1992 in Rio des Janeiro haben sie auf den nachfolgenden Weltkonferenzen und Weltsozialforen ein größeres Gewicht in die Waagschale legen können. Die UNO hat zahlreichen NGOs einen Konsultativstatus eingeräumt (allein beim Wirtschafts- und Sozialrat sind es derzeit 1.515). Seit der Verkündigung der Menschenrechte (1948) wirken sie an der internationalen Menschenrechtspolitik und der Entwicklung des Völkerrechts mit und auf den UN-Weltkonferenzen gelten sie als »Repräsentanten der Zivilgesellschaft« (Brunnengräber 2000: 268). Erfolgreich können die NGOs in den internationalen Politikarenen nur sein, wenn sie verschiedene Strategien verfolgen. Die wichtigsten sind *Lobbying, Medienarbeit, Aktionen* und *Kampagnen*.

Eine der ältesten NGOs ist das 1864 gegründete »Internationale Rote Kreuz«, das heute vorwiegend Fremdhilfe in konkreten Kriegs-, Not- und Katastrophenfällen leistet, aber in der Vergangenheit sich advokatorisch für humane Formen der internationalen Kriegsführung und Gefangenenbehandlung eingesetzt hat. Eine noch ältere internationale NGO war die gegen die Sklaverei kämpfende »British and Foreign Anti-Slavery Society«, die bereits 1823 gegründet worden war. Internationale Reputation genießt die 1921 gegründete Schriftstellervereinigung PEN (Abkürzung für engl.: *Poets, Essayists, Novelists*). Der internationale PEN ist eine Netzwerkorganisation nationaler PEN-Zentren; ihre 1933 verabschiedete Charta postuliert den ungehinderten Gedankenaustausch sowie Meinungs- und Pressefreiheit, und ihr *Writers-in-Prison Committee* betreut inhaftierte Autoren juristisch und moralisch und setzt sich für ihre Freilassung ein.

Wir wollen abschließend einige internationale NGOs vorstellen und vergleichen, die zu den aktivsten und größten gehören: Amnesty International, Greenpeace, Attac sowie den dem internationalen Netzwerk Friends of the Earth angehörigen BUND.

Abbildung 12: Internationale NGOs im Vergleich

	Amnesty International	Greenpeace	Attac
Sitz	London	Amsterdam	Paris
Gründungsjahr	1961	1971	1998
Kernthematik	Menschenrechte	Meeres- und Umweltschutz (Ökologie)	Weltwirtschafts-ordnung (Globalisierung)
Organisations-typus	Mitglieder-organisation	Aktivistenteam mit breiter Anhängerschaft	Bewegungs-organisation + NGO-Netzwerk
Organisations-struktur	repräsentativ-demokratisch	hierarchisch/zentra listisch (›Zuschauer-demokratie‹)	zentralistisch-demokratisch
Mitglieder	1 Million in 160 Ländern	2,8 Millionen in 41 Ländern	80.000 in 45 Ländern
Hauptaktionsform	gezielte Intervention	spektakuläre Aktion, massenmedial inszeniert	Kampagne + Massendemonstration
Rolle der Medien	wichtig	konstitutiv	sehr wichtig

Amnesty International (ai)

Die 1961 gegründete weltweite Organisation ist eine von Regierungen, politischen Parteien, Ideologien und Religionen unabhängige NGO. Als Gefangenenhilfsorganisation gegründet, ist sie heute die größte Menschenrechtsorganisation. An ihrer Wiege stand die Inititative eines Londoner Rechtsanwalts gegen die aus politischen Gründen erfolgte Inhaftierung zweier portugiesischer Studenten. Auf der Grundlage der Allgemeinen UN-Erklärung der Menschenrechte von 1948

*   setzt sie sich ein für die Freilassung politisch gewaltfreier Häftlinge,
*   fordert faire Gerichtsverfahren für alle aus politischen Gründen Angeklagten,
*   kämpft bedingungslos gegen Folter, Misshandlungen, Todesstrafe, extralegale Hinrichtungen und geheime Haft,

- fordert Schutz und faire Verfahren für aufgrund politischer Verfolgung aus ihrem Land geflüchtete Menschen.

Amnesty International ist heute eine Mitgliederorganisation mit 1 Million Mitgliedern und Förderern in über 160 Ländern. Sie hat offiziellen Beraterstatus bei den Vereinten Nationen; 1977 erhielt sie den Friedensnobelpreis. Gemäß ihrer internationalen und nationalen Satzungen ist ihre innerorganisatorische Struktur repräsentativ-demokratisch aufgebaut. Das Internationale Sekretariat in London kooperiert mit 55 nationalen Sektionen, die Vertreter in den Internationalen Rat, dem oberstes Gremium auf internationaler Ebene, entsenden. Er tritt alle zwei Jahre zusammen, bestimmt die allgemeine Politik und wählt das Internationale Exekutivkomitee, dem die Führung der laufenden Geschäfte obliegt sowie die Verantwortung für das Internationale Sekretariat in London mit der Generalsekretärin an der Spitze. Die nationalen Sektionen bestehen aus zahlreichen regionalen Gruppen (allein 600 in Deutschland), in denen sich die Mitglieder aktiv engagieren können. Eine Jahresvollversammlung der Mitglieder und Gruppen wählt den ehrenamtlichen Sektionsvorstand. Größere Sektionen unterhalten in der Regel ein hauptamtliches Sekretariat.

Greenpeace

Die 1971 gegründete NGO mit der Zentrale in Amsterdam hat nationale und regionale Büros in 41 Ländern. Die Organisation konzentriert sich auf globale Kampagnen und spektakuläre Aktionen (z.B. Besetzung von Bohrinseln) zum Schutz der Umwelt. Sie sind das »Herzstück der Greenpeace-Strategie«, denn durch sie sollen Skandale medienwirksam aufgedeckt und öffentliche Debatten ausgelöst werden (Hamdan 2000: 71f.). Greenpeace ist die erste internationale NGO, die »ihre politische Strategie von Anfang an ganz und gar darauf abgestellt hat, in den Massenmedien präsent zu sein und über diese Präsenz die Organisationsziele durchzusetzen« (Krüger 1996: 41). Mit ihrer wie ein Lehrstück inszenierten »Politik der symbolischen Konfrontation« (ebd.: 39) übt sie moralischen Druck via Medien aus, während sie für die parallel betriebene Lobbyarbeit auf diplomatischere Methoden zurückgreift. Die Finanzierung erfolgt durch individuelle Beiträge und Zuwendungen von Stiftungen; nicht akzeptiert werden finanzielle Mittel von Regierungen, Parteien und Wirtschaftsunternehmen. Neben einer kleinen Zahl von Aktivisten hat *Greenpeace* 2,8 Millionen unterstützende Mitglieder. Greenpeace ist weder soziale Bewegung noch Mitgliederorganisation, sondern eine Vereinigung wagemutiger Aktivisten, die von der finanziellen und moralischen Unterstützung eines breiten Anhängerkreises getragen wird.

Attac

Das einprägsame Akronym Attac steht für »Association pour une Taxation des Transactions Financières pour l'Aide aux Citoyens« (Vereinigung zur Besteuerung der Finanztransaktionen zum Nutzen der Bürger). Die NGO wurde nach Veröffentlichung des mittlerweile berühmten Artikels von Ignacio Ramonet »Entwaffnet die Märkte« (in *Le Monde-Diplomatique*) 1998 in Paris gegründet. Ihr thematischer Ausgangspunkt war die sogenannte Tobin-Steuer, eine von dem US-Ökonomen James Tobin vorgeschlagene Umsatzsteuer, die grenzüberschreitende Devisentransaktionen verteuern und damit eindämmen soll. Attac ist die erste und bislang einzige transnationale NGO, die explizit gegen die neoliberale Globalisierung kämpft. Sie steht für eine »Globalisierung von unten«, das heißt eine Zivilisierung des globalen Kapitalismus durch die »Wiedereinbettung« des Weltmarktes nach gerechten und solidarischen Regeln. Ihre grundsätzlichen Forderungen lauten:

- Tobin-Steuer,
- Austrocknung der Finanzoasen,
- Schuldenausgleich und -erlaß,
- Ablehnung der Pensionsfonds zur Alterssicherung (Grefe u.a. 2002: 119).

Der breiteren Öffentlichkeit wurde Attac bekannt durch die Massendemonstrationen anlässlich von Weltwirtschaftsgipfeln (G 8) und Spitzentreffen der Welthandelsorganisation und der Weltbank u. a. in Seattle (1999) und Genua (2001). Attac vereinigt in sich Elemente von sozialer Bewegung, Organisation und Netzwerk. Für soziale Bewegung sprechen ihre mobilisierenden Aktionen und Kampagnen; ihr Präsident Bernard Cassen bezeichnet sie als eine »Volksbildungsbewegung mit Aktionscharakter« (Eskola/Kolb 2002: 30). Gleichwohl fehlen ihr die Bindungskräfte (gemeinsame Weltanschauung, Generationenzusammenhang), die beispielsweise den sozialen Bewegungen der 1980er Jahre eine relative Stabilität und Kontinuität verliehen hatten. Bisher sichert den Zusammenhalt vor allem »das gemeinsame Label und die mediale Wirksamkeit« (Lucke 2002: 24), die sie, anders als Greenpeace, durch Massenmobilisierung erzielt. Netzwerk ist Attac insofern, als sie sowohl auf nationaler wie auf transnationaler Ebene neben Einzelpersonen auch Organisationen als Mitglieder aufnimmt. Die korporativen Mitglieder kommen vornehmlich aus dem entwicklungspolitischen, kirchlichen, gewerkschaftlichen und ökologischen Spektrum (Eskola/Kolb 2002: 29).

Attac ist gleichzeitig eine formale politische Organisation. Die konstituierende Versammlung besteht aus zehn Individuen und Vertretern der NGOs und politischen Gruppen, die ihr angehören. Dieses Gremium wählt den Präsidenten und den Verwaltungsrat (Grefe u.a. 2002: 118ff.). International wird Attac hauptamtlich von Paris aus koordiniert. Zweimonatliche Europa-Treffen in wechselnden Ländern und ein jährliches internationales Treffen sorgen für eine relativ lose Form von Koordinierung und Kooperation. Gleichwohl lässt Attac ihren nationalen und regionalen Gruppen fast völlige Freiheit, und bis auf die Verpflichtung auf die grundsätzlichen Forderungen herrscht ideologischer Pluralismus vor.

Mit 80.000 Einzel- und vielen korporativen Mitgliedern in 45 Ländern (Moldenhauer 2002: 215) bildet Attac ein Bündnis von Organisationen und Einzelpersonen. Zu den Gründungsmitgliedern gehörten auch Gewerkschaften. Der Schwerpunkt liegt weiterhin in Frankreich, wo einflussreiche Intellektuelle, unter ihnen Pierre Bourdieu und Viviane Forrester, sich für sie engagiert haben und die Hälfte der Mitglieder leben. Nach den spektakulären Demonstrationen auf dem Weltwirtschaftsgipfel in Genua erfolgte auch in Deutschland die Gründung einer nationalen Dependance (Oktober 2001), die derzeit 100 Ortsgruppen mit 6.000 Einzelmitgliedern und 100 Mitgliederorganisationen umfasst. Zu den korporativen Mitgliedern gehören der BUND und die Gewerkschaften Verdi, GEW sowie die DGB-Jugend (Moldenhauer 2002; Dörre 2002b).

BUND

Der »Bund für Umwelt und Naturschutz Deutschland«, 1975 von Horst Stern und Bernhard Grzimek sowie zehn weiteren Umweltschützern gegründet, ist mit 365.000 Mitgliedern der größte Umweltverband in Deutschland. Er ist seit 1989 Mitgliedsorganisation des größten weltweiten Netzwerks von Umweltgruppen, »Friends of the Earth International«. Sein Jahresetat, finanziert zum größten Teil aus Mitgliedsbeiträgen und Spenden, zum kleineren aus projektgebundenen Mitteln und Bußgeldern, betrug 2001 10,8 Millionen EURO. Als eingetragener Verein schreibt seine Satzung einen differenzierten Organisationsaufbau vor: Vorstand mit Sitz in Berlin, Landesverbände in allen 16 Bundesländern, 2.000 Kreis- und Ortsgruppen, eine Jugendorganisation. Die Verbandsorgane bestehen aus der Delegiertenversammlung (von den Mitgliederversammlungen in den Ländern entsandte Vertreter), Vorstand, Verbandsrat und wissenschaftlicher Beirat.

Fragen

1. Bestimmen Sie die primäre Funktion einer Interessenorganisation und grenzen Sie diese von verwandten Phänomenen ab!
2. Nach welchen Kriterien können Interessenverbände systematisch gegliedert werden?
3. Wie lässt sich die Entstehung von »organisierten Gruppen« theoretisch erklären?
4. Skizzieren Sie das Leistungs- und Spannungsverhältnis zwischen Interessenorganisation und Mitgliedern!
5. Zeigen sie die politischen und wirtschaftlichen Funktionen von Gewerkschaften und Arbeitgeberverbänden auf und diskutieren Sie vergleichend deren typische Organisationsprobleme!

6. Welche aktuelle Bedeutung kommt den Nichtregierungsorganisationen zu? Beschreiben Sie deren Mitgliederproblem am Beispiel der wichtigsten internationalen NGOs!

Kapitel 6

Ausblick und eine gesellschaftstheoretische Kontroverse

Anknüpfend an die in Kapitel 1 vorgestellte gesellschaftstheoretische Konstruktion der *Organisationsgesellschaft* wollen wir abschließend eine teils latente, teils manifeste Kontroverse in der soziologischen Literatur aufgreifen. Sie lässt sich plakativ mit *Organisation versus Individuum*, aber auch mit *Organisation versus Lebenswelt* benennen.

Diese Kontroverse finden wir wie in einer Nussschale bereits im Werk Max Webers, wenn auch dessen dominantes Thema die These von der fortschreitenden Rationalisierung (auch: Entzauberung) der Welt ist. In zahlreichen gesellschaftlichen Sphären spürt Weber die Zweck-Mittel-Rationalität auf, die er in vielfältigen Organisationsformen (Verbänden, Anstalten, staatlichen Bürokratien, kapitalistischen Betrieben, Parteien) triumphieren sieht. Für Weber ist Organisation (als Verband oder Anstalt mit Verwaltungsstab) immer bürokratische Organisation; denn Rationalität manifestiert sich vornehmlich in Prozessen zweckhaften und effizienten Organisierens, und wo Organisation ist, ist auch Bürokratie und umgekehrt.

Auf der anderen Seite konstatiert Weber jedoch eine Antinomie zwischen *formaler* und *materialer* Rationalität. Mit ersterer bezeichnet er die für die kapitalistische Marktwirtschaft typische Rechenhaftigkeit, die ihre höchste Form in der Kapitalrechnung (zwecks Errechnung der Rentabilität) hat, mit letzterer eine Rationalität, die die Rechenhaftigkeit unter Beachtung »wertender Postulate« (z.B. ethische oder egalitäre) vornimmt (Weber 1922/1964: 60). In seinem Hauptwerk *Wirtschaft und Gesellschaft* (1922) heißt es beispielsweise: »Dass das Höchstmaß von *formaler* Rationalität der *Kapitalrechnung* nur bei Unterwerfung der Arbeiter unter die Herrschaft von Unternehmern möglich ist, ist eine weitere spezifische *materiale* Irrationalität der Wirtschaftsordnung.«

(1922/1964: 102; Hervorh. i. O.) Irrational und bedrohlich ist erst recht die Tendenz bürokratischer Organisationen, sich von einem Herrschafts*mittel* zu einer Herrschafts*form* zu verselbstständigen und dadurch die Gesellschaft zum »stählernen Gehäuse der Hörigkeit« (ebd.: 1060) zu machen. In der berühmten »Zwischenbetrachtung« zur Wirtschaftsethik der Weltreligionen (1920) spricht er von den »kalten Skeletthänden rationaler Ordnungen« (1920/1963: 561), die alle Sphären der Gesellschaft umklammern; allein in den expressiven Sphären der Erotik und der Kunst entdeckt er die Kraft zur »innerweltlichen Erlösung vom Rationalen« (ebd.: 560).

Webers Rationalisierungsthese fand in der sozialphilosophischen Literatur des *Westlichen Marxismus* eine aufmerksame Resonanz. Sein Schüler Georg Lukács interpretiert sie in seinem Frühwerk *Geschichte und Klassenbewußtsein* (1923) als »Verdinglichung« aller menschlichen Beziehungen. Mit der These, dass im durchrationalisierten Kapitalismus alles Lebendige »dinghaft«, das heißt warenförmig wird, wurde Lukács' Frühwerk auch zum Ideengeber der Kritischen Theorie.

So bezeichnet Walter Benjamin, in einer Rezension von Siegfried Krakauers Schrift über die Angestellten, die Organisation »als das eigentliche Medium (…), in welchem die Verdinglichung der menschlichen Beziehungen sich abspielt« (1930/1966: 423). Bei Horkheimer und Adorno (1944) taucht die Verdinglichung in der Metapher der »verwalteten Welt« erstmals in der »Dialektik der Aufklärung« auf: Sie steht für die lückenlos vergesellschaftete Gesellschaft, in der alle Schlupfwinkel verschwunden sind und die im Individuum jede Spontaneität abwürgt. Im Vortrag über »Individuum und Organisation« von 1953 richtet Adorno seine immerhin ambivalente Sicht auf den »Doppelcharakter der Organisation« (1953/1990: 447). Zwar beschreibt er den »Schauder vor der organisatorischen Überschattung immer zahlreicherer Sphären des Lebens« (ebd.: 440) und beklagt die »organisatorische Verhärtung der Welt« (ebd.: 444), konstatiert aber gleichwohl: »Organisation ist weder böse noch gut, sie kann beides sein, und ihr Recht und ihr Wesen hängen ab von dem, in dessen Dienst sie steht.« (ebd.: 446). Dass Organisationen schließlich doch als bedrohliche und totalitäre Instrumente der verwalteten Welt dargestellt werden, liegt an ihrer Stellung im gesellschaftlichen (sprich: kapitalistischen) Gesamtprozess, der eben nicht

»nach den Bedürfnissen einer freien und mündigen Menschheit« (ebd.) geformt ist. In diesem Sinne hatte auch schon Benjamin die Volte geschlagen, dass Organisation nicht nur Medium der Verdinglichung sei, sondern »das einzige übrigens auch, in dem sie könnte überwunden werden« (1930/1966: 423), womit der Autor wohl nur die sozialrevolutionäre Organisation gemeint haben konnte.

Als *Dichotomie zwischen System und Lebenswelt* liegt dieses Thema auch Habermas' Hauptwerk *Theorie des kommunikativen Handelns* (1981) zugrunde. Es steht in der Tradition der Kritischen Theorie, ersetzt aber deren Kritik der instrumentellen Vernunft (wie sie Horkheimer und Adorno in der »Dialektik der Aufklärung« formuliert hatten) durch eine Kritik der funktionalistischen Vernunft. Die empirisch gehaltvolle Zeitdiagnose entdeckt die Verdinglichungsproblematik in der »Kolonialisierung der Lebenswelt« wieder, gemeint ist damit, dass durch Monetarisierung und bürokratische Organisierung, also über die Steuerungsmedien Geld und Macht die »losgelassene funktionalistische Vernunft« des wirtschaftlichen und politisch-administrativen Subsystems auf die Lebenswelt übergreift und deren »kommunikativen Eigensinn« zu unterminieren droht.

Habermas' zweistufige Gesellschaftstheorie mit den Komponenten Lebenswelt und System konzipiert erstere mit den Grundbausteinen *Kultur* (Wissensvorrat der Kommunikationsteilnehmer), *Gesellschaft* (im engeren Sinne von institutionellen Ordnungen, die Solidarität sichern) und *Persönlichkeit* (sprach- und handlungsfähige Kompetenzen) (1981 Bd. 2: 209). Erst im historischen Prozess differenzieren sich aus der Lebenswelt funktionale Systeme heraus, namentlich *Wirtschaft* (marktregulierte Ökonomie) und *Politik* (moderne Staatsanstalt), zu eigenständigen, autonomen Handlungssphären. Dabei wird Sprache in ihrer Funktion der Handlungskoordination durch die *Steuerungsmedien Geld und Macht* ersetzt. Habermas begreift diesen Vorgang »als eine Entlastung von Kommunikationsaufwand und -risiko« (ebd.: 273) der Lebenswelt. Die partielle Umstellung von kommunikativ strukturierter *Sozialintegration* auf funktionale *Systemintegration* (ein Begriffspaar, das auf Lockwood (1969) zurückgeht) ist in modernen Gesellschaften irreversibel; ihr verdanken sie eine Steigerung ihres Komplexitätsniveaus, aber auch ihre Sozialpathologien – eben die »Kolonialisierung der Lebenswelt«. In den neuen sozialen Bewegungen (heute würde man NGOs an ihre Stelle setzen) an den »Nahtstellen zwischen System und Lebenswelt« erkennt Habermas die Ausdrucksformen einer »vernünftigen Moderne«, die sich gegen die »systemisch induzierten Lebensweltpathologien« zur Wehr setzt.

In seiner frühen Arbeit *Strukturwandel der Öffentlichkeit* (1962) hat Habermas gar die Entstehung der bürgerlichen Öffentlichkeit mit der Begleiterscheinung eines für diese historische Periode florierenden Vereins- und Verbändewesens in Verbindung gebracht. Öffentlichkeit als eine – in Habermas' Terminologie – Sphäre des »räsonierenden Publikums« (1962: 37) ging einher mit der Selbstorganisierung des Bürgertums zunächst in Kaffeehäusern, Lesegesellschaften und anderen freiwillig gebildeten »Assoziationen« (Dann 1981; Türk u.a. 2002). Was bereits für das Bürgertum galt – dass seine Emanzipation ohne Organisationen historisch nicht möglich gewesen wäre –, gilt noch mehr für die Arbeiterbewegung, die sich erst durch Bildung mächtiger Organisationen (Genossenschaft, Gewerkschaft, Partei) aus ihrer gesellschaftlich exterritorialen, unterprivilegierten Stellung befreien konnte.

Klaus Türk, dem wir erhellende Analysen insbesondere der angelsächsischen organisationstheoretischen Literatur verdanken, zieht die von Adorno aufgezeigten Ambivalenzen und von Habermas vorgenommenen Differenzierungen überraschenderweise wieder ein. Für ihn sind Organisationen blanke Herrschaftsinstrumente, in seinen Worten: »Zugriffsweisen auf menschliche Ko-Operation« (Türk 1995: 5). Die von ihm eingeführte Schreibweise der »Ko-Operation« steht für die Produktivität gemeinschaftlicher Arbeit, die sich Organisationen herrschaftlich aneignen. Als »entsolidarisierender, entmoralisierender, verantwortungsentlastender Sozialmechanismus« (ebd.: 12) wird die Organisation als die Herrschaftsform kapitalistischer Produktionsverhältnisse schlechthin begriffen. Bei seiner zum Gegenbegriff zur Organisation konstruierten »Assoziation« bleibt er indessen die begriffliche Präzision schuldig, wenn er selbst die Vereinigungen der Arbeiterbewegung nur »als *Gegen*verbände (…) und nicht als ›Assoziationen‹« (ebd.: 16; Hervorh. i.O.) kategorisiert.

Im Gegensatz zu diesen kritischen bis hyperkritischen Positionen blendet die Mainstream-Soziologie die negativen Seiten der Organisationsgesellschaft weitgehend aus. Parsons, Mayntz und Luhmann bewerten Organisationen durchgängig positiv und sehen sie als unverzichtbar in ihren Funktionen für moderne Gesellschaften, während Colemans Sicht der korporativen Akteure in ihrem Verhältnis zu den Individuen durchaus noch ambivalente Züge erkennen lässt. Nach den instruktiven Analysen dieser Autoren sind Organisationen notwendige Ordnungsmittel hochgradig interdependenter Sozialbeziehungen; sie stellen das beständige Zusammenwirken von Menschen bei der kontinuierlichen Durchführung komplexer Aufgaben durch institutionalisierte Handlungsprogramme sicher (vgl. Kap. 1).

Parsons betrachtet das Auftreten formaler Organisationen als eine evolutionäre Universalie moderner Gesellschaften. Ganz im Sinne Webers sieht er sie unter dem Aspekt bürokratischer Herrschaft, mittels derer kollektive Entscheidungen von Persönlichkeitsfaktoren und sozialem Rang unabhängig gemacht werden können. In Luhmanns Theoriearchitektur fungiert die Organisation als eine zwischen Interaktionssystem und Gesellschaft geschobene Systemebene. Organisationen und symbolisch generalisierte Medien sind ihm zufolge die Relais der Kommunikationen in Funktionssystemen, über die ein »hochgradig unwahrscheinliches (...), nicht direkt den eigenen Interessen dienendes Verhalten sichergestellt werden kann« (Luhmann 1987: 41). Da Organisationssysteme die Erhaltung der Mitgliedschaft unter Bedingungen stellen, können sie Konformitätsbereitschaft mit den teilsystemeigenen Programmstrukturen herstellen. Coleman schließlich sieht das Überhandnehmen der korporativen Akteure nicht ohne Ambivalenzen: Einerseits sind sie »unsere Werkzeuge zur besseren Verwirklichung unserer materiellen wie auch anderweitigen Interessen« (1979: 71), andererseits besteht die Gefahr der Verselbstständigung der »juristischen« gegenüber den »natürlichen« Personen.

Neben den genannten Autoren haben Ulrich Beck (1986) und Uwe Schimank (2001a; 2001b) insbesondere auf die Organisationsabhängigkeit der Individuen und ihrer Lebenschancen hingewiesen. Demnach dienen Organisationen der *Kompensation*; denn moderne erwerbstätige Menschen bedürfen ihrer, um den vielfältigen Individualisierungsschüben und Mobilitätszwängen überhaupt standzuhalten (Beck 1986: 119). Wenn sie sich in formalen Organisationen zusammenschließen, können sie überdies durch *Ressourcenzusammenlegung* ihre Interessen besser durchsetzen (Schimank 2001a: 286). Und erst die Mitgliedschaft in Organisationen begründet die gesellschaftliche *Inklusion*, das heißt die Teilnahme an den Leistungen der Funktionssysteme, an Bildung, Erwerbstätigkeit, Konsum und Kultur (Schimank 2001b: 26). Auch die Chancen für individuelle *Karrieren* sind hochgradig organisationsabhängig.»Ohne den Selektionsmodus von Organisationen kämen keine Karrieren zustande. Ein Leben ohne Karriere bleibt möglich – als Exklusion aus der Teilnahme von allen Funktionssystemen.« (Luhmann 2000: 101f.)

Individuen benötigen Organisationen zur Bewältigung ihres mobilen Lebenswandels, sie sind notwendige Ergänzungen zu den von Beck (1986) beschriebenen fortschreitenden Individualisierungs- und Vereinzelungstendenzen in der modernen Gesellschaft. Auch wenn formale Organisationen symbolisch strukturierte Lebenswelten durch sachlich-unpersönliche Sozialbeziehungen zurückdrängen und ersetzen, bieten sie durch freiwillige Mitgliedschaft, die grundsätzlich den jederzeitigen Wechsel der Organisationszugehörigkeit erlaubt, und durch die Partialinklusion, die persönliches und emotionales Engagement für die Ziele der Organisation nur noch bedingt einfordert, vielfältige psychische Entlastung. Und wie wir gezeigt haben, wird selbst der Protest der Lebenswelt gegen die ubiquitäre Zweck-Mittel-Rationalität noch am wirksamsten durch Zweckverbände wie die NGOs, aber auch durch Organisationen des Kunstsystems (z.B. Theater), zum Ausdruck gebracht. Da die Differenzierungen der modernen (Welt-)Gesellschaft nicht zurückgenommen werden können, ist ein menschenwürdiges Überleben ohne Organisation schlechthin undenkbar geworden – selbst wenn die Verbesserung der Lebenschancen gegen Adornos Konzept einer mündigen Menschheit armselig wie ein Linsengericht erscheinen mag.

Empfohlene Literatur

Zur Ergänzung und Vertiefung werden nachfolgend einige Aufsätze, Lehrbücher und Standardwerke empfohlen, die als exemplarische Arbeiten mit theoretischem Anspruch oder empirischer Repräsentativität ausgewählt wurden. Für speziellere Auskünfte wird auf das ausführliche Literaturverzeichnis verwiesen.

Zum Thema Organisationsgesellschaft

Perrow, C. (1989):»Eine Gesellschaft von Organisationen«. In: P. Kenis/V. Schneider, V. (Hg.): *Organisation und Netzwerk*. Frankfurt/M.: 75-121.
Schimank, U. (2001):»Organisationsgesellschaft«. In: G. Kneer/A. Nassehi/M. Schroer (Hg.): *Klassische Gesellschaftsbegriffe der Soziologie*. München: 278-307.
Coleman. J. S. 1979: *Macht und Gesellschaftsstruktur*. Tübingen

Zum Thema Organisation (generell)

Scott, W. R. 1986: *Grundlagen der Organisationstheorie*. Frankfurt/M.
Scott. W. R. 1992: *Organizations: Rational, Natural and Open Systems*. 3. Aufl. Englewood Cliff, NJ
Schreyögg, G. 1998: *Organisation. Grundlagen moderner Organisationsgestaltung*. 2. Aufl. Wiesbaden

Kieser, A./Kubicek, H. 1992: *Organisation*. 3. Aufl. Berlin
Luhmann, N. 1964: *Funktionen und Folgen formaler Organisation*. Berlin
Luhmann, N. 2000: *Organisation und Entscheidung*. Opladen
March, J. G./Simon, H.A. 1993: *Organizations*. 2. Aufl. Oxford
March, J. G. 1994: *A Primer on Decision Making*. New York
Perrow, C. 1993: *Complex Organizations*. 3. Aufl. New York
Weick, K. E. 1985: *Der Prozeß des Organisierens*, Frankfurt/M.

Zum Thema Organisationstheorien

Kieser, A. (Hg.) (1993): *Organisationstheorien*. Stuttgart.

Türk, K. (1989): *Neuere Entwicklungen in der Organisationsforschung. Ein Trendreport*. Stuttgart.

Ortmann, G./Sydow, J./Türk, K. (Hg.) 1997: *Theorien der Organisation. Die Rückkehr der Gesellschaft*. Opladen

Hatch, M. J: *Organization Theory. Modern, Symbolic, and Postmodern Perspectives*. Oxford

Morgan, G. 1997: *Images of Organization*. 2. Aufl. Beverly Hills, Ca.

Pfeffer, J. 1997: *New Directions for Organization Theory*. Oxford

Scott, W. R. 1995: *Institutions and Organizations*. London

Zum Thema Arbeitsorganisation

Schumann, M./Baethge-Kinsky, V./Kuhlmann, M./Neumann, U. (1994): *Trendreport Rationalisierung*. Berlin.

Womack, J. P./Jones, D. T./Ross, D. (1991): *Die zweite Revolution in der Automobilindustrie*. Frankfurt/M.

Mikl-Horke, G. (1995): *Industrie- und Arbeitssoziologie*. 3. Aufl. München: Kap. III.

Dörre, K. (2002): *Kampf um Beteiligung. Arbeit, Partizipation und industrielle Beziehungen*. Wiesbaden.

Edwards, R. (1981): *Herrschaft im modernen Produktionsprozess*. Frankfurt/M.

Zum Thema Unternehmensorganisation

Dunn, M. H. (1998): *Die Unternehmung als ein soziales System*. Berlin.

Barnard, C. I. 1970: *Die Führung großer Organisationen*. Essen

Cyert, R.M./March, J. G. 1962: *A Behavorial Theory of the Firm*. Englewood Cliff, NJ

Simon, H. A. 1976: *Administrative Behavior. A Study of Decision-Making Porcdesses in Administrative Organization*. 3. Aufl. New York

Kühl, S. (2002): *Sisyphos im Management. Die vergebliche Suche nach der optimalen Organisationsstruktur*. Weinheim.

Braun, W. M. (2002): *Strategisches Management der industriellen Beziehungen. Zur Empirie und Theorie des Verhältnisses zwischen Management und Betriebsrat*. München.

Picot, A./Reichwald, R./Wigand, R. T. (1996): *Die grenzenlose Unternehmung. Information, Organisation und Management*. Wiesbaden.

Zum Thema Unternehmensnetzwerk

Windeler, A. (2001): *Unternehmungsnetzwerke. Konstitution und Strukturation.* Wiesbaden.

Hirsch-Kreinsen, H (2002): »Unternehmensnetzwerke – revisited«. In: *Zeitschrift für Soziologie* 31: 106-124.

Sydow, J./Windeler, A. (Hg.) (2000): *Steuerung von Netzwerken.* Opladen/Wiesbaden.

Sydow, J./Wirth, C. (Hg.) 1999: *Arbeit, Personal und Mitbestimmung in Unternehmungsnetzwerken.* München/Mering

Zum Thema Interessenorganisation

Olson, M. (1992): *Die Logik des kollektiven Handelns. Kollektivgüter und die Theorie der Gruppen.* 3. Aufl. Tübingen.

Streeck, W. (Hg.) (1994): *Staat und Verbände.* Politische Vierteljahresschrift. Sonderheft 25/1994.

Reutter, W./Rütters, P. (Hg) 2001: *Verbände und Verbandssysteme in Westeuropa.* Opladen

Traxler, F. (1999): »Gewerkschaften und Arbeitgeberverbände: Probleme der Verbandsbildung und Interessenvereinheitlichung«. In: W. Müller-Jentsch (Hg.): *Konfliktpartnerschaft. Akteure und Institutionen der industriellen Beziehungen.* 3. Aufl. München: 57-77.

Heins, V. (2002): *Weltbürger und Lokalpatrioten. Eine Einführung in das Thema Nichtregierungsorganisationen.* Opladen.

Thematisch übergreifende Sammelbände

Mayntz. R. (Hg.) 1968: *Bürokratische Organisation.* Köln

Kenis, P./Schneider, V. (Hg.) (1996): *Organisation und Netzwerk. Institutionelle Steuerung von Wirtschaft und Politik.* Frankfurt/M.

Beckenbach, N./Treeck, W. v. (Hg.) (1994): *Umbrüche gesellschaftlicher Arbeit.* Soziale Welt. Sonderband 9. Göttingen.

Literaturverzeichnis

Adorno, T. W. (1990): *Gesammelte Schriften. Bd. 8: Soziologische Schriften I*. 3. Aufl. Frankfurt/M.

Alemann, U. v. (Hg.) (1981): *Neokorporatismus*. Frankfurt/M.

Altmann, N./Bechtle, G. (1971): *Betriebliche Herrschaftsstrukturen und industrielle Gesellschaft*. München.

Altmann, N./Deiß, M./Döhl, V./Sauer, D. (1986): »Ein »Neuer Rationalisierungstyp« – neue Anforderungen an die Industriesoziologie«. In: *Soziale Welt* 37: 189-207.

Altvater, E./Brunnengräber, A./Haake, M./Walk, H. (Hg.) (2000): *Vernetzt und Verstrickt. Nicht-Regierungs-Organisationen als gesellschaftliche Produktivkraft*. Münster.

Andrew, K. (1971): *The Concept of Corporate Strategy*. Homewood, Ill.

Bachmann, R. (2000): »Die Koordination und Steuerung interorganisationaler Netzwerkbeziehungen über Vertrauen und Macht«. In: Sydow/Windeler (2000: 107-125).

Bachmann, R./Lane C. (1997): »Vertrauen und Macht in zwischenbetrieblicher Kooperation – zur Rolle von Wirtschaftsrecht und Wirtschaftsverbänden in Deutschland und Großbritannien«. In: Schreyögg/Sydow (1997: 79-110).

Bamberg, U./Bürger, M./Mahnkopf, B./Martens, H./Tiemann, J. (1987): *Aber ob die Karten voll ausgereizt sind... 10 Jahre Mitbestimmungsgesetz in der Bilanz*. Köln.

Barnard, C. I. (1970): *Die Führung großer Organisationen*. Essen (Original: *The Functions of the Executive*. Cambrigde/Mass. 1938).

Barnes, J. A. (1954): »Class and Comittees in a Norwegian Island Parish". In: *Human Relations* 7: 39-58.

Bechtle, G. (1980): *Betrieb als Strategie*. Frankfurt/M.

– (1994): »Systemische Rationalisierung als neues Paradigma industriesoziologischer Forschung?« In: Beckenbach/Treeck (1994: 45-64).

Beck, U. (1986): *Risikogesellschaft. Auf dem Weg in eine andere Moderne*. Frankfurt/M.

– (1995): »Weltrisikogesellschaft. Zur politischen Dynamik globaler Gefahren«. In: *Internationale Politik* 50: 13-20.

Beckenbach, N. (1991): *Industriesoziologie*. Berlin.

Beckenbach,N./Treeck, W.v. (Hg.) (1994): Umbrüche gesellschaftlicher Arbeit. Soziale Welt. Sonderband 9. Göttingen.

Benjamin, W. 1966 (zuerst 1930): »Politisierung der Intelligenz«. In: W. Benjamin (1966): *Angelus Novus. Ausgewählte Schriften 2*. Frankfurt/M.: 422-428.

Bentley, A. (1908): *The Process of Government*. Cambridge/Mass.

Berger, J. (1995): »Warum arbeiten die Arbeiter? Neomarxistische und neodurkheimianische Erklärungen«. In: *Zeitschrift für Soziologe* 24: 407-421.

Bertelsmann Stiftung/Hans-Böckler-Stiftung (Hg.) (1998): *Mitbestimmung und neue Unternehmenskulturen – Bilanz und Perspektiven. Bericht der Kommission Mitbestimmung*. Gütersloh.

Beyme, K. v. (1980): Interessengruppen in der Demokratie. München.

Blank, M. (2002): Global Governance. In: Flavin u.a. (2002: 7-10).

Blauner, R. (1964): *Alienation and Freedom. The Factory Worker and His Industry*. Chicago.

Blümle, E.-B./Schwarz, P. (Hg.) (1985): *Wirtschaftsverbände und ihre Funktion. Schwerpunkte der Verbandsforschung*. Darmstadt.

Bosch, A. (1997): *Vom Interessenkonflikt zur Kultur der Rationalität. Neue Verhandlungsbeziehungen zwischen Management und Betriebsrat*. München.

Bosch, A./Ellguth, P./Schmidt, R./Trinczek, R. (1999): *Betriebliches Interessenhandeln*. Bd. 1. Opladen.

Bowles, S./Gintis, H. (1990): »Cotested Exchange: New Microfoundations for the Political Economy of Capitalism«. In: *Politics and Society* 18: 165-222.

Braczyk, H. (1997): »Organisation in industriesoziologischer Perspektive«. In: Ortmann u.a. (1997: 530-575).

Brand, U. (2001): »Nichtregierungsorganisationen und postfordistische Politik. Aspekte eines kritischen NGO-Begriffs«. In: Brunnengräber u.a. (2001: 73-94).

Brand, U./Demirovic, A./Görg, C./Hirsch, J. (Hg.) (2001): *Nichtregierungsorganisationen in der Transformation des Staates*. Münster.

Braun, W. M. (2002): *Strategisches Management der industriellen Beziehungen. Zur Empirie und Theorie des Verhältnisses zwischen Management und Betriebsrat*. München.

Braverman, H. (1977): *Die Arbeit im modernen Produktionsprozess*. Frankfurt/M.

Breitling, R. (1985): Die zentralen Begriffe der Verbandsforschung. ›Pressure Groups‹, Interessengruppe, Verbände. In: Blümle/Schwarz 1985: 32-71.

Breuer, S. (1991): *Max Webers Herrschaftssoziologie*. Frankfurt/M.

Briefs, G. (1931): Betriebssoziologie. In: A. Vierkandt (Hg.): *Handwörterbuch der Soziologie*. Stuttgart: 31-52.

Brunnengräber, A. (2000): »»Global Governance‹ oder die Notwendigkeit eines neuen Globalkonzeptes – diskutiert am Beispiel der Klimapolitik«. In: Altvater u.a. (2000: 258-293).

Brunnengräber, A./Klein, A./Walk, H. (Hg.) (2001): *NGOs als Legitimationsressource. Zivilgesellschaftliche Partizipationformen im Globalisierungsprozess.* Opladen.

Bücher, K. 1968 (zuerst 1893):»Arbeitsteilung und Klassenbildung«. In: B. Seidel /S. Jenkner (Hg.) (1968): *Klassenbildung und Sozialschichtung.* Darmstadt: 70-101.

Buchholz, C./Karras, A./Nachtwey, O./Schmidt, I. (Hg.) (2002): *Unsere Welt ist keine Ware. Handbuch für Globalsierungskritiker.* Köln.

Bullinger, H. J./Warnecke, H. J. (1996): *Neue Organisationsformen im Unternehmen. Ein Handbuch für das moderne Management.* Berlin.

Bungard, W./Antoni, C. (1993):»Gruppenorientierte Interventionstechniken«. In: H. Schuler (Hg.) (1993): *Lehrbuch Organisationspsychologie.* Bern: 377-404.

Burawoy, M. (1979): *Manufacturing Consent.* Chicago.

– (1983):»Fabrik und Staat im Kapitalismus und Sozialismus«. In: *Das Argument* 25 (Nr. 140): 508-524.

Büschges, G./Abraham, M. (1997): *Organisationssoziologie.* Stuttgart.

Chandler, A. D. (1962): *Strategy and Structure. Chapters in the History of the American Enterprise.* 11. Aufl. 1980. Cambridge/Mass.

Child, J. (1972):»Organizational Structure, Environment and Performance. The Role of Strategic Choice". In: *Sociology* 6: 1-22.

Coase, R. H. (1937):»The Nature of the Firm«. In: *Economica* 4: 386-405.

Coleman, J. S. (1979): *Macht und Gesellschaftsstruktur.* Tübingen.

– (1992): *Grundlagen der Sozialtheorie. Bd. 2: Körperschaften und die moderne Gesellschaft.* München.

Coombs, R. (1985):»Automation, Management Strategies, and Labour-Process Change«. In: D. Knights/S. Willmott/D. Collinson (Hg.) (1985): *Job Redesign: Critical Perspectives on the Labour Process.* Aldershot: 142-170.

Crozier, M./Friedberg, E. (1993): *Die Zwänge kollektiven Handelns. Über Macht und Organisation.* Hanstein.

Cyert, R. M/March, J. G. (1963): *A Behaviorial Theory of the Firm.* Englewood Cliffs (Dt.: *Eine verhaltenswissenschaftliche Theorie der Unternehmung.* 2. Aufl. Stuttgart 1995).

Czada, R. (1994):»Konjunkturen des Korporatismus: Zur Geschichte eines Paradigmenwechsels in der Verbändeforschung«. In: Streeck (1994: 37-64).

Dahrendorf, R. (1959): *Sozialstruktur des Betriebes.* Wiesbaden.

– (1962): *Industrie- und Betriebssoziologie.* 2. Aufl. Berlin.

Dann, O. (Hg.) (1981): *Lesegesellschaften und bürgerliche Emanzipation.* München.

Däubler, W. (1995): *Das Arbeitsrecht 1.* 14. Aufl. Reinbek b. Hamburg.

Daumann, F. (1999): *Interessenverbände im politischen Prozess. Eine Analyse auf Grundlage der Neuen Politischen Ökonomie.* Tübingen.

Deiß, M./Döhl, V. (Hg.) (1992): *Vernetzte Produktion. Automobilzulieferer zwischen Kontrolle und Autonomie*. Frankfurt/M.

Deutschmann, C. (2002): *Postindustrielle Industriesoziologie*. München.

Deutschmann, C./Faust, M./Jauch, P./Notz, P. (1995): »Veränderungen der Rolle des Managements im Prozess reflexiver Modernisierung«. In: *Zeitschrift für Soziologie* 24: 436-450.

DiMaggio, P. J./Powell, W. W. (1983): »The Iron Cage Revisited: Isomorphism and Collective Rationality in Organizational Fields". In: *American Sociological Review* 48: 147-160.

Dörre, K. (2001): »Gibt es ein nachfordistisches Produktionsmodell?« In: M. Candeias/F. Deppe (Hg.) (2001): *Ein neuer Kapitalismus?* Hamburg: 83-107.

– (2002a): *Kampf um Beteiligung. Arbeit, Partizipation und industrielle Beziehungen*. Wiesbaden.

– (2002b): »Globalisierung und Globalisierungskritiker«. In: *Gewerkschaftliche Monatshefte* 53: 486-495.

Dunn, M. H. (1998): *Die Unternehmung als ein soziales System*. Berlin

Edeling, T./Jann, W./Wagner, D. (Hg.) (1999): *Institutionenökonomie und Neuer Institutionalismus*. Opladen.

Edwards, R. (1981): *Herrschaft im modernen Produktionsprozess*. Frankfurt/M.

Ellwein, T./Hesse, J. J. (1997): *Der überforderte Staat*. Frankfurt/M.

Eschenburg, T. (1955): *Herrschaft der Verbände?* Stuttgart.

Eskola, K./Kolb, F. (2002): »Attac. Erfolgsgeschichte einer transnationalen Bewegungsorganisation«. In: *Forschungsjournal Neue Soziale Bewegungen* 15 (H. 1): 27-33.

Esser, H. (2000): *Soziologie. Spezielle Grundlagen. Bd. 3: Soziales Handeln*. Frankfurt/M.

Etzioni, A. (1971): *Soziologie der Organisationen*. 3. Aufl. München.

Faust, M./Jauch, P./Brünnecke, K./Deutschmann, C. (1994): *Dezentralisierung von Unternehmen*. München.

Fayol, H. (1929): *Allgemeine und industrielle Verwaltung*. München.

Fischer, J./Gensior, S. (Hg.) (2002): *Sprungbrett Region? Strukturen und Voraussetzungen vernetzter Geschäftsbeziehungen*. Berlin.

Flavin, C./Young, B./Scherrer, C./Zwickel, K. u. a. (2002): *Global Governance. Gewerkschaften und NGOs – Akteure für Gerechtigkeit und Solidarität*. Hamburg.

Ford, H. (1926): »Mass Production«. In: *Encyclopaedia Britannica*. 13. Aufl. Ergänzungsband 2: 821-823.

Fraenkel, E. (1964): *Der Pluralismus als Strukturelement der freiheitlich-rechtsstaatlichen Demokratie*. München.

Freese, E. (1988): *Grundlagen der Organisation*. 4. Aufl. Wiesbaden.

– (1992): *Organisationstheorie. Historische Entwicklung – Ansätze – Perspektiven.* 2. Aufl. Wiesbaden.

Friedman, A. L. (1977): »Responsible Autonomy Versus Direct Control Over the Labour Process«. In: *Capital and Class* 1: 43-57.

Friedmann, G. (1952): *Der Mensch in der mechanisierten Produktion.* Köln.

Funder, M. (1999): *Paradoxien der Reorganisation.* München.

Geisler, G./Heese, A. (1986): »Die Institution des Arbeitsdirektors«. In: R. Judith (Hg.): *40 Jahre Mitbestimmung.* Köln: 179-201.

Genosko, J. (2002): »Regionale Netzwerke und regionaler Arbeitsmarkt: Kumulative Prozesse zirkulärer Verursachung?« In: Fischer/Gensior (2002: 53-70).

Gerst, D./Hardwig, T./Kuhlmann, M./Schumann, M. (1995): »Gruppenarbeit in den 90ern: Zwischen strukturkonservativer und strukturinnovativer Gestaltungsvariante«. In: *SOFI-Mitteilungen* 22: 39-65.

Geser, H. (1990): »Organisationen als soziale Akteure«. In: *Zeitschrift für Soziologie* 19: 401-417.

Goffman, E. (1972): *Asyle. Über die soziale Situation psychiatrischer Patienten und anderer Insassen.* Frankfurt/M.

Gottl-Ottilienfeld, F. v. (1926): *Fordismus. Über Industrie und technische Vernunft.* 3. Aufl. Jena.

Gouldner, A.W. (1959): *Reciprocity and Autonomy in Functional Theory.* New York.

Granovetter, M (1973): »Economic Action and Social Structur: The Problem of Embeddedness«. In: *American Journal of Sociology* 91: 481-510.

Grefe, C./Greffrath, M./Schumann, H. (2002): *attac. Was wollen die Globalisierungskritiker?* Berlin.

Gutenberg, E. (1951/1983): *Grundlagen der Betriebswirtschaftslehre. Bd. 1: Die Produktion.* 24. Aufl. 1983. Berlin.

Haas, P. M. (1992): »Introduction: Epistemic Communities and International Policy Coordination«. In: *International Organization* 46: 1-35.

Habermas, J. (1962): *Strukturwandel der Öffentlichkeit.* Neuwied.

– (1980): »Handlung und System – Bemerkungen zu Parsons' Medientheorie«. In: W. Schluchter (Hg.) (1980): *Verhalten, Handeln und System. Talcott Parsons' Beitrag zur Entwicklung der Sozialwissenschaften.* Frankfurt/M.: 68-105.

– (1981): *Theorie des kommunikativen Handelns.* 2 Bde. Frankfurt/M.

Hamdan, F. (2000): »Aufdecken und Konfrontieren. NGO-Kommunikation am Beispiel Greenpeace«. In: *Forschungsjournal Neue Soziale Bewegungen* 13 (H. 3): 69-74.

Hartmann, J. (1985): *Verbände in der westlichen Industriegesellschaft. Ein international vergleichendes Handbuch.* Frankfurt/M.

Heins, V. (2001): Der Mythos der globalen Zivilgesellschaft. In: C. Frantz/A. Zimmer (Hg.) *Zivilgesellschaft International. Alte und neue Global Players.* Opladen.

Heins, V. (2002): *Weltbürger und Lokalpatrioten. Eine Einführung in das Thema Nichtregierungsorganisationen*. Opladen.

Heinze, R./Schmid, J. (1994): »Mesokorporatistische Strategien im Vergleich: Industrieller Strukturwandel und die Kontingenz politischer Steuerung in drei Bundesländern«. In: Streeck (1994: 65-99).

Heisenberg, W. (1955): *Das Naturbild der heutigen Physik*. Hamburg.

Herber, A./Schäfer-Klug, W. (2002): »Wie ein Europ-Betriebsrat zum Vertragspartner wird«. In: *Die Mitbestimmung* 48 (H. 9): 51-54.

Héritier, A. (Hg.) (1993*): Policy-Analyse. Politische Vierteljahresschrift*. Sonderheft 24/1993.

Herkommer, S./Bierbaum, H. (1979): *Industriesoziologie*. Stuttgart.

Hessinger, P. (2002): »Jenseits des Industriedistrikts«. In: Fischer/Gensior (2002: 161-177).

Hirsch-Kreinsen, H. (1995): »Dezentralisierung: Unternehmen zwischen Stabilität und Desintegration«. In: *Zeitschrift für Soziologie* 24: 422-435.

–   2002: »Unternehmensnetzwerke – revisited«. In: *Zeitschrift für Soziologie* 31: 106-124.

Hirschman, A. O. 1974 (zuerst 1970): *Abwanderung und Widerspruch. Reaktionen auf Leistungsabfall bei Unternehmungen, Organisationen und Staaten*. Tübingen.

Horkheimer, M./Adorno, T. W. 1987 (zuerst 1944). »Dialektik der Aufklärung«. In: M. Horkheimer (1987): *Gesammelte Schriften*. Bd. 5. Frankfurt/M.

Hungenberg, H. (2001): *Strategisches Management in Unternehmen*. 2. Aufl. Wiesbaden.

Jarillo, J.C. (1995): *Strategic Networks. Creating the Borderless Organization*. 2. Aufl. Oxford.

Jost, W. (1932): *Das Sozialleben des industriellen Betriebes*. Berlin.

Jürgens, U./Naschold, F. (Hg.) (1984): *Arbeitspolitik*. Leviathan Sonderheft 5/1984.

Jürgens, U./Rupp, J. (2002*): The German System of Corporate Governance. Characteristics and Changes*. WZB (= Wissenschaftszentrum Berlin) discussion paper FS II 02-203. Berlin.

Kämper, E./Schmidt, J. F. K. (2000): »Netzwerke als strukturelle Kopplung«. In: Weyer (2000: 211-235).

Keller, B. (2002): »Die Europäische Aktiengesellschaft und Arbeitnehmerbeteiligung«. In: *WSI-Mitteilungen* 55: 203-212.

Kenis, P./Schneider, V. (Hg.) (1996): *Organisation und Netzwerk. Institutionelle Steuerung von Wirtschaft und Politik*. Frankfurt/M.

Kern, H./Schumann, M. (1984): *Das Ende der Arbeitsteilung? Rationalisierung in der industriellen Produktion*. München.

Kern, H./Schumann, M. (1998): Kontinuität oder Pfadwechsel? Das deutsche Produktionsmodell am Scheideweg. In: B. Cattero (Hg.): Modell Deutschland – Modell Europa. Opladen: 85-97.

Kieser, A. (Hg.) (1993): *Organisationstheorien.* Stuttgart.

Kirchgässner, G. (1991): *Homo Oeconomicus.* Tübingen.

Kirsch, G. (1976): »Verbände als Produzenten von Kollektivgütern«. In: E.-B. Blümle/W. Wittmann (Hg.): *Verbände.* Stuttgart: 22-36. (Wieder abgedruckt in: Blümle/Schwarz (1985: 278-302)).

Kirsch, W./Knyphausen, D. zu (1991): »Unternehmungen als »autopoietische« Systeme?« In: Staehle/Sydow (1991: 75-101).

Kleinschmidt, M./Pekruhl, U. (1994): *Kooperative Arbeitsstrukturen und Gruppenarbeit in Deutschland. Ergebnisse einer repräsentiven Beschäftigenbefragung.* IAT Strukturberichterstattung 01. Gelsenkirchen.

Kosiol, E. (1962): *Organisation der Unternehmung.* Wiesbaden.

Kotthoff, H. (1981): *Betriebsräte und betriebliche Herrschaft. Eine Typologie von Partizipationsmustern im Industriebetrieb.* Frankfurt/M.

– (1994): *Betriebsräte und Bürgerstatus. Wandel und Kontinuität betrieblicher Mitbestimmung.* München.

Krause, M./Putsch, J. (1994): *Schneidwarenindustrie in Europa.* Köln.

Krüger, C. (1996): »Greenpeace. Politik der symbolischen Konfrontation«. In: *Forschungsjournal Neue Soziale Bewegungen* 9 (H. 4): 39-47.

Kühl, S. (2000): *Das Regenmacher-Phänomen. Widersprüche und Aberglaube im Konzept der lernenden Organisation.* Frankfurt/M.

– (2002): *Sisyphos im Management. Die vergebliche Suche nach der optimalen Organisationsstruktur.* Weinheim.

Küpper, W./Ortmann, G. (Hg.) (1988): *Mikropolitik. Rationalität, Macht und Spiele in Organisationen.* Opladen.

Landes, D. S.1973 (zuerst 1968): *Der entfesselte Prometheus.* Köln.

Lecher, W./Platzer, H.-W./Rüb, S./Weiner, P. (1999): *Europäische Betriebsräte – Perspektiven ihrer Entwicklung und Vernetzung.* Baden-Baden.

Lieckweg, T./Wehrsig, C. (2001): »Zur komplementären Ausdifferenzierung von Organisationen und Funktionssystemen«. In: Tacke (2001: 39-58).

Likert, R. (1961): *New Patterns of Management.* New York.

Littek, W./Rammert, W./Wachtler, G. (Hg.) (1982): *Einführung in die Arbeits- und Industriesoziologie.* 2. Aufl. Frankfurt/M.

Littler, C. R. (1982): *The Development of the Labour Process in Capitalist Societies.* London.

Lockwood, D. (1969): »Soziale Integration und Systemintegration«. In: W. Zapf (Hg.) (1969): *Theorien des sozialen Wandels.* Köln: 124-137.

Lucke, A. v. (2002): »Made by Attac. Eine Marke und ihr Marketing«. In: *Forschungsjournal Neue Soziale Bewegungen* 15 (H. 1): 22-26.

Luhmann, N. (1975): *Soziologische Aufklärung 2.* Opladen.

- (1987): *Soziologische Aufklärung 4.* Opladen.
- (1994): *Funktionen und Folgen formaler Organisation.* 4. Aufl. Berlin.
- (2000): *Organisation und Entscheidung.* Opladen.
- (2002): *Das Erziehungssystem der Gesellschaft.* Frankfurt/M.

Lukács, G. 1968 (zuerst 1923): *Werke. Bd. 2. Frühschriften II: Geschichte und Klassenbewußtsein.* Neuwied.

Lutz, A./Sydow, J. (2002):»Content-Produktion in der Region«. In: Fischer/Gensior (2002: 71-104).

Lutz, B./Schmidt, G. (1977):»Industriesoziologie«. In: R. König (Hg.) (1977): *Handbuch der empirischen Sozialforschung. Bd. 8: Beruf, Industrie, Sozialer Wandel.* 2. Aufl. Stuttgart: 101-262.

Manz, K./Albrecht, B./Müller.F. (1994): *Kompaktstudium Wirtschaftwissenschaften. Band 9: Organisationstheorie.* München.

Marx-Engels-Werke (MEW). Berlin 1961ff.: Bde. 18, 23 und 25

Mayntz, R. (1963): *Soziologie der Organisation.* Reinbek b. Hamburg.

- (1987):»Politische Steuerung und gesellschaftliche Steuerungsprobleme – Anmerkungen zu einem theoretischen Paradigma«. In: *Jahrbuch zur Staats- und Verwaltungswissenschaft* 1: 89-110.

- (Hg.) (1992): *Verbände zwischen Mitgliederinteressen und Gemeinwohl.* Gütersloh.

- (1993):»Policy-Netzwerke und die Logik von Verhandlungssystemen«. In: Héritier (1993: 39-56).

Mayntz, R./Scharpf, F. (1995):»Der Ansatz des akteurszentrierten Institutionalismus«. In: dies. (Hg.): *Gesellschaftliche Selbstregelung und politische Steuerung.* Frankfurt/M.: 39-72.

Meyer III, S. B. (1981): *The Five Dollar Day. Labor Management and Social Control in the Ford Motor Company 1908–1921.* New York.

Meyer, J. W./Rowan, B. (1977):»Institutionalized Organizations: Formal Structure as Myth and Ceremony«. In: *American Journal of Sociology* 83: 340-363.

Michels, R. (1911): *Zur Soziologie des Parteiwesens in der modernen Demokratie.* Neudruck der 2. Aufl. (1925). Stuttgart 1970.

Mickler, O./Engelhard, N./Lungwitz,R./Walker, B. (1996): *Nach der Trabi-Ära: Arbeiten in schlanken Fabriken.* Berlin.

Minssen, H. (1990):»Kontrolle und Konsens. Anmerkungen zu einem vernachlässigten Thema der Industriesoziologie«. In: *Soziale Welt* 41: 365-382.

- (1992): *Die Rationalität von Rationalisierung.* Stuttgart.

Mintzberg, H. (1991): *Mintzberg über Management.* Wiesbaden.

Mitbestimmungskommission 1970: *Mitbestimmung im Unternehmen. Bericht der Sachverständigenkommission zur Auswertung der bisherigen Erfahrungen bei der Mitbestimmung.* Stuttgart.

Moldaschl, M. (2002):»Das Subjekt als Objekt der Begierde – Die Perspektive der »Subjektivierung von Arbeit«. In: Schreyögg/Conrad (2002: 245-280).

Moldenhauer, O. (2002): »Globalisierung von unten – Attac«. In: Buchholz u.a. (2002: 215-219).

Morgan, G. (1986): *Images of Organization*. London.

Müller, G. (1991): *Strukturwandel und Arbeitnehmerrechte. Die wirtschaftliche Mitbestimmung in der Eisen- und Stahlindustrie 1945–1975*. Essen.

Müller-Jentsch, W. (1994): »Über Produktivkräfte und Bürgerrechte«. In: Beckenbach/Treeck (1994: 643-661).

– (1995): »Mitbestimmung als kollektiver Lernprozess. Versuch über die Betriebsverfassung«. In: K. Rudolph/C. Wickert (Hg.): *Geschichte als Möglichkeit. Über die Chancen von Demokratie*. Festschrift für Helga Grebing. Essen: 42-54.

– (1997): *Soziologie der Industriellen Beziehungen*. 2. Aufl. Frankfurt/M.

– (1998): »Industrielle Beziehungen in der Region: Das Ruhrgebiet als sozialpolitisches Laboratorium«. In: H. Hirsch-Kreinsen/H. Wolf (Hg.) (1998*): Arbeit, Gesellschaft, Kritik. Orientierungen wider den Zeitgeist*. Berlin: 151-177.

– (Hg.) (1999): *Konfliktpartnerschaft. Akteure und Institutionen der industriellen Beziehungen*. 3. Aufl. München.

Müller-Jentsch, W./Ittermann, P. (2000): *Industrielle Beziehungen. Daten, Zeitreihen, Trends 1950–1999*. Frankfurt/M.

Nordhause-Janz, J./Pekruhl, U (Hg.) (2000): *Arbeiten in neuen Strukturen. Partizipation, Kooperation, Autonomie und Gruppenarbeit in Deutschland*. München.

Nordsieck, F. (1934): *Grundlagen der Organisationslehre*. Stuttgart.

Olson, M. 1992 (zuerst 1965): *Die Logik des kollektiven Handelns. Kollektivgüter und die Theorie der Gruppen*. 3. Aufl. Tübingen.

Ortmann, G. (1995): *Formen der Produktion. Organisation und Rekursivität*. Opladen.

– (2003): *Organisation und Welterschließung. Dekonstruktionen*. Wiesbaden.

Ortmann, G./Schnelle, W. (2000): »Medizinische Qualitätsnetze – Steuerung und Selbststeuerung«. In: Sydow/Windler (2000: 206-233).

Ortmann, G./Sydow, J./Türk, K. (Hg.) (1997): *Theorien der Organisation. Die Rückkehr der Gesellschaft*. Opladen.

Osterloh, M./Weibel, A. (2000): »Ressourcensteuerung in Netzwerken: Eine Tragödie der Allmende?« In: Sydow/Windler (2000: 88-106).

Pappi, F. U./Perner, R. (1981): *Lokale Elite und kommunale Entscheidungen*. Kiel.

Parsons, T. (1960): *Structure and Process in Modern Societies*. Glencoe.

– 1964 (zuerst 1951): *The Social System*. Glencoe.

Perrow, C. (1989): »Eine Gesellschaft von Organisationen«. In: *Journal für Gesellschaftsforschung* 28: 3-19.

Picot, A./Reichwald, R./Wigand, R. T. (1996): *Die grenzenlose Unternehmung. Information, Organisation und Management*. Wiesbaden.

Piore, M. J./Sabel, C. F. (1984): *The Second Industrial Divide.* New York (Dt.: *Das Ende der Massenproduktion.* Berlin 1985).

Platzer; H.-W. (2003): »German Industrial Relations and European Integration«. In: W. Müller-Jentsch/H. Weitbrecht (Hg.) 2003: *The Changing Contours of German Industrial Relations.* München.

Pohlmann, M./Schmidt, R. (Hg.) (1996): *Management in der ostdeutschen Industrie.* Opladen.

Polany, K., (1978): *The Great Transformation. Politische und ökonomische Ursprünge von Gesellschaften und Wirtschaftssystemen.* Frankfurt/M.

Pollard, S. (1965): *The Genesis of Modern Management. A Study of the Industrial Revolution in Great Britain.* London.

– (1967): »Die Fabrikdisziplin in der industriellen Revolution«. In: W. Fischer/G. Bajor (Hg.) (1967): *Die soziale Frage.* Stuttgart: 159-185.

Popitz, H./Bahrdt, H. P./Jüres, E. A./Kesting, H. (1957): *Technik und Industriearbeit. Soziologische Untersuchungen in der Hüttenindustrie.* Tübingen.

Powell, W. W. (1991): »Expanding the Scope of Institutional Analysis«. In: W. W. Powell./P. J. DiMaggio (Hg.) *The New Institutionalism in Organizational Analysis.* Chicago: 183-203.

– (1996): »Weder Markt noch Hierarchie: Netzwerkartige Organisationsformen«. In: Kenis/Schneider (1996: 213-271).

Pries, L. (1998): *Betrieblicher Wandel in der Risikogesellschaft.* 2. Aufl. München.

Rapoport, A./Chammah, A. M. (1965): *Prisoner's Dilemma.* Ann Arbor.

Reichwald, R./Möslein, K./Sachenbacher, H./Englberger, H. (2000): *Telekooperation. Verteilte Arbeits- und Organisationsformen.* 2. Aufl. Berlin.

Ringlstetter, M. (1997): *Organisation von Unternehmen und Unternehmensverbindungen.* München.

Roethlisberger, F. J./Dickson, W. J. 1975 (zuerst 1939): *Management and the Worker.* Cambridge/Mass.

Roth, R. (2001): »NGO und transnationale soziale Bewegungen: Akteure einer ›Weltzivilgesellschaft‹?« In: Brand u.a. (2001: 43-63).

Roth, S. (1998): »Transformationsfähigkeit oder Erosion?« In: B. Cattero (Hg.) (1998): *Modell Deutschland – Modell Europa.* Opladen: 159-179.

Rucht, D. (1996): »Multinationale Bewegungsorganisationen«. In: *Forschungsjournal Neue Soziale Bewegungen* 9 (H. 2): 30-41.

Rürup, B. (1995): *Fischer Wirtschaftslexikon.* Frankfurt/M.

Sandberg, T. (1982): *Work Organization and Autonomous Groups.* Lund.

Sauer, D./Döhl, V. (1994): »Arbeit an der Kette. Systemische Rationalisierung und unternehmensübergreifende Produktion«. In: *Soziale Welt* 45: 197-215.

– (1997): »Die Auflösung des Unternehmens? – Entwicklungstendenzen der Unternehmensreorganisation in den 90er Jahren«. In: *Jahrbuch sozialwissenschaftliche Technikberichterstattung* 1996. Berlin: 19-76.

Scharpf, F. (1993): »Positive und negative Koordination in Verhandlungssytemen«. In: Héritier (1993: 57-83).

Schein, E. H. (1965): *Organizational Psychology*. Englewood Cliffs/N. J.

Schimank, U. (1996): *Theorien gesellschaftlicher Differenzierung*. Opladen.

– (2001a): »Organisationsgesellschaft«. In: G. Kneer/A. Nassehi/M. Schroer (Hg.): *Klassische Gesellschaftsbegriffe der Soziologie*. München: 278-307.

– (2001b): »Funktionale Differenzierung, Durchorganisierung und Integration in der modernen Gesellschaft«. In: Tacke (2001: 19-38).

Schluchter, W. (1980): *Rationalismus der Weltbeherrschung. Studien zu Max Weber*. Frankfurt/M.

Schmid, J. (1996): *Wohlfahrtsverbände in modernen Wohlfahrtsstaaten. Soziale Dienste in historisch-vergleichender Perspektive*. Opladen.

Schmidt, R. (Hg.) (1996): *Reorganisation und Modernisierung der industriellen Produktion*. Opladen.

Schmiede, R./Schudlich, E. (1976): *Die Entwicklung der Leistungsentlohnung in Deutschland*. Frankfurt/M.

Schmitter, P. (1974): Still the Century of Corporatism? In: *Review of Politics* 36: 85-131.

Schmitter, P.C./Lehmbruch, G. (Hg.) (1979): *Trends Towards Corporatist Intermediation*. London.

Schnabel, C./Wagner, J. (1996): »Ausmaß und Bestimmungsgründe der Mitgliedschaft in Arbeitgeberverbänden«. In: *Industrielle Beziehungen* 3: 293-306.

Schreyögg, G. (1991): »Der Managementprozess – neu gesehen«. In: Staehle/Sydow (1991: 255-289).

– (1998): *Organisation. Grundlagen moderner Organisationsgestaltung*. 2. Aufl. Wiesbaden.

Schreyögg, G./Conrad, P. (Hg.) (2002): *Theorien des Managements. Managementforschung 12*. Wiesbaden.

Schreyögg, G/Sydow, J. (Hg) (1997): *Gestaltung von Organisationsgrenzen. Managementforschung 7*. Berlin.

Schrüfer, K. (1988): *Ökonomische Analyse individueller Arbeitsverhältnisse*. Frankfurt/M.

Schumann, M./Baethge-Kinsky, V./Kuhlmann, M./Neumann, U. (1994): *Trendreport Rationalisierung*. Berlin.

Scott, W. R. (1986): *Grundlagen der Organisationstheorie*. Frankfurt/M.

Semlinger, K. (1993): »Effizienz und Autonomie in Zulieferungsnetzwerken – Zum strategischen Gehalt von Kooperation«. In: Staehle/Sydow (1993: 309-354).

– (2000): »Kooperation und Konkurrenz in japanischen Netzwerkbeziehunen«: In: Sydow/Windeler (2000: 126-155).

Simmel, G. 1992 (zuerst 1908): *Soziologie. Untersuchungen über die Formen der Vergesellschaftung*. Gesamtausgabe Bd. 11. Frankfurt/M.

Simon, H. A. 1997 (zuerst 1949): *Administrative Behavior*. 4. Aufl. New York.

Sinzheimer, H. (1976): *Arbeitsrecht und Rechtssoziologie. Gesammelte Reden und Aufsätze.* 2 Bde. Frankfurt/M.

Smith, A. 1978 (zuerst 1776): *Der Wohlstand der Nationen.* München.

Sperling, H. J. (1994): *Innovative Arbeitsorganisation und intelligentes Partizipationsmanagement. Trend-Report Partizipation und Organisation.* Marburg.

– (1997): *Restrukturierung von Unternehmens- und Arbeitsorganisation – eine Zwischenbilanz. Trend-Report Partizipation und Organisation II.* Marburg.

Spiegelhalter, F. (1990): *Der dritte Sozialpartner. Die freie Wohlfahrtspflege – ihr finanzieller und ideeller Beitrag zum Sozialstaat.* Freiburg.

Springer; R. (1999): *Rückkehr zum Taylorismus? Arbeitspolitik in der Automobilindustrie am Scheideweg.* Frankfurt/M.

Staehle, W. H. (1989a): *Funktionen des Managements.* 2. Aufl. Bern.

– (1989b):»Human Resource Management und Unternehmensstrategie«. In: *Mitteilungen aus der Arbeitsmarkt- und Berufsforschung* 22: 388-396.

– (1999): *Management. Eine verhaltenswissenschaftliche Perspektive.* 8. Aufl. München.

Staehle, W. H./Sydow, J (Hg.) (1991): *Managementforschung* 1. Berlin.

– (Hg.) (1993): *Managementforschung* 3. Berlin.

Steinmann, H./Schreyögg, G. (1997): *Management. Grundlagen der Unternehmensführung.* 4. Aufl. Wiesbaden.

Stichweh, R. (2000): *Die Weltgesellschaft. Soziologische Analysen.* Frankfurt/M.

Stollberg, G. (1981): *Die Rationalisierungsdebatte 1908–1933. Freie Gewerkschaften zwischen Mitwirkung und Gegenwehr.* Frankfurt/M.

Strauss, A. (1978): *Negotiations. Varieties, Contexts, Processes, and Social Order.* San Francisco.

Strauss, A./Schatzmann, L./Ehrlich, D./Bucher, R./Sabshin, M. (1963):»The Hospital and Its Negotiated Order«. In: E. Freidson (Hg.) (1963): *The Hospital in the Modern Society.* New York: 147-169.

Streeck, W. (Hg.) (1994): *Staat und Verbände. Politische Vierteljahresschrift.* Sonderheft 25/1994.

Streeck, W./Schmitter, P.C. (1985):»Community, Market, State – and Associations?« In: dies. (Hg.) (1985): *Private Interest Government. Beyond Market and State.* London: 1-29 (Dt.: *Gemeinschaft, Markt, Staat – und Verbände?* In: Kenis/Schneider (1996: 123-164)).

Sydow, J. (1992): *Strategische Netzwerke. Evolution und Organisation.* Wiesbaden.

– 1999: Editorial»Unternehmensnetzwerke und industrielle Beziehungen«. In: *Industrielle Beziehungen* 6: 5-8.

– (2001):»Zwischenbetriebliche Kooperation«. In: P.-J. Jost (Hg.) (2001): *Der Transaktionskostenansatz in der Betriebswirtschaftslehre.* Stuttgart: 241-271.

Sydow, J./Windeler, A. (Hg.) (2000): *Steuerung von Netzwerken.* Opladen.

Tacke, V. (1999):»Beobachtungen der Wirtschaftsorganisation«. In: T. Edeling u. a. (1999: 81-110).

– (Hg.) (2001): *Organisation und gesellschaftliche Differenzierung*. Wiesbaden.

Take, I. (2002): *NGOs im Wandel. Von der Graswurzel auf das diplomatische Parkett*. Wiesbaden.

Taylor, F. W. (1919): *Die Grundsätze wissenschaftlicher Betriebsführung*. München.

Teubner, G. (1979):»Neo-korporatistische Strategien rechtlicher Organisationssteuerung«. In: *Zeitschrift für Parlamentsfragen* 10: 487-502.

– (1996):»Die vielköpfige Hydra: Netzwerke als kollektive Akteure höherer Ordnung«. In: Kenis/Schneider 1996: 535-561).

– (2001):»Das Recht hybrider Netzwerke«. In: *Zeitschrift für das gesamte Handels- und Wirtschaftsrecht* 165: 550-575.

Thompson, E. P. (1980):»Zeit, Arbeitsdisziplin und Industriekapitalismus«. In: ders. (1980): *Plebeische Kultur und moralische Ökonomie*. Frankfurt/Berlin: 34-66.

Traxler, F. (1999):»Gewerkschaften und Arbeitgeberverbände: Probleme der Verbandsbildung und Interessenvereinheitlichung«. In: Müller-Jentsch (1999: 57-77).

Truman. D. B. (1951): *The Governmental Process*. New York.

Türk, K. (1989a): *Neuere Entwicklungen in der Organisationsforschung. Ein Trendreport*. Stuttgart.

– (1989b): Artikel »Organisationssoziologie«. In: G. Endruweit/G. Trommsdorf. (Hg.): *Wörterbuch der Soziologie*. Stuttgart 1989: 474-481.

– (1995*): »Die Organisation der Welt«. Herrschaft durch Organisation in der modernen Gesellschaft*. Opladen.

Türk, K./Lemke, T./Bruch, M. (2002): *Organisation in der modernen Gesellschaft. Eine historische Einführung*. Wiesbaden.

Ullmann, H.-P. (1988): *Interessenverbände in Deutschland*. Frankfurt/M.

Vanberg, V. (1974):»Colemans Konzeption des korporativen Akteurs – Grundlegung einer Theorie sozialer Verbände«. Nachwort zu: Coleman (1979: 93-123).

Walgenbach, P. (2002):»Neoinstitutionalistische Organisationstheorie – State of the Art und Entwicklungslinien«. In: Schreyögg/Conrad (2002: 155-202).

Walker, C. R./Guest, R. H. (1952): *The Man on the Assembly Line*. Cambridge/Mass.

Warnecke, H.-J. (1993): *Revolution der Unternehmenskultur. Das Fraktale Unternehmen*. Berlin.

Weber, M. 1963 (zuerst 1920): *Gesammelte Aufsätze zur Religionssoziologie*. Bd I. 5. Aufl. Tübingen.

– 1964 (zuerst 1922): *Wirtschaft und Gesellschaft. Grundriß der verstehenden Soziologie*. Studienausgabe. Köln.

– 1994 (zuerst 1919): *Politik als Beruf*. Studienausgabe der Max-Weber-Gesamtausgabe. Bd. I/17. Tübingen.

– 1998 (zuerst 1908/09): *Zur Psychophysik der industriellen Arbeit*. Studienausgabe der Max-Weber-Gesamtausgabe. Bd. I/11. Tübingen.

Wehler, H.-U. (1987): *Deutsche Gesellschaftsgeschichte. Erster Band 1700–1815*. München.

Weick, K. E. (1985): *Der Prozess des Organisierens*. Frankfurt/M.

Weiss, M. (2003): »Recent Developments in German and European Labour Law«. In: W. Müller-Jentsch/H. Weitbrecht (Hg.) (2003): *The Changing Contours of German Industrial Relations*. München.

Weitbrecht, H. (1969): Effektivität und Legigimität der Tarifautonomie. Berlin.

Weitbrecht, H./Mehrwald, S. (1999): »Mitbestimmung, Human Resource Management und neue Beteiligungskonzepte«. In: B. Frick/N. Kluge/W. Streeck (Hg.) (1999): *Die wirtschaftlichen Folgen der Mitbestimmung*. Frankfurt/M: 89-127.

Werle, R./Schimank, U. (Hg.) (2000): *Gesellschaftliche Komplexität und kollektive Handlungsfähigkeit*. Frankfurt/M.

Weyer, J. (Hg.) (2000): *Soziale Netzwerke. Konzepte und Methoden der sozialwissenschaftlichen Netzwerkforschung*. München.

Wiesenthal, H. (Hg.) (1995): *Einheit als Interessenpolitik. Studien zur sektoralen Transformation Ostdeutschlands*. Frankfurt/M.

Wilkesmann, U. (1999): *Lernen in Organisationen. Die Inszenierung von kollektiven Lernprozessen*. Frankfurt/M.

Williamson, O. E. (1981): »The Economics of Organization: The Transaction Cost Approach«. In: *American Journal of Sociology* 87: 548-577.

–   (1990): *Die ökonomischen Institutionen des Kapitalismus*. Tübingen.

–   (1996): »Vergleichende ökonomische Organisationstheorie: Die Analyse diskreter Strukturalternativen«. In: Kenis/Schneider (1996: 167-212).

Willke, H. (1993): *Systemtheorie*. 4. Aufl. Stuttgart.

–   (1995): *Systemtheorie III. Steuerungstheorie*. Stuttgart.

Windeler, A. (2001): *Unternehmungsnetzwerke. Konstitution und Strukturation*. Wiesbaden.

Windeler, A./Lutz, A./Wirth, C. (2000): »Netzwerksteuerung durch Selektion – Die Produktion von Fernsehserien in Projektnetzwerken«. In: Sydow/Windler (2000: 178-205).

Winkler, J./Karhausen, R.-R. (1985): *Verbände im Sport. Eine empirische Analyse des Dt. Sportbundes*. Schorndorf.

Witt, D./Seufert, G./Emberger, H. (1996): »Typologisierung und Eigenarten von Verbänden«. In: *Zeitschrift für öffentliche und gemeinwirtschaftliche Unternehmen* 19: 414-427.

Womack, J. P./Jones, D. T./Ross, D. (1991): *Die zweite Revolution in der Automobilindustrie*. Frankfurt/M.

Woodward, J. 1980 (zuerst 1965): *Industrial Organization. Theory and Practice*. Second Edition, London.

Zeuner, B. (1985): Verbandsforschung und Pluralismustheorie. Etatozentrische Fehlorientierungen politologischer Empirie und Theorie. In: Blümle/Schwarz 1985: 325-383.

Register

Nicht aufgenommen wurden Begriffe, die entweder ubiquitär verwandt werden (z.B. Arbeit, Institution, Interesse, Funktion, Kommunikation, Macht, Management, Markt) oder die Gegenstand ganzer Kapitel sind (wie Arbeitsorganisation, Unternehmensorganisation, Unternehmensnetzwerk, Interessenorganisation).